Hans-Peter Hasenfratz
Die antike Welt und das Christentum

Hans-Peter Hasenfratz

Die antike Welt und das Christentum

Menschen, Mächte, Gottheiten im Römischen Weltreich

Wissenschaftliche Buchgesellschaft

Einbandgestaltung: Peter Lohse, Büttelborn.

Einbandbild: Kapelle von San Zenone,
Madonna und Kind zwischen dem hl. Praxedis und der hl. Pudentiana.
Detail (Madonna). Rom, Kirche von Santa Prasseda.
© 1990, Photo Scala, Florenz.

Redaktion: Dr. Bettina Kratz-Ritter, Göttingen.

Die Deutsche Bibliothek verzeichnet diese Publikation
in der Deutschen Nationalbibliografie;
detaillierte bibliografische Daten sind im Internet über
http://dnb.ddb.de abrufbar.

Gedruckt auf säurefreiem und alterungsbeständigem Papier
Printed in Germany

Besuchen Sie uns im Internet: www.wbg-darmstadt.de

ISBN 3-534-17256-6

Den Studierenden
und Lehrenden
der Evangelisch-Theologischen Fakultät
der Ruhr-Universität Bochum

Inhalt

Vorwort

Dieses Buch soll vom antiken Umfeld des Christentums in der von Rom dominierten Welt handeln[1]. Genauer: von den sozio-religiösen Gegebenheiten im Römischen Weltreich, in die hinein das Christentum sich entfaltete und in denen es zur „number one" unter den Sinnlieferanten der Zeit aufzusteigen vermochte – und davon, warum es das vermochte. Das Buch wird logischerweise das religiöse „Infeld" des jungen Christentums (weitgehend) ausklammern: das Judentum, wozu von anderer Seite (z. B. Wengst 1999) Erhellendes geschrieben worden ist. Vermutet werden darf, dass der zunehmende Verlust dieses Infeldes (die Abspaltung vom Judentum) mit dem zunehmenden Gewinn des Umfeldes (das Heidenchristentum auf dem Weg zur Staatskirche und zur Weltreligion) in irgendeinem Zusammenhang stehe.

Die Verfassung des antiken Menschen in der römisch beherrschten Oikoumene ist hier etwas provokant als „Unbehaustheit" diagnostiziert: Terminus aus der Literaturkritik der Nachkriegsjahre (vgl. unter Anm. 2). Natürlich gab es im Römischen Imperium viele Bezeugungen gelungenen Lebens, wie manche Grabinschriften zeigen. Eine Beschreibung der gesellschaftlichen Verhältnisse im Römischen Reich zeigt aber auch, dass die Kategorie der Unbehaustheit die soziale und geistige Situation vieler Menschen trifft. Antike Quellen bezeugen es zur Genüge. Vor allem aber die zeitgenössischen Sinnangebote, die sämtlich auf soziale und religiöse Beheimatung aus sind und sich nach Ziel und Inhalt gar nicht so sehr von ihren postmodernen Neuauflagen unterscheiden. Womit zugleich gesagt ist, dass es auf diesem Gebiet nichts grundstürzend „Neues unter der Sonne" gibt. Und so fokussiert der Blick in die antike Welt zugleich die Unbehaustheit unserer eigenen neoliberalen Lebenswelt mit ihren wuchernden Gärten psycho-sozialer und spiritueller Sehnsüchte und ihren religiösen Therapien.

I. Der „unbehauste Mensch"[2]

Der Mensch im Römischen Weltreich

A. Der Aufstieg Roms zur Weltmacht

Der Zweite Punische Krieg hatte Rom in eine lebensbedrohliche Lage gebracht. Hannibal hatte am Trasimenischen See (bei Cortona) ein 30 000 Mann starkes römisches Heer außer Gefecht gesetzt (217 v. Chr.). Ein Jahr später fielen bei Cannae (in Apulien) weitere 48 000 (nach anderen Quellen gar 70 000) Mann (Bellen 1985, 20). Der Feind war sogar vor den Toren Roms erschienen (*Hannibal ad portas!*). Die Etrusker (besonders Tarquinia) fielen den Römern im eigenen Land in den Rücken und zeigten (offen) ihre Sympathie für Karthago, dem sie früher durch Handelsverträge eng verbündet waren. In dieser Situation greift man in Rom zu außergewöhnlichen Mitteln. Man veranstaltet ein Menschenopfer: 216 v. Chr. wurden auf dem Forum Boarium (am Tiber-Ufer) ein Griechen- und ein Gallierpaar lebendig begraben – nach etruskischem Ritus. Für die Etrusker waren Griechen wie Gallier (Kelten) die Hauptfeinde gewesen; sie hatten ihnen die Herrschaft im Süden und im Norden der Apenninenhalbinsel streitig gemacht. Die rituelle Tötung von Griechen und Galliern beiderlei Geschlechts sollte magisch die physische Vernichtung der zwei gegnerischen Völkerschaften in ihrer Gesamtheit, nicht nur ihrer Streitmacht, bewirken (s. u. S. 56: *pars pro toto*). Die Römer haben, wie vieles andere auch, das Ritual dieses Vernichtungszaubers von ihren etruskischen Nachbarn entliehen, obwohl ihr Feind ein anderer war (eben die Punier). Aber magische Rituale sind konservativ und wirken desto besser, je weniger man sie verändert. Etwas später hatte eine Orakelsammlung, die sog. Sibyllinischen Bücher (auf dem Capitol in Rom aufbewahrt), prophezeit, Hannibal werde italischen Boden erst endgültig verlassen, wenn die kleinasiatische Muttergöttin Kybele aus Pessinus (am Oberlauf des Sangarios in der heutigen Türkei) nach Rom gebracht würde. Kultisch repräsentiert wurde die Göttin durch einen schwarzen

Meteorstein (*baitylos*), ein anikonisches Göttersymbol. Steine, die vom Himmel fallen, gelten seit je als göttlich (vgl. den schwarzen Stein in der Kaaba zu Mekka); zugleich ist der Stein Erdsymbol, seine schwarze Farbe verweist auf Erde, Fruchtbarkeit, Mutterschaft (vgl. die vielen Schwarzen Madonnen). Attalos, der König von *Pergamon*, in dessen Gebiet die Göttin (bzw. ihr Symbol) residierte, gab seine Einwilligung zum Transfer. Als das Schiff mit der göttlichen Fracht an Bord Ostia erreicht hatte und sich tiberaufwärts nach Rom wandte, soll es auf den flachen Grund gelaufen und alles Bemühen, es wieder flottzumachen, fruchtlos gewesen sein – ein übles Vorzeichen (*omen, prodigium*). Zu alledem war in Rom eine Vestalin, priesterliche Hüterin des römischen Staatsfeuers, des Bruchs ihres Keuschheitsgelübdes verdächtig (Vergehen, worauf Subterration bei lebendigem Leib stand) – auch dies ein übles Vorzeichen für den römischen Staat. Um ihre jungfräuliche Intaktheit zu beweisen, macht sich die Verdächtigte, Claudia Quinta mit Namen, erbötig, das festgefahrene und durch nichts zu bewegende Boot in Fahrt zu bringen: mit ihrem Gürtel zieht sie es mühelos aus dem Schlick. Der Jungfräulichkeit einer Vestalin (der Jungfräulichkeit überhaupt) wurde magische Kraft zugeschrieben. Und so ist allen geholfen: der Claudia, der Göttin, den Römern. In den Musei Capitolini ist uns ein Exvoto-Stein (Weihestein) erhalten, der im Bild darstellt, wie die Vestalin das Schiff mit der Göttin an ihrem Gürtel wieder zum Schwimmen bringt. Darunter die Inschrift (Leipoldt 1967, 27 mit Abb. 84; Übersetzung von mir):

> MATRI DEVM ET NAVI SALVIAE
> ... VOTO SVSCEPTO
> CLAVDIA SYNTYCHE
> D(ONO) D(EDIT)
> „Der Göttermutter und dem Schiff des Heils
> ... weihte Claudia Syntyche
> (diesen Stein)
> in Einlösung eines Gelübdes“

Eine Namensvetterin der Vestalin Claudia hatte diesen Stein der Muttergöttin gelobt und aufstellen lassen aufgrund einer Wohltat, um die sie die Göttin gebeten und die diese ihr offensichtlich auch gewährt hatte (vermutlich Kindersegen oder komplikationsfreie Geburt).

Die Szene mit der jungfräulichen Vestalin, ihrem Gürtel und dem festgefahrenen Schiff ist übrigens in das religiöse Bildprogramm der christlichen Kirche eingegangen: An der Ostwand der siebten Arkade des berühmten spätgotischen Kreuzgangs am Dom zu Brixen ist sie al fresco gemalt. Diese Arkade thematisiert die Jungfrauenschaft Mariens (*defensorium Beatae Mariae virginis*), überhaupt Wert und Kraft weiblicher Virginität, wofür als Exempel Claudias „unschuldiger Kraftakt" abgebildet steht.

Von Brixen im Südtirol kehren wir wieder zurück ins Alte Rom. 202 v. Chr. ist Hannibal endgültig besiegt, und zwar auf afrikanischem (also eigenem) Territorium (Zama im heutigen Tunesien). Beide, Menschenopfer und Translation der fremden Göttin, hatten sich gelohnt – jedenfalls für die Römer! Die pragmatischen Römer haben sich nie gescheut, fremde Riten und Gottheiten zu übernehmen und für sich arbeiten zu lassen, falls sich in einer Sache das eigene religiöse Repertoire als unwirksam erwies; und immer haben sie damit (oft weit reichende) politische Absichten verknüpft. Die rituelle Tötung von Menschen (das wirksamste aller Tötungsrituale) nach etruskischem Brauch konnte (u. a.) auch als Reverenz an die in ihrer Loyalität zwischen Rom und Karthago schwankenden Etrusker (deren religiöse Begabung die Antike rühmte) verstanden werden. Die Göttin Kybele galt als Schützerin der Trojaner, von ihnen aber leiteten – über den mythischen Helden Aeneas – die Römer (schon vor Vergils Epos) ihren Ursprung ab (vgl. Binder 1997, 313 ff.). Was lag also näher, als in bedrängter Lage die trojanische Schutzgöttin nach Rom einzuholen! Damit ließen sich zwei politische Ziele verbinden: ein innen- und ein außenpolitisches. Die Überführung des Symbols der berühmten Muttergottheit war auch Dankesgeste an die römischen Mütter, die durch den Verlust ihrer Söhne die Hauptlast an Leiden zu tragen hatten. Und sie diente zur Anknüpfung diplomatischer Bande nach Kleinasien, das den Römern als Brückenkopf im östlichen Mittelmeerraum (und gegen Griechenland) dienlich sein konnte. Die Geschichte hat dieser religiös-politischen Strategie Roms Recht gegeben. Rom hatte zum ersten Mal eine Weltmacht besiegt und war darob selbst zur Weltmacht geworden. Im Zuge des Siegs über Karthago fielen auch dessen Territorien (das afrikanische Mutterland, die Iberische Halbinsel) und Verbündete (Griechenland: Philipp V. von Makedonien stand auf der Seite Karthagos, was Rom den militärischen Vorwand lieferte, Makedonien und

Griechenland dem römischen Herrschaftsbereich einzugliedern). Die guten Beziehungen Roms zu Pergamon, das der kinderlose Attalos III. (Enkel jenes Attalos, der die Übersiedlung Kybeles erlaubte) testamentarisch den Römern vermachte, öffneten das Tor zu Kleinasien, Syrien, Palästina, Ägypten. Im Westen unterwarf Caesar Gallien. Nur die Germanen im Norden und die Parther im Osten haben dem römischen Expansionsdrang definitiv Grenzen gesteckt. Seitdem träumten Roms Mächtige von einem erfolgreichen Parther-Feldzug – vergeblich. Und die Germanen haben Westrom schließlich überrannt.

Die Expansion von einem mittelitalienischen (weitgehend bäuerlich bestimmten) Territorialstaat zu einem Weltreich zeitigte gewaltige soziale und geistig-religiöse Konsequenzen. Die römischen Eroberungen führten zu einer demographischen Durchmischung des gesamten Mittelmeerraums: zu dem, was sich uns heute als „mediterraner Bevölkerungstyp“ zeigt. Heere von Sklaven und Sklavinnen kommen als Kriegsbeute nach Rom, damit verbunden ist brutales Auseinanderreißen von Familien in kontinentalem Ausmaß. Umgekehrt ziehen Heere römischer Legionäre und Beamter in die zu Provinzen degradierten Ursprungsländer der erbeuteten und zerstreuten Menschenware. Zu den demoralisierenden Auswirkungen der Sklaverei kommen ökonomische. Ländliche Latifundienwirtschaft und städtische Handwerks(groß)betriebe mit ihren durch Sklavenarbeit konkurrenzlos billigen Erzeugnissen drücken die Preise und vertreiben die freien Bauern von der Scholle in die Städte, wo sie zusammen mit freigesetzten freien (!) Handwerkern ein Lumpenproletariat bilden, das durch Getreidezuweisungen und Zirkusspiele von den Zynikern der Macht bei Laune gehalten und als Manipulationsmasse politisch missbraucht und instrumentalisiert wird. In den Provinzen entzieht sich die vom System der Steuerpacht gnadenlos ausgebeutete Landbevölkerung massenweise durch Anachorese (Landflucht) der staatlichen Kontrolle und taucht in den Städten unter. Diese, einstmals überschaubare politische Gebilde (Kommune, Polis), explodieren dadurch zu wuchernden, unwirtlichen Agglomerationen trister Mietskasernen (*insulae*). Die Auflösung der traditionellen sozialen Gebilde (Familie, dörfliche Gemeinschaft, städtische Gemeinde) und die erzwungene Mobilität früher sesshafter Bevölkerungsteile destabilisieren die antike Gesellschaft. Es entsteht, vielleicht zum ersten Mal in der Geschichte in diesem Ausmaß, das, was man den „unbehausten Menschen“

nennen kann (eine Spezies, die auch unsere postmoderne Gesellschaft massenweise produziert).

Bevor wir daran gehen, die religiösen Fluchtversuche des antiken Menschen aus seiner Unbehaustheit unter den Bedingungen des *imperium Romanum* zu beschreiben, wenden wir uns der Beschreibung dieser Bedingungen selbst zu.

B. Die gesellschaftlichen Verhältnisse im Römischen Reich

Das Römische Imperium war die erste Sklavenhaltergesellschaft großen Stils. Im einzigen Weltreich, das sich militärisch und kulturell mit dem römischen messen konnte, im iranischen nämlich (an Roms Ostgrenze), spielte die Sklaverei eine vergleichsweise unbedeutende Rolle: römische Kriegsgefangene wurden dort i. d. R. nicht versklavt (nach römischem Recht begründete dagegen Kriegsgefangenschaft Sklaverei; s. u. S. 17), sondern im Land angesiedelt (vgl. Frye 1976, 166 ff., 243; auch Horaz, Carmina 3,5,5 ff.). Für römische Verhältnisse rechtfertigt es sich also, mit der Beschreibung der gesellschaftlichen Verhältnisse bei den Sklaven zu beginnen; hieraus ergeben sich dann auch die Folgen der Sklavenwirtschaft für den freien Teil der Bevölkerung.

Sklaven und Freie[3]

Ein römischer Rechtssatz lautete: *tria sunt, quae habemus: libertatem, civitatem, familiam* – dreierlei besitzen wir (als freie Bürger): persönliche Freiheit, Bürgerrecht, Familienzugehörigkeit (Digesten 4,5,11). Der *Sklave* besitzt nichts von alledem, denn er besitzt zivilrechtlich gar keine Rechtspersönlichkeit (kein *caput*). Das meint: er gilt zivilrechtlich als Sache, die jemandem gehört; Kategorien wie Freiheit, Bürgerrecht, Familie treffen auf Sachen natürlich nicht zu. Der Sklave als Sache, die in jemandes Eigentum steht, zählt zu den Instrumenten. Und zwar im Unterschied zu den stummen (*instrumentum mutum*) und lautbegabten (*instr. semivocale*) zu den sprachfähigen Instrumenten (*instr. vocale*), unterscheidet sich also von Gerät und Vieh nur durch seine sprachliche Artikulationsfähigkeit (Varro, Res rusticae 1,17,1). Grundsätzlich gibt es nichts, was ein Herr mit seinem Sklaven nicht tun konnte. Er konnte ihn ohne Grund töten, wenn es ihm beliebte (*vitae necisque potestas* – Macht über Leben und Tod). Der Eigentümer kann seine Sklavin auf den Strich schicken und den Erlös einkassieren (s. u. S. 31); Sklaven können von ihrer Herrin sexuell missbraucht werden (vgl. Eck 1993, 117 ff.). In einem seiner Epigramme (6,39) gibt uns Martial Einblick in den demoralisierenden Einfluss der Sklavenwirtschaft auf die familiäre Geschlechtsmoral. Die etwas freie Übersetzung (Schreiber 1962, 147/148) entspricht der Thematik.

> Angeredet ist der Gatte (Cinna) der Ehefrau (Marulla):
> „Von deiner Frau hast du der Kinder sieben,
> Was man so Kinder nennt, denn im Gesicht
> Steht ihnen allen leserlich geschrieben:
> Du bist der Vater dieser Sippschaft nicht.
> Der Bursche da mit dem gekrausten Haar
> Ist von dem Maurenkoch ganz offenbar.
> Woher der Zweite stammt, erkennt man leicht,
> Weil er dem Bäcker, diesem Triefaug, gleicht.
> Die Affennase und die wulstgen Lippen
> Des Dritten lassen auf ’nen Boxer tippen.
> Der hübsche Vierte mit der frechen Miene
> Ist ganz der widerliche Konkubine.
> Der Spitzkopf mit dem schlappen Eselsohr
> Ging zweifellos aus dem Kretin hervor.
> Den bunten Reigen schließt ein Schwesternpaar
> Mit schwarzem und mit feuerroten Haar.
> Auch ihre Väter sind vom Personal:
> Der Flötenspieler und der Hofmarschall.
> Die Liste wär’ viel länger noch geraten,
> Doch etliche Verehrer war’n Kastraten.“

Der Sklave hat als Sache auch kein Recht auf Besitz: kein Eigentum. Er ist lediglich „die verlängerte Tasche seines Herrn“ (Sohm 1949, 170). Sein Herr kann ihm allerdings Vermögenswerte (zeitweilig) überlassen (ein sog. *peculium*), die er dann im Rahmen der Anweisungen seines Herrn selbstständig zu verwalten hat. Das ist übrigens der Hintergrund der biblischen Parabel von den anvertrauten Talenten (Mt 25,14–30).

Im Moment, da jemand Sklave wird, verliert er sein bisheriges Bürgerrecht; ein anderes kann er nicht erwerben: er ist ja Sache. Mit dem Eintritt in den Sklavenstand sind auch seine bisherigen Familienverhältnisse, aus denen er herausgerissen wurde, erloschen; neue kann er als Sache nicht begründen. Sein Eigentümer mag ihm erlauben oder befehlen (Sklavenzucht!), mit einer Sklavin Kinder zu erzeugen: aber diese Kinder sind nicht seine Kinder, sondern Eigentum seines Herrn. Ein solches eheähnliches Verhältnis zwischen Sklaven verschiedenen Geschlechts ist rechtlich keine Ehe (*matrimonium*), sondern ein *contubernium* – ein Zusammenhausen (wörtlich: Zeltgemeinschaft).

Wie wird ein Mensch nach römischem Recht Sklave? Einmal durch Geburt von einer Sklavin (ist die Mutter eine Freie, der Vater ein Sklave von ihr, ist das Kind frei; s. o.). Dann durch Kriegsgefangenschaft. Bedingt durch die militärische Expansionspolitik Roms war dies der häufigste Tatbestand, der Sklaverei begründete. Die als Siegesbeute nach Rom geschafften und im Triumphzug (s. u. S. 50) bekränzt vorgeführten Kriegsgefangenen wurden als Sklaven an Interessierte ausgeboten (*sub corona vendere* – wörtlich: unter dem Triumphkranz verkaufen). Weiter wird Sklave, wer seine Verbindlichkeiten nicht bezahlen kann. Ist die Geldschuld gerichtlich anerkannt, darf der Gläubiger Hand an den Zahlungsunfähigen legen (*manus iniectio*) und ihn, wenn niemand für ihn bürgt, gefangen setzen und nach dreimaligem öffentlichen Ausruf an den Markttagen in die Sklaverei verkaufen oder töten (mehrere Gläubiger dürfen sich ihn in Stücke hauen) (Zwölftafelgesetz 3,1–6; Düll 1959, 30 ff.). Die biblische Parabel vom großmütigen König (und vom unbarmherzigen Knecht) setzt das Rechtsinstitut der Schuldsklaverei voraus: Mt 18,23–27(28–34). Schließlich steht auf gewisse Kapitalverbrechen Strafsklaverei durch Verurteilung zu Bergwerksarbeit (*ad metallum*) oder zum Tierkampf auf Tod und Leben in der Arena (*ad bestias*). 1Kor 15,32 spielt Paulus – im Bild – auf einen solchen Kampf mit wilden Tieren in Ephesus (s. u. S. 84) an. Und endlich wird eine freie Frau Sklavin, wenn sie sich mit einem fremden Sklaven in ein Konkubinat einlässt und ihre Beziehung zu ihrem Konkubinen trotz dreimaliger Aufforderung seiner Halterschaft nicht beendet: dann fällt sie selbst zur Strafe in deren Eigentum[4]. Mit ihren eigenen Sklaven darf eine freie Frau (hinter dem Rücken des Ehemanns, wenn sie einen hat wie die Marulla bei Martial) natürlich treiben, was ihr beliebt (und jene vermögen!).

Die Entlassung aus der Sklaverei (Freilassung) bedarf eines förmlichen Rechtsaktes. Denn wenn jemand seinen Sklaven einfach zum Teufel jagt, weil er ihm lästig ist (*derelictio*), wird dieser dadurch nicht frei, sondern herrenlose Sache (*res nullius*), die dem Erstbesten gehört, der sie sich aneignet. Es mochte mancherlei Gründe geben, seinen Sklaven (seine Sklavin) freizulassen: aus einer Laune heraus, zum Dank für geleistete treue Dienste, um ihn (sie) rechtmäßig zu heiraten, weil jemand ihn (sie) freikaufte oder weil man ihm (ihr) erlaubt hatte, sich nebenher genügend Geld zu verdienen oder abzusparen, um sich selbst freizukaufen usw. Die Freilassung (*manumissio*) erfolgte entweder durch testamentarische Verfügung (*testamento*); ohne diese ging der Sklave wie ein Gegenstand oder ein Stück Vieh an die Erben weiter. Oder vor dem Prätor (Gerichtsvorsteher): der Eigentümer erklärt seinen Freilassungswillen, der Prätor berührt zum Zeichen seiner Amtsvollmacht den Freizulassenden mit einem Stab (*vindicta*) und bekräftigt damit die Freilassung als rechtsgültig[5]. Durch Testament im Todesfall oder Erklärung vor dem Prätor zu Lebzeiten des Freilassers wird der Sklave zum *libertus* und gehört zum Stand der *libertini*: der Freigelassenen (vgl. Apg 6,9). Der Freigelassene ist noch nicht ganz frei, sondern seinem Patron (*patronus*: die Bezeichnung seines einstigen Herrn) bleibt er weiterhin verbunden und verpflichtet: der Patron darf ihn beerben; den Patron muss er, falls dieser verarmt, unterstützen. Der Erblasser konnte mit der testamentarischen Freilassung Auflagen verbinden: Grabpflege, jährlich wiederkehrendes Totengedenken usw. Die Freilassung ist eine Art Geburtsakt, durch den eine Sache zu einer Person, der Patron zum Vater wird; den Zeugungsakt symbolisiert die Berührung durch den prätorischen Stab (phallische „Lebensrute“). Erst die Kinder des Freigelassenen sind wirklich Freie (*liberi*), weil schon frei geboren (*ingenui*).

Waren Sklaven nach römischem Zivilrecht Sache, so galten sie immerhin sakralrechtlich (religiös) als Person. Ihr Grab blieb wie das von Freien als (den unterirdischen Gottheiten) geweihte Stätte (*res religiosa*) für immer profaner Nutzung entzogen (vgl. Gayer 1976, 55). Deshalb sind uns so viele Gräber und Grabinschriften aus der Antike erhalten geblieben – wichtigste Dokumente antiker „Geschichte von unten“. Sklaven durften nicht am Kult der römischen Bürger teilnehmen, sie besaßen ja kein Bürgerrecht. Aber es war ihnen gestattet, sich zu Kultverbänden zusammenzuschließen (die der Staat dann tolerierte, wenn sie den Kaiserkult nicht in Frage stellten): *mysteria, sacramenta* (private Kultvereine), *collegia* (bes. Begräbnisvereine). Die Mysterienvereine standen (oft) auch Freien offen, denen der offizielle Staatskult (emotional) nicht genügte. Hier wurden andere, „freiere", „neuere" Formen der Religiosität geübt, die im Trend der gesellschaftlichen und religiösen Entwicklung lagen (s. u. S. 33 und S. 78). Auch die Christen haben sich in solchen Kultvereinen organisiert, doch wurden diese vom Staat nicht geduldet, weil sie den Kaiserkult verweigerten und den Kaiser auch nominell nicht als zu verehrende göttliche Person anerkannten (vgl. Phil 3,20; s. u. S. 44).

Wo und wozu wurden Sklaven gebraucht? Neben den schon erwähnten sollen noch zwei Verwendungsarten und -orte besonders angesprochen werden. Erstens die Arbeitssklaven auf den großen Landgütern (*latifundia*). Ihre Lage war wenig beneidenswert. Ihr Herr residierte in der fernen Stadt oder in einer Sommervilla des städtischen Umlandes oder am Meer – keinesfalls auf dem Landgut. Seine spärlichen Besuche dort beschränkten sich auf kurze Inspektionsvisiten, die persönliche Kontakte mit der unfreien Belegschaft erschwerten oder als nicht wünschenswert gar nicht erst aufkommen ließen. Es ist dies das (auch andernorts bekannte) System der „absentee landlordship" (Frye 1976, 217), das uns den Zugang zum Verständnis der Allegorie von den bösen Winzern (Mk 12,1–9) erschließt. Dieses System lieferte die Sklaven dem Gutsverwalter aus, der, nur am Aufbringen der Pachtsumme interessiert, seine Arbeitskräfte erbarmungslos ausbeutete. Menschenleben brauchte er nicht sonderlich zu schonen, die Sklaven reproduzierten sich von selbst! Besser hatten es, zweitens, die Haussklaven, die in den großen (städtischen) Haushaltungen aufwuchsen (*vernae*) und gewissermaßen zur Großfamilie rechneten. Hier war der persönliche Kontakt zur Herrschaft möglich und ausschlaggebend, konnten sich – oft sehr (zu!) enge und gute – menschliche Bande knüpfen. Dafür war in diesen Großhaushalten der Vornehmen (und besonders in den kaiserlichen Hofhaltungen) die Arbeitsteilung geisttötend, oft bis zum Exzess getrieben und entsprechend unproduktiv, indem jede Handreichung und die kleinste Dienstleistung von einem speziellen Sklaven verrichtet wurde (Geist 1969, 84 ff.). Grabinschriften erwähnen: *praepositus auri potori* – Vorgesetzter über das goldene Trinkgeschirr, *a mappis* – Tischtuchverwahrer, *pincerna* – Getränkemixer, *ad imagines* – Ahnenbildpfleger, *vestificus a veste scaenica* – Schneider für den Theaterbesuch, *cistarius a veste forensi* – Garderobier für Ausgangsanzüge, *nomenclator* – Namennenner (der seinem Herrn die Namen der begegnenden Passanten zu nennen hatte), *silentiarius* – Schweigengebieter (der seine Mitsklaven zur Ruhe anhalten musste) und dergleichen Stumpfsinn mehr.

Entwichene Sklaven (*fugitivi*) hatten kaum eine Chance; Detekteien mit professionellen Sklavenjägern (*fugitivarii*) schnappten (gegen Honorar) den Flüchtigen meist schnell wieder. Die Bestrafung für den Fluchtversuch war ins Belieben des Eigentümers gestellt und konnte äußerst grausam sein; (späteres) kaiserliches Recht verbietet zwar *grundlose* Tötung eines Sklaven (s. u.), hier aber lag ja ein Grund vor. Im neutestamentlichen Philemonbrief schickt der Apostel Paulus einen entlaufenen Sklaven zu seinem Herrn zurück und bittet für den Ausreißer um Verzeihung, da Herr und Sklave Christen seien (vgl. Gayer 1976, 223 ff.). Im Trend stoischer Philosophie („Menschen sind von Natur aus Brüder und Schwestern“), und vielleicht auch schon als unterschwellige Wirkung des christlichen Zeitgeistes, haben ab der ersten nachchristlichen Jahrhundertwende *kaiserliche Reskripte* das Sklavenrecht humanisiert (vgl. Eck 1993, 120 ff.). Grundlose Tötung seines Sklaven etwa (s. o.) sollte den Täter teuer zu stehen kommen: tötet jemand seinen Sklaven, so zahlt er denselben Betrag an die Staatskasse, den er wegen Sachbeschädigung einem Dritten als Schadenersatz zu leisten gehabt hätte, wenn er dessen Sklaven erschlug. Ferner sollten nach der gleichen Verfügung Sklavenhalter gezwungen werden, ihre Sklaven zu verkaufen, wenn sie sich unerträglich roh gegen sie benähmen (Gaius, Institutiones 1,53). In den Digesten (1,6,2) ist der Name einer vornehmen Dame verewigt: sie hieß Umbricia und wurde für fünf Jahre verbannt, weil sie aus unbedeutendstem Anlass ihre Sklavinnen aufs Grausamste gequält hatte (*atrocissime tractasset*). Wer seine Sklaven zu unzüchtigen Handlungen (etwa seine Sklavin zur Prostitution; s. o.) zwang, musste fortan mit Bestrafung (Zwangsverkauf; s. o.) rechnen. Berührung einer Kaiserstatue schützte vor dem Zugriff des Herrn (*ad statuas confugere*).

Was die kaiserlichen Reskripte unter Strafe stellen mussten, war offenbar Praxis. Daneben darf nicht vergessen werden, dass uns anrührende Zeugnisse menschlicher Nähe zwischen Herrschaft und Sklaven erhalten sind, wie sie zwischen Gleichgestellten und Verwandten inniger nicht sein konnten. Einige Grabinschriften sollen das illustrieren (Geist 1969, 62 ff.; Übersetzung von mir):

„Ehemann war ich nicht, und doch hinterließ ich ‚Kinder'" (Wortspiel: *liberi* bedeutet Kinder und Freie).

Grab eines Centurionen (Hauptmanns), der nicht verheiratet war und doch, wie er bemerkt, Kinder (*liberi*) zurücklässt, nämlich von ihm freigelassene Sklaven, deren Nachkommen Freie (*liberi*) werden.

„Hero hat sich und Silvana, der Patrizierin, seiner Herrin und Gemahlin, seiner überaus geliebten Frau, zu Lebzeiten dieses Grabmahl errichtet; dank ihrer Wohltat habe ich nach meiner Freilassung dreißig Jahre ungetrübt (*sene bile*, sic!) (mit ihr zusammen) gelebt."

Die Frau, offenbar aus bester Familie, hat ihrem geliebten Sklaven die Freiheit geschenkt und ihn geheiratet; die Ehe scheint sehr glücklich gewesen zu sein.

„Den Namen nenne ich nicht noch sein Alter, / dass der Schmerz nicht beim Lesen das Gemüt drücke. / Du warst ein süßes Kind, doch in (zu) kurzer Zeit / hat der Tod das Leben besiegt, so dass du nicht frei wurdest. / Ach, ist das nicht Schmerz, wenn der vergeht, den man liebt? / Nun hat (ihn) der Tod auf ewig frei gemacht."

Grabschrift für einen geliebten früh verstorbenen Haussklaven. Seine Herrschaft trauert um ihn wie um ein eigenes Kind. Ihre Absicht, ihn einmal freizulassen, hat der Tod vereitelt – und ihm ewige Freiheit gebracht.

„Dieses leere Grab hat unser Herr mir geweiht, / damit ich die Dächer seines Hauses von nahe sähe, / damit er mit eigener Hand öfter mir Blumen spende und Wein / und eine Träne, die mir mehr (als beides) gilt …"

Jemand hat seinem treuen Sklaven, der in der Fremde verstorben ist, ein Kenotaph auf seinem Grundstück gesetzt, damit der ferne Tote ihm nahe sei. Die Inschrift schließt mit der Versicherung des Toten: möge er (der Herr) zu den Assyrern, möge er zu den Iberern reisen – über Land und Meer folge seine (des Verstorbenen) Seele (*anima*) dem Herrn nach (*subsequitur dominum*).

Wer im Römischen Imperium nicht Sklave war, war deshalb noch lange nicht *frei* im Vollsinn. Das war nur der Quirit, der *civis Romanus*: der *römische Bürger*. Er besitzt aktives und passives Wahlrecht (*ius suffragii* und *ius honorum*), genießt weitgehende Steuerfreiheit (zahlt z.B. keine Kopfsteuer), darf (wie Apg 25,11 vom Apostel Paulus berichtet, der römischer Bürger gewesen sein soll) an den Kaiser als oberste Gerichtsinstanz appellieren (*provocatio*). Dafür war er militärpflichtig: Jeder römische Bürger galt (theoretisch) als Soldat, die Dienstzeit als Legionär betrug volle zwanzig Jahre (Geist 1969, 119). Später (s. u. S. 25) wurden die Miliz- zunehmend durch Söldnertruppen ergänzt und ersetzt.

Die Bürger irgendwelcher anderen Gemeinden innerhalb des Imperiums, die *Peregrinen* (*peregrini*), genossen weniger Rechte, und mehr Pflichten drückten sie. Am besten unter ihnen stellten sich die Bürger einer Gemeinde auf *italischem* Boden (die *Latini*, ursprünglich nur die auf dem Boden Latiums Ansässigen). Auch sie waren weitgehend steuerfrei (zahlten z. B. keine Grundsteuern, die steuerliche Hauptbelastung). Auch Bürgern von Gemeinden auf nicht italischem Boden (etwa Kolonen) ist das *ius Latii* (das latinische Bürgerrecht) verliehen worden, sogar ganzen Provinzen wie Spanien durch Vespasian (69–79). Die Latiner hatten weder aktives noch passives Wahlrecht, mussten aber gegen die Feinde Roms immer wieder ihren Kopf hinhalten und die Hauptlasten der Kriege (Punischer Krieg!) tragen. So hob man auf einen römischen Bürger zwei „Bundesgenossen“ (Latiner) aus – zu einer Zeit, als das Zahlenverhältnis zwischen den beiden Gruppen diesen Aufgebotsquotienten noch keineswegs rechtfertigte (vgl. Mommsen 1907, 800; 1908, 219). Die Missstimmung darüber (und über vieles andere; s. u.) entlud sich schließlich im Bundesgenossenkrieg (91–82), der Rom an den Rand des Abgrunds brachte und den Latinern schließlich das volle römische Bürgerrecht eintrug. Wie die Römer mit ihren latinischen Bundesgenossen umzugehen pflegten, berichtet uns C. S. Gracchus in einer seiner Reden (Till 1976, 240 ff.; eingeklammerte Erläuterungen von mir eingefügt):

„Kürzlich kam ein Konsul nach Teanum im Gebiet der Sidiciner (diese und die folgenden latinischen Städte lagen an der Via Latina, die von Rom nach Süditalien führte). Seine Frau sagte, sie wolle im Männerbad baden. Der sidicinische Quästor M. Marius erhielt den Auftrag, alle, die dort gerade badeten, herauszujagen. Die Frau berichtete hernach ihrem Mann, das Bad sei ihr nicht schnell genug überlassen worden und auch nicht sauber genug gewesen. Deshalb wurde auf dem Marktplatz ein Pfahl aufgerichtet und dorthin der vornehmste Mann seiner Gemeinde geführt, M. Marius. Die Kleider wurden ihm vom Leibe gerissen, er wurde mit Ruten gepeitscht. Als das die Einwohner von Cales hörten, erließen sie eine Verordnung, keiner solle in der Badeanstalt baden, wenn ein römischer Beamter dort wäre. In Ferentinum befahl unser Prätor aus demselben Anlass, die Gemeindequästoren festzunehmen: der eine stürzte sich von der Mauer herab, der andere wurde ergriffen und mit Ruten gepeitscht."

Traten die Römer schon gegen ihre Bundesgenossen derart arrogant auf, wie dann erst, lässt sich leicht schließen, gegenüber den übrigen Peregrinen, d.h. den Bewohnern der nicht italischen Gemeinden, also den *Provinzialen.* Auf ihnen lag faktisch die ganze Steuerlast des Imperiums. Im Klartext: Sie zahlten die Steuern für die steuerfreien römischen Bürger. Nämlich die Grundsteuer (*tributum soli*) und die Kopfsteuer (*tributum capitis*). Dazu kamen noch Zölle und andere Abgaben (die auch römische Bürger zu entrichten hatten). Die Provinzen waren der Willkür der römischen Beamten und ihrer Helfer schutzlos ausgeliefert und wurden bis aufs Blut ausgebeutet. Und dazu diente das System der sog. *Staatspacht* (Steuerpacht). Die Steuerhoheit des Staates, also sein Recht zum Einzug von Steuern und Zöllen, wurde im Auktionsverfahren gegen eine pauschale (und an den römischen Staat im Voraus zu entrichtende) Summe befristet und regional an Private (sog. *publicani*, die „Zöllner" der Evangelien) vergeben. Das Eintreiben der Abgaben war damit privatisiert, der Überschuss über die gezahlte Pachtsumme bildete den erwirtschafteten Gewinn der Steuerpächter. Der Vorteil dieses Systems liegt auf der Hand: da die Steuerpacht auf Vorschuss zu zahlen war, kam der römische Staat schnell zu Geld, ohne sich mit hohen Verwaltungskosten zu belasten, die mit dem Einzug von Steuern verbunden sind; und da die höchsten Verwaltungsbeamten aus Rom ursprünglich jährlich wechselten, konnten sie bei Amtsantritt mit festen Einnahmen rechnen. Durch Registrierung der Provinzialen und ihrer beweglichen und festen Vermögenswerte (Landvermessung) verschaffte sich Rom einen Überblick über die zu erwartenden Steuereinkünfte und die danach zu bemessende Pachtsumme für die Steuerpachtvergabe. Eine solche Registrierung (*census*) für Judäa erwähnt Lk 2,1ff.: wer Grundbesitz besaß, musste ihn dort deklarieren, wo er lag (vgl. Leipoldt/Grundmann 1967, 160). Um die Kopfsteuer (im Unterschied zur Grundsteuer bei Lk) geht es in Mk 12,13–17: die Zeloten (eine radikale „palästinensische Befreiungsbewegung") lehnten anders als die Pharisäer besonders die Kopfsteuer ab, weil in Münzen zu entrichten, die das Bild des Kaisers trugen. Falls die Steuerpächter und ihre Angestellten Einheimische waren (und nicht römische Bürger), galten sie ihrer Umgebung als Kollaborateure der Besatzungsmacht Rom und ernteten dementsprechend Hass und Verachtung (wie der Hauptpächter Zachäus Lk 19,1–10).

Eine besondere Gruppe von Freien besaß zwar Freiheit (*libertas*) und Familienzugehörigkeit (*familia*), aber kein Bürgerrecht (keine *civitas*), weder römisches noch peregrinisches (s. o. S. 15). Es sind diejenigen Peregrinen, deren Heimatgemeinde infolge feindlicher Handlungen gegen Rom von den Römern vernichtet worden war, also nicht mehr existierte. Oder anders: die nicht versklavten Mitglieder einer Gemeinschaft, die sich den Römern nach feindlichen Handlungen ergeben musste und deren Gemeindestatus aufgehoben wurde (die sog. *dediticii*). Dediticii wurden die Juden nach der Zerstörung Jerusalems (endgültig 135 unter Hadrian). Da die Dediticii keiner Gemeinde angehören, auch keiner nichtrömischen, besitzen sie nirgends im Römischen Reich ein dauerndes Niederlassungsrecht. Ihr römischrechtlicher Status als Dediticii hat die Juden letztlich zum heimatlosen „wandernden Gottesvolk“ gemacht und sie überallhin in die Diaspora verstreut.

Im Jahre 212 verlieh Caracalla allen Peregrinen, außer den Dediticii[6], das römische Bürgerrecht (*constitutio Antoniniana*). Aber nicht, dass jetzt alle dadurch steuerfrei geworden wären. Im Gegenteil hob Diocletian (284–305) die Steuerfreiheit Italiens auf.

Sowohl das System der Staatspacht, das die Bevölkerung einer Provinz in „Kollaborateure“ (Steuerpächter) und „Patrioten“ (ihre Opfer) spaltete, wie das der abgestuften Persönlichkeitsrechte, das die Bewohner des Imperiums in verschiedene „Güteklassen“ teilte[7], entspringen dem Prinzip römischer Staatskunst: *divide et impera.* Teilen und Herrschen waren die Grundpfeiler der *pax Romana.*

Landflucht und Proletarisierung

In dem Moment, da als Folge großer militärischer Eroberungen die Zahl der Kriegsgefangenen, also der Sklaven (s. o. S. 17), sprunghaft wächst, werden diese auf dem Markt so billig, dass sie als Arbeitskräfte die Freien aus dem Arbeitsprozess verdrängen. Zu manchen Zeiten zählte allein die Hauptstadt Rom an die 200 000 Sklaven und Sklavinnen (Schreiber 1962, 144). Die freien Eigentümer wurden durch ihrer Sklaven Arbeit immer reicher, die dadurch arbeitslosen Freien verarmten und verschuldeten sich: sie gehen unter im Mob der *Großstädte*, der, durch öffentliche Getreidezuweisungen auf Staatskosten abgefüttert und durch aufwendige Massenveranstaltungen von seinem Elend abgelenkt, zum Manipulationsmaterial für die Machtspiele der Mächtigen verkommt (s. o. S. 14). Dramatisch gestaltet sich die Entwicklung auch auf dem *Lande*. Der freie Bauer, der seine Scholle selbst (oder mit geringem Gesinde) bearbeitet, kann mit den mit billigen Sklaven bewirtschafteten Großgütern, den Latifundien, nicht konkurrieren, verarmt, verschuldet sich, gibt endlich sein Grundstück auf (das er unter dem Preis einem nahen Großgrundbesitzer verkaufen muss) und zieht in die Stadt und wird so Teil des städtischen Proletariats. Oder er tritt (wie viele verarmte Städter) als *voluntarius* (freiwillig!) ins Heer, das sich vom ursprünglichen Bürger- zum Söldnerheer mausert.

Die Latifundien werden aber nicht nur deshalb immer größer, weil sie verarmte Familienbetriebe, die nicht mehr rentieren, schlucken. Von den Römern erobertes Gebiet galt nach römischem Recht als Staatsland: als *ager publicus* (vgl. Medicus 1979). Der Staat konnte dieses Staatsland verpachten (*ager vectigalis*) oder verkaufen (*ager privatus vectigalisque*) oder zur Okkupation freigeben (*ager occupatorius*). Die kapitalkräftigen Vertreter der Oberschicht legten ihr Geld an, indem sie riesige Grundstücke erwarben. Oder die Mächtigen rissen sich brachliegendes Staatsland unter den Nagel. Wer wollte den Okkupatoren wehren – die Schwachen? So wurden die Reichen immer reicher, die Armen immer ärmer. Plinius d.Ä. stellt mit Recht fest: „Die Latifundien haben Italien verdorben" – *latifundia perdidere Italiam* (Naturalis Historia 18,35; Till 1976, 226). Die beiden *Gracchen* (Tiberius mit 29 136 v. Chr., Gaius mit 31 123 v. Chr. Volkstribun) wollten diesem Krebsschaden abhelfen: durch Beschränkung des Großgrundbesitzes; durch Zuweisung von erobertem Staatsland (*ager datus adsignatus*) an freie Kleinbauern im Verbund mit finanziellen Starthilfen (aus der Erbschaft des Attalos von Pergamon; s. o. S. 14), um ihnen den Neuanfang zu erleichtern. Die beiden Brüder wurden (wie nicht anders zu erwarten war) auf Anstiftung der Oberschicht erschlagen. Plutarch (Tiberius Gracchus 8,9 u. 9,4 ff.; Till 1976, 234 ff.) berichtet über Tiberius:

„Als Tiberius auf der Reise nach Numantia durch Etrurien kam und dort das verödete Land sah und dass die Landarbeiter wie die Hirten aus der Fremde importierte ausländische Sklaven waren, da sei ihm erstmals der Gedanke an eine politische und soziale Neuordnung gekommen, die ihm und seinem Bruder unendliche Leiden bringen sollte.“

Und aus einer seiner Reden:

„Die Tiere, die in Italien leben, haben eine Behausung, jedes besitzt seine eigene Lagerstätte und seinen Schlupfwinkel; die Männer aber, die für Italien kämpfen und sterben, haben nur Anteil an der Luft und dem Licht, aber an sonst nichts. Unbehaust (*aoikoi*), ohne festen Wohnsitz, ziehen sie mit Weib und Kind umher; die Feldherrn lügen, wenn sie in der Schlacht die Soldaten auffordern, Gräber und Heiligtümer gegen die Feinde zu verteidigen; denn keiner von so vielen Römern besitzt einen von seinen Vätern ererbten Hausaltar oder eine Grabstätte der Vorfahren. Für anderer Leute Wohlleben und Reichtum kämpfen und sterben sie. Sie heißen Herren der Welt, aber haben keine einzige Scholle zu eigen.“

Schon 1751 hat Johann Jakob Wettstein (in seinem zu Amsterdam gedruckten *Novum Testamentum Graecum*) den Anfang des eben zitierten Redepassus als Parallele zu Mt 8,20 vermerkt.

Das Stichwort der Unbehaustheit begegnet hier als zeitgenössische Selbstdiagnose für die sozio-kulturelle Verfassung des antiken Menschen in einer von Rom dominierten „Oikoumene“. Im Folgenden beschreiben wir Wege aus dieser Unbehaustheit, sofern sie das Gebiet der Religion[8] tangieren.

II. Religiöse Fluchtwege aus der Unbehaustheit

Die Nostalgie – die Sehnsucht nach dem Gewesenen

A. Die Oberschicht und das verlorene „Goldene Zeitalter"

Unbehaustheit in der Gegenwart erzeugt immer Nostalgie nach dem Vergangenen, das mit allem verklärt wird, was die Gegenwart unerfüllt lässt. Die Literatur als Medium der Oberschicht spiegelt diese Nostalgie, denn die Dichter (sofern sie nicht vom System korrumpiert sind) waren immer die sensibelsten Seismographen ihres sozio-kulturellen Ambientes. Formal drückt sich die Nostalgie im Römischen Imperium so aus, dass man zum Sprachstil der „guten alten Zeit“ zurückgriff. Gebildete Griechen beginnen in einer Sprache zu schreiben, wie sie Griechenlands kulturelle Blütezeit (5./4. Jh. v. Chr.) auszeichnet (Platon, Aristophanes): *Attizismus* – in bewusster Distanzierung von der gesprochenen und geschriebenen Umgangssprache (*Koine*, in der auch die neutestamentlichen Schriften überliefert sind) und vom bombastisch-schwülstigen Stil der Höfe und hofnaher Kreise (*Asianismus*).

In Ägypten (der wohl am schamlosesten ausgebeuteten römischen Provinz) ging man noch weiter. Die Tempelbauten (Philae, Dendera) werden mit „Hektaren“ (Morenz 1977, 227) von altägyptischen hieroglyphischen Ritualtexten überschrieben, während Schrift und Sprache längst demotisch (koptisch) oder griechisch waren. Nostalgische Vergegenwärtigung vergangener pharaonischer Herrlichkeit in einer Epoche tiefer Demütigung! Auch lateinische Schriftsteller der *Silbernen Latinität* und noch mehr der *Archaisierenden Periode* (ab 120: Tod des Tacitus) griffen zunehmend auf das vorklassische Latein (vor Cicero) zurück: knappe bis enigmatisch reduzierte, formelhafte Sätze, Parataxe statt Hypotaxe in der Art etwa des Alten Cato oder altrömischer Gesetzestexte und Rechtsformeln. Stilistische Fiktion, die in die kleinräumigen und frugalen, überschaubaren Verhältnisse der Zeit vor der Weltherrschaft zurückversetzt und abhebt von der (gesprochenen) Gegenwartssprache, dem Vulgärlatein. Inhaltlich – und wir beschränken uns jetzt auf die lateinischen Literaten – wird Nostalgie thematisiert z. B. in Horazens Verklärung einfachen Landlebens (kräftig sekundiert von stoisch-epikureischer Selbstgenügsamkeitsideologie), in der *Germania* des Tacitus, der seinen römischen Zeitgenossen im Bild der Germanen, ihrer Einfachheit (*simplicitas*), ihrem Freiheitsstreben (*libertas*), ihrer Ehrliebe (*honor, gloria*) und ihrem Kampfesmut (*fortitudo, virtus*), die verlorenen altrömischen, republikanischen Tugenden vor Augen hält (vgl. Hasenfratz 1999, 10, 11/12).

Ist es Zufall, dass in dieser Zeit ein uralter indogermanischer Mythus wieder auftaucht: der Mythus vom verlorenen *Goldenen Zeitalter*[9]! Und ist es Zufall, dass in dieser Zeit besagter Mythus gleich in mehreren (noch zu behandelnden) Kontexten (bei der Figur des Augustus, bei den Dionysos-Mysterien, beim Eskapismus) poetisch thematisiert wird? Wir bringen den Mythus in der Fassung Ovids (Metamorphosen 1,89 ff.; Rösch 1990, 10 ff.; Auslassung von mir):

„Erstes Alter ward das Goldene. Ohne Gesetz und
Sühner wahrte aus eigenem Trieb es die Treu und das Rechte.
Fern war Strafe und Furcht, man las nicht in eherne Tafeln
Drohende Worte gereiht, es fürchtete nicht ihres Richters
Mund die flehende Schar, kein Fürsprech musste sie schützen.
Noch war die Föhre, gefällt um den fremden Erdkreis zu schauen,
Nicht von der Höh ihrer Berge hinab in die Fluten gestiegen;
Außer den eigenen kannten die Sterblichen keine Gestade.
Noch umschloss da nicht ein steiler Graben die Städte, …
Schwerter waren da nicht; und keiner Krieger bedürfend,
Lebten die Völker dahin in sanfter, sicherer Ruhe.
Unverletzt durch den Karst, von keiner Pflugschar verwundet,
Nicht im Frondienst gab von sich aus alles die Erde;
Und mit der Nahrung begnügt, die keinem Zwange erwachsen,
Las man Hagäpfel da und Bergerdbeeren, des Waldes
Kirschen und, was als Frucht an dem derben Dornengerank hing,
Las die von Juppiters lichtem Baum gefallenen Eicheln.
Ewiger Frühling war, mit lauen Lüften umspielte
Sanfter West die Blumen, die keinem Samen entblühten.

Ungepflügt trug bald auch des Bodens Früchte die Erde,
Ohne Brachen gilbte das Feld von hangenden Ähren.
Bald von Milch und bald von Nectar gingen die Flüsse,
Gelber Honig tropfte aus grünender Eiche hernieder."

Nach allmählicher Verschlechterung (Silbernes, Ehernes) brach das letzte, das Eiserne Zeitalter, an, das gegenwärtige:

„Da ergoss sich sogleich in die Zeit aus der schlimmeren Ader
Aller Frevel. Es floh die Scham, die Treue, die Wahrheit;
Und der Betrug, die List, die rohe Gewalt und die Tücke
Rückten an deren Platz und die böse Begier zu besitzen.
Segel gab der Schiffer den Winden dahin – die er kaum noch
Kennen gelernt – und, die solange gestanden auf hohem
Berge, die Kiele, sie tanzten auf unbekanntem Gewoge.
Und den Boden – Gemeingut bisher wie die Luft und die Sonne –
Grenzte mit langen Rainen fortan der genaue Vermesser.
Und von dem reichen Boden verlangte man nicht nur die Saat, nicht
Nur die geschuldete Nahrung: man drang in der Erde Geweide.
Schätze, die tief sie versteckt und den stygischen Schatten genähert,
Grub man hervor – dem Schlechten zum Anreiz; das schädliche Eisen
Ist schon getreten ans Licht und – schädlicher noch als das Eisen –
Auch das Gold. Da ist, dem beide sie dienen, der Krieg und
Schlägt mit blutigen Händen zusammen die klirrenden Waffen.
Nur vom Raub wird gelebt. Der Freund ist vorm Freunde nicht sicher,
Nicht vor dem Eidam der Schwäher, auch Bruderliebe ist selten.
Tod der Gemahlin droht der Mann und sie dem Gatten.
Schreckliche Stiefmütter mischen die leichenschaffenden Gifte.
Vor der Zeit schon forscht nach dem Ende des Vaters der Sohn:
Darnieder liegt die heilige Scheu, und, der Himmlischen letzte,
Jungfrau Astraea verlässt die mordbluttriefende Erde."

Das Goldene Zeitalter ist eine Ära vollkommensten Friedens: der Menschen unter sich und zwischen Mensch und Natur. Freiwillig spendet der Boden und seine Gewächse den Menschen alles, was sie zum Leben brauchen. Immer währender Frühling herrscht (sanfter West), die Flüsse führen Milch und Honig, Honig taut die Eiche. Ungeschlagen (zum Schiffsbau) zieren Wälder die Höhen. Ungeschändet durch Pflug und Karst – Vergewaltigung von Mutter Erde durch Bodenbearbeitung galt frühen

Kulturen als *die* Ursünde[10] – trägt und gebiert die Erde. Das alles verkehrt sich im Zeitalter der „schlechteren Metallader“, des Eisens, ins pure Gegenteil. Da herrscht Krieg aller gegen alle: der Mensch wird „dem Menschen ein Wolf“. Das „verruchte Besitzstreben“ (*amor sceleratus habendi*) zerreißt Gemeinschaften und Familien. Der Erde wird mit (instrumenteller) Gewalt die Saat abgezwungen; ihre Adern zur Metallgewinnung ausgeschlachtet, und die Ausbeute (Eisen, Gold) dient neuen Kriegen zum Fraß. Das Holz der Bergwälder ächzt, zu Schiffsplanken gefügt, in den Meereswellen (der unbarmherzige Kahlschlag bestimmt noch heute mediterrane Landschaft – und Klima!). Die Göttin der Gerechtigkeit (*Dike*), die „Sternenjungfrau“, verlässt schaudernd die blutgetränkten Fluren, um am Himmel als Sternbild (Jungfrau) zu leuchten.

Das Pikante an diesen Versen ist, dass sie die damalige Jetztzeit (die Zeit des Kaisers Augustus) zur schlechtesten aller Zeiten, zum *Eisernen* Zeitalter abstempelten. Damit traf der spottsüchtige Ovid den Kaiser, der sich zum Bringer und Vollender einer neuen *Goldenen* Ära (s. u. S. 37) „stylte“, ins Mark. Und es sind wohl diese Hexameter – und nicht sein mögliches Techtelmechtel mit der Kaiserenkelin Iulia, auch nicht seine frivole Liebesdichtung, die der kaiserlichen puritanischen Familienförderungspolitik (s. u. S. 108) zuwiderlief –, welche Ovid im Jahre 8 die Verbannung ans Schwarze Meer eintrugen, aus der er nicht mehr zurückkehren sollte[11].

B. Staatliche Restaurationsversuche

Jede Veränderung, zumal mit den Folgeerscheinungen, welche die Expansion des Imperiums mit sich brachte, ruft (wie bereits gesagt) den Wunsch nach dem „Zurück“ hervor, nach dem Altbewährten, Angestammten, Vertrauten. Restauration war noch immer die Zwillingsschwester der Innovation. Das seit dem Sieg über Makedonien (168 v. Chr.) ungebremst einströmende griechische Bildungsgut, das Auftreten griechischer Philosophen und Rhetoren in Rom und die Gründung von Rhetorenschulen nach griechischem Schulplan, erregten das Misstrauen konservativer Kreise und führten zur Ausweisung beider Gruppen aus Rom auf Beschluss des Senats (161 v. Chr.), ja noch 92 v. Chr. zu einem zensorischen Edikt gegen die „Lateinischen Rhetoren“, deren „Neuerungen“ (*nova*) „gegen Gewohnheit und Sitte der Vorfahren“ (*praeter consue-*

tudinem ac morem maiorum) gerügt werden (Till 1976, 282). Besonders der Akademiker Karneades hat Catos Missfallen erregt, der in einem Vortrag die Existenz einer für alle Menschen verbindlichen natürlichen Gerechtigkeit (*iustitia*) bewies, um sie am darauf folgenden abzustreiten und „die Berechtigung des Eigennutzes" nachzuweisen (a.a.O. 340/341). Der Zensorier betrieb und erreichte beim Senat die rasche Abreise des Philosophen (155 v.Chr.). „Exotische" fremdreligiöse Praxis wird als religiöse Neuerung und als „überflüssig" (*superstitio*) der Verehrung einheimischer Gottheiten (*religio*) entgegengesetzt, abqualifiziert und auch verfolgt (wenn sie nicht gerade zu magisch-politischer Instrumentalisierung für Roms Nutzen taugte; s.o. S. 13). 138 v.Chr. erließ der Stadtprätor von Rom Cornelius Hispalus ein Edikt, das die „chaldäischen Sterndeuter" (Astrologen) anwies, die Stadt und Italien innerhalb von zehn Tagen zu verlassen. 16 n.Chr. befahl Tiberius, ausländische Astrologen hinzurichten, römische Bürger dieser Zunft auszuweisen. Desgleichen Vespasian und fast alle folgenden Kaiser, obwohl (oder weil) alle (mit Ausnahme von Antoninus Pius, Marcus Aurelius, Diocletianus, Constantinus) gläubige Anhänger der Astrologie waren. Starjuristen wie Ulpian und Paulus (unter Alexander Severus, selber Förderer der Astrologie) erörterten die Frage, ob Astrologen staatsgefährdende Individuen seien: Paulus hielt dafür, Sklaven zu kreuzigen (Kapitalstrafe für Sklaven und Peregrinen; vgl. Jesus), Freie in die Bergwerke (*ad metallum*) oder Verbannung zu schicken. Der Erfolg all dieser Bemühungen lässt sich mit wenig Phantasie ausmalen (vgl. Stemplinger 1948, 192ff.; Leipoldt/Grundmann 1967, 85/86).

Im Jahre 186 v.Chr. wurde Rom vom sog. *Bacchanalienskandal* erschüttert (wie es in heutigem Medien-Deutsch heißt). Livius berichtet in seinem Geschichtswerk (39,8,3–19,7) ausführlich darüber. Die Story: Ein junger Mann, Publius Aebutius, wird von seinen Eltern dazu gedrängt, sich in die dionysischen Mysterien einweihen zu lassen, und ist gewillt, ihrem Drängen nachzugeben. Bei einem Schäferstündchen erzählt er einer Prostituierten, der Hispala Fecenia, davon. Diese Hispala war eine Freigelassene (*liberta*). Als Sklavin von ihrem Herrn zur Prostitution gezwungen (s.o. S. 16), hatte sie nach ihrer Freilassung diesen Beruf weiter ausgeübt. Als sie von der bevorstehenden Einweihung des Jünglings hört, beschwört sie ihn, davon abzustehen. Sie sei, so klärt sie den Ahnungslosen auf, als Sklavin zur Teilnahme an diesem Mysterienkult gezwungen worden. Sie berichtet von kriminellen Akten, die bei den religiösen Feiern begangen werden: sexuellen Perversionen und Orgien, sogar von rituellen Morden (*pro victimis immolari*). Männer würden in wahnsinnige Verzückung geraten, Frauen mit gelösten Haaren (*crinibus sparsis*)[12] rasen; und nichts für Frevel (*nefas*) zu halten sei für die Mysten religiöses Gebot (*religio*). Daraufhin verweigert Publius die Initiation, worauf ihn die Eltern aus dem Haus werfen (beide, Mutter und Stiefvater, gedachten ihn nämlich durch die praktizierten Exzesse zugrunde zu richten und so auf elegante Weise loszuwerden). Die jungen Leute beschließen eine Anzeige beim Konsul Postumius, der seinerseits dem Senat Bericht erstattet und von diesem beauftragt wird, die Bacchanalien zu unterdrücken. An einer darauf einberufenen Volksversammlung (*contio*) unterrichten die Behörden das Volk (was Livius Gelegenheit gibt, den Postumius vor dem Volk eine jener Reden halten zu lassen, mit denen Jahrtausende später Gymnasiasten gequält werden sollten). Die gegen den Kult beschlossenen Maßnahmen bei Livius entsprechen im Ganzen dem uns auf einer Bronzetafel aus Tirolio (Kalabrien) erhaltenen Senatsbeschluss mit der Präambel *De Bacanalibus quei foideratei esent, ita exdeicendum censuere* (Till 1976, 26 ff.): Kein römischer Bürger darf an Bacchanalien teilnehmen, es sei denn, er hätte sich an den Stadtprätor gewandt und dieser hätte es (aufgrund eines qualifizierten Senatsbeschlusses) genehmigt. Weder ein Mann noch eine Frau darf Vorsteher sein. Das Führen einer gemeinsamen Kasse ist verboten. Mit mehr als fünf Menschen (zwei Männer und drei Frauen) darf überhaupt keine Kultfeier abgehalten werden. – Das bedeutet im Klartext, dass es den Mysten verboten ist, sich als *collegia* (*mysteria*) zu konstituieren: Organisation in Kultvereinen ist ihnen verwehrt. Denn nach römischem Recht muss ein *collegium licitum* (ein erlaubter körperschaftlicher Zusammenschluss von Personen) drei Erfordernisse erfüllen: 1. *res communes und arca communis* (gemeinschaftliches Vermögen und Vereinskasse), 2. *actor sive syndicus* (Vereinsvorstand), 3. Mindestzahl von drei (männlichen) Mitgliedern (*tres faciunt collegium*) (Digesten 3,4,1,1 u. 50,16,85). Das Verbot hat letztlich wenig genützt, wie die Wandbilder der Villa Item vor Pompeji (mit ihren Darstellungen von Szenen aus dem Dionysos-Kult; s. u. S. 81) illustrieren.

Denselben Verdächtigungen und staatlichen Repressalien wie beim Dionysos-Kult waren später die jungen *christlichen Gemeinden* ausgesetzt. Auch sie waren körperschaftlich organisiert, hatten gemeinschaftliches Vermögen, eine Vereinskasse (Armenkasse) und Vereinsorgane (Gemeindevorstand und andere Ämter) sowie die erforderliche Mindestzahl von Mitgliedern. Aber sie waren *collegia illicita* (unerlaubte Zusammenschlüsse), denn sie rangierten als *superstitio nova ac malefica* (schädliche religiöse Neuerung); ihren Gliedern wurde Ritualmord (thyesteische Mahlzeiten) und sexuelle Exzesse (oidipodeische Vermischungen) nachgesagt[13]. Zudem verweigerten sie den offiziellen Kaiserkult (s. u. S. 42) in jeglicher Form. Das erstarkte Christentum hat sich später nicht gescheut, das Etikett ritueller Morde und sexueller Abartigkeiten seinerseits missliebigen gnostischen Gruppen anzuhängen (s. u. S. 106). Es scheint sich also um ein Wandermotiv zur Diffamierung von Randgruppen zu handeln; davon betroffene Juden und „Hexen" wüssten Bände zu berichten, lebten sie noch. Aber so weit sind wir noch nicht. Der „Krise des Reiches" (Soldatenkaiser; ferner s. u. S. 46) im 3. Jh. glaubten die Kaiser durch „Rückkehr zum Glauben an die alten Götter" und zur alten Form der Opfer steuern zu müssen. Das führte unter Decius (249–251) zu den bisher schwersten Christenverfolgungen, da die Christen „Götzenopfer" verweigerten. Nur eine schriftliche Opferbescheinigung (*libellus*) rettete vor schwerster Repression. Eine solche Opferbescheinigung ist uns aus dem ägyptischen Faijum erhalten (Papyrus Meyer 15; Hengstl 1978, 156 ff.; Auslassung am Schluss von mir):

„An die Opferkommission von Aurelia Leulis, Tochter des A..., aus dem Dorfe Euhemeria im Themistes-Bezirk. Ich habe immer den Göttern Tieropfer dargebracht und sonstige Dienste verrichtet, auch jetzt in Eurer Gegenwart gemäß den (kaiserlichen) Erlässen Tier- und Trankopfer gespendet und von den Opfertieren gekostet zusammen mit meinen unmündigen Kindern Palempis und T...eris ..." Angefügt eine datierte Autopsie-Bescheinigung der namentlich genannten Kommission.

Über das Essen von Götzenopferfleisch, das einzige Fleisch, das faktisch auf den antiken Markt kam, diskutiert der Apostel Paulus mit den Korinthern (1Kor 10,14–33).

C. Augustus – Vaterfigur und „Friedefürst"

Augustus hat es verstanden, alte religiöse Formen und Inhalte wieder zu beleben, schöpferisch mit neuen Akzenten zu versehen und seiner Politik dienstbar zu machen. Diese sog. *Augusteische Restauration* ist durchaus als geniale kreative Leistung des Prinzeps anzusehen. Letztlich war sie erfolglos, weil eben beschränkt auf seinen „Genius", seine Person und die Zeit seines Einflusses (31 v.–14 n.Chr.). Erfolglos auch deshalb, weil das Rad der Geschichte weiterläuft und sich auf Dauer nicht anhalten lässt. Augustus gerierte sich als *homo religiosus* und als Restaurator in des Wortes eigentlicher Bedeutung (vgl. Grenier 1948, 185 ff.; Latte 1976, 294 ff.; Ogilvie 1984, 119 ff.). Er ließ unzählige verfallene Tempel restaurieren: allein im Jahre 28 nicht weniger als 82. Augustus selber war Mitglied aller wichtigen Priesterschaften: *frater arvalis* (der Arval-Bruderschaft oblagen im Mai uralte Fruchtbarkeitsriten), *fetialis* (die Riten der Fetialen eröffneten und beendeten kriegerische Handlungen), *quindecimvir* (das Kollegium der Fünfzehnmänner legte die Orakelverse der Sibyllinischen Bücher aus; s.o. S. 11), *augur* (die Augurn waren die offiziellen Deuter göttlicher Willenskundgebungen; davon abgeleitet der Ehrentitel *Augustus*: den Erfolg vermehrend), *pontifex* (Spezialist, der für die korrekte Durchführung religiöser Riten verantwortlich war) und *pontifex maximus* (der Vorsteher des Pontifikalkollegiums). Augustus habe letztlich jene „Allianz von Thron und Altar" begründet, so F. Cumont (Grenier 1948, 195), die sich für Europas Geschichte so bedeutsam und verhängnisvoll auswirken sollte.

Wie zielstrebig Augustus alte Kulte für seine politischen Zwecke reaktivierte und gleichzeitig transformierte, mag seine Einführung des Kultes der *lares Augusti* exemplarisch illustrieren. Die Laren waren Schutzmächte des bäuerlichen Familiengrundstücks und der dazugehörigen Familie. Man verehrte sie an häuslichen Altären und errichtete ihnen Kapellen draußen, wo der eigene Grund an fremden grenzt. Und da die Wege meistens längs der Grundstücksgrenzen laufen, wurden die Laren zu Schützern der Wege, besonders aber der Kreuzwege, weil hier die Besitztümer mehrerer Anrainer zusammenstoßen (*lares compitales*). In den Städten verehrte man sie als Beschützer der öffentlichen Straßenkreuzungen und der grundbesitzlosen oder depossedierten Plebs. An den jährlichen Festen der Laren, den *compitalia* im Winter, kam es in Rom regelmäßig zu Ausschreitungen, denn bei dieser Gelegenheit wurde einer

Mehrheit des Volkes besonders bewusst, dass sie weder Hausaltar noch Eigentum an Grund und Boden besaß bzw. beides durch Latifundienwirtschaft und Landflucht eingebüßt hatte (s. o. S. 25). Caesar verbot deshalb das Fest als Anlass zu Aufruhr rundweg. Anders Augustus. Er erlaubte es wieder und erklärte die Laren der städtischen Kreuzwegkapellen, die Laren der Besitzlosen, zu seinen eigenen und denen seiner Familie – zu *lares Augusti*. Das kommt einem politisch-religiösen Adoptionsakt gleich: Augustus machte sich damit zum Vater der kleinen Leute, zum Familienvater der Besitzlosen, zum *pater patriae* („Vater des Vaterlandes“: ein Titel, der ihm später von Senat, Ritterstand und Volk von Rom verliehen wurde).

Im Jahre 40 v. Chr. schloss Octavian (der spätere Augustus) mit Marcus Antonius den Teilungsvertrag von Brundisium (heute Brindisi), der das Ende der vergangenen Bürgerkriege bringen und noch schrecklichere zukünftige vermeiden sollte. Vermittler dieses Ausgleichs, an den so Viele Friedenshoffnungen knüpften, war der Konsul des Jahres 40 Asinius Pollio. Ihm hat Vergil die Dichtung gewidmet, die den Bringer einer neuen Epoche des Friedens für die Menschheit ankündigt: den damals 23-jährigen Adoptivsohn und Rächer Caesars – Octavian (vgl. Binder 1989, 80 ff.; ders. 1998, 236). Seine Geburt ist von der Seherin Sibylle geweissagt, dieses Ereignis schließt den alten Viererzyklus (mit dem Eisernen Zeitalter als letztem), und „der Zeiten geordnete Folge“ (*saeculorum ordo*) hebt von neuem an: das Goldene Zeitalter (unter der göttlichen Regentschaft des mythischen Urkönigs Saturn) beginnt. Die von der Erde vertriebene Jungfrau Astraea, die Gerechtigkeit (s. o. S. 30), kehrt wieder. Unter dem Schutz der Iuno Lucina, der göttlichen Geburtshelferin, erblickt das ersehnte Friedenskind das Licht der Welt; ihr Bruder Apollo (Octavians Lieblingsgottheit) wird Patron der kommenden Friedensherrschaft. Pollio selbst soll ihren Anbruch, den er als Konsul durch seine Vermittlung des Friedensabkommens befördert hat, „erschauen“. Das Kind aber, heranwachsend, wird vom Ruhm der Vorfahren lesen und ihre Heldentaten wiederholen: die Fahrt der Argo und den Zug der homerischen Recken nach Osten – Verwirklichung des Traums eines endgültigen Sieges über die Parther (s. o. S. 14). Aber danach (und schon vorher) werden Natur und Mensch Frieden schließen: ungeschändet durch den Pflug wird die Erde dem Menschen in Fülle spenden, was er zum Leben braucht; Honig „taut“ das Eichenlaub; willig bieten die Ziegen ihre prallen Euter den

Menschen, die nicht Raubzeug noch Gift mehr schreckt; die Schafe tragen bunte Wolle, der Mensch braucht sich nicht mehr mit ihrer künstlichen Färbung abzumühen; die hoch ragende Pinie wird nicht mehr zu Frondienst auf den Meeren gepresst. Alle Welt wartet darauf, dass das „liebe göttliche Kindlein"(*cara deum suboles*) aus Juppiters Nachkommenschaft (die Julier, Caesars Geschlecht, führen ihren Ursprung auf den Götterkönig zurück) seine „erhabene Würde" als Friedefürst antritt. Die christliche Kirche hat dieses Lied als Weissagung auf Christus (vgl. Jes 11,1–10) hoch geschätzt und Vergil den alttestamentlichen Propheten zur Seite gestellt (im Ulmer Münster z. B. ziert er das Chorgestühl zusammen mit der Seherin Sibylle), und Dante hat ihn in seiner „Divina Commedia" zum kundigen Jenseitsführer, zum Kenner und Deuter jenseitiger Geheimnisse befördert. Hier nun der (für unsre Zwecke unwesentlich gekürzte) Text in der schönen Übertragung[14] von H. Lietzmann (4. Ekloge, Leipoldt 1970, 108 f.):

„Jetzt ist die letzte Zeit nach dem Lied der Sibylle gekommen,
Und es beginnt von neuem der Zeiten geordnete Folge,
Und jetzt kehrt wieder die Jungfrau, es kommt das Reich des Saturnus,
Jetzt steigt nieder ein neues Geschlecht aus himmlischer Höhe.
Du nur blick auf des Knaben Geburt mit gnädigem Auge,
Welcher ein Ende der eisernen bringt und den Anfang der goldnen
Zeit für die Welt, Lucina: jetzt herrscht Dein Bruder Apollo.
Du, o Pollio, du wirst selbst noch als Konsul erschauen
Diese glänzende Zeit und der großen Jahre Beginnen.
Wenn du führst, dann schwindet getilgt, was an Spuren des Frevels
Uns noch blieb, und erlöst von ewigem Grauen die Lande.
Er wird leben als Gott und die Helden der Vorzeit erblicken
Wandelnd unter den Göttern; ihn werden sie staunend betrachten.
Frieden bringt er der Welt, mit der Väter Kraft sie regierend.
Doch dir streut, o Knabe, zuerst freiwillig die Erde
Huldigend Gaben, des Efeus Gerank und die duftenden Wurzeln,
Mischt in die lachende Pracht des Akanthus indische Rosen.
Selber kommen nach Hause mit schwerem Euter die Ziegen,
Nicht mehr fürchten den Löwen der Rinder weidende Herden …
Schwinden wird auch die Schlange, der Gifte tückische Kräuter
Schwinden; es spenden in Fülle die Wiesen Assyriens Balsam.

Lesen wirst du zu jener Zeit vom Ruhme der Helden
Und von den Taten des Vaters und seine Stärke begreifen.
Bald bedecket das Feld mit weichem Golde die Ähre,
Rings im wilden Gestrüpp erglüht die dunkelnde Traube,
Honig tauen die Blätter der alten, knorrigen Eiche.
Doch noch finden sich wenige Spuren des Frevels der Urzeit,
Da man aufs Meer noch sich wagt mit dem Kiel, mit Mauern die Städte
Gürtet, und immer noch zieht in die Erde Furchen die Pflugschar.
Dann wird ein zweiter Tiphys erstehen, aufs neue die Argo
Fahren die Blüte der Helden, aufs neue tönen der Kriegsruf,
Und ein zweiter Achill wird Trojas Mauern berennen.
Doch hat der Lauf der reifenden Jahre zum Mann dich gefestigt,
Weicht auch der Schiffer vom Meer, nicht tragen tannene Planken
Waren zum Tausch, dann spendet allüberall alles die Erde.
Nicht mehr verwundet den Boden der Karst, den Weinstock die Hippe,
Und es nimmt von den Stieren das Joch der kräftige Landmann.
Nicht mehr lernet die Wolle, die Farben künstlich zu täuschen,
Nein, auf der Wiese verwandelt dem Widder in lieblichen Purpur
Bald sich das Vlies, bald schmückt ihn des Safrans prächtige Farbe,
Rötliche Wolle bekleidet von selbst die weidenden Lämmer …
Auf nun, Juppiters Spross, du liebes göttliches Kindlein,
Schon kommt näher die Zeit, nimm an die erhabene Würde!
Sieh die gewaltige Last der Welt sich krümmen und beben,
Länder und Meeresweiten zugleich und die Tiefen des Himmels,
Sieh, wie alles sich freut der goldenen Zeit, die bevorsteht."

Augustus hat die ungeheure Friedenssehnsucht seiner „unbehausten" Zeit (auch die Weihnachtsgeschichte der Evangelien versteht sich auf diesem Hintergrund: vgl. Lk 2,10f.14) auf seine Person kanalisiert und den Anbruch des Goldenen Zeitalters des Friedens bewusst auf sich bezogen, wozu ihm Vergil nicht nur in dieser wundervollen bukolischen Dichtung, sondern auch später in seiner Aeneis mythischen Sukkurs leistete (6,791ff.; Binder 1998,140f.): „Der hier, der ist der Held, der dir, so hörst du es oft, verheißen wird, Augustus Caesar, Sohn eines Gottes: Goldene Zeiten wird er von neuem für Latium stiften in dem Land, wo Saturnus einst König war …" Zwei Jahre nach diesen Versen (17 v. Chr.) veranstaltet der Kaiser die Säkularspiele (*ludi saeculares*), die vom 31. Mai bis zum 3. Juni dauerten. Schon früher hatte es Säkularfeiern gegeben (bezeugt sind mindestens zwei): sie waren den chthonischen Gottheiten geweiht, sollten die Fruchtbarkeit befördern und das römische Gebiet erweitern helfen. Theoretisch hätten sie in jeder Generation abgehalten werden sollen, so dass ein Mensch diese Spiele nur ein Mal zu seinen Lebzeiten sehen konnte. Augustus funktionierte sie nun um zu einer Mammutschau, die ein neues Friedenszeitalter im Sinne Vergilianischer Bukolik und Panegyrik inaugurierte. „Hofpoet" Horaz lieferte dazu das Festgedicht, den Säkulargesang (*Carmen Saeculare*), der gleich zweimal zur Aufführung kam und in sapphischen Strophen die Rückkehr von Treue, Friede, Ehre (*honor*) und Zucht der Vorzeit und vernachlässigter Tugend (*virtus*) pries (s. o. S. 28) und verhieß gesegneten Überfluss „aus vollem Horn" (VV. 57–60). Mit einem eindrucksvollen und symbolträchtigen „Coup" wartete Octavian gleich nach dem endgültigen Sieg über Marcus Antonius auf: 29 v. Chr. ließ er die Tore des Ianus-Heiligtums schließen. Seit Roms Gründung war es nur zweimal geschlossen gewesen. Ianus ist Gott des Anfangs und Hüter der Stadttore: wenn Krieger ausziehen, steht der Janusbogen offen, bei Frieden ist er zu. Die demonstrative Schließung ist Regierungsprogramm: es beinhaltet Friedensherrschaft. Ovid hat seinen Spott über diese Friedensherrschaft teuer bezahlt (s. o. S. 30). In der Dichtung Vergils ist der Kaiser dichterisch-mythisch in die Nähe der Gottheit gerückt: „göttliches Kindlein", „Juppiters Spross" und „Sohn eines Gottes", ja „er wird leben als Gott"(*deum vitam accipiet*). Damit steht das Thema „Kaiserkult" schon an.

Der Kaiserkult – ein Integrationsversuch

In einem Großreich wie dem Römischen Imperium mit seinen verschiedenen Provinzen, Völkern, Kulturen und seinen zentrifugalen Kräften hatte der Kult des Kaisers wie seiner Person überhaupt eine *integrative* religiös-politische Funktion: die kultische und personale Inszenierung und Repräsentation der Reichseinheit, die dem sozio-religiös „unbehausten Menschen" des Imperiums vor Augen führte, dass er Teil eines größeren politischen Ganzen sei. Demselben Zwecke dienten religiös-politische Massenveranstaltungen im Zusammenhang mit dem Kaiser und seinem Kult: Säkularfeiern (s. o.), Zirkusspiele mit Wagenrennen, Gladiatorenkämpfen und sog. „Volksfesthinrichtungen" (wie Th. Mommsen sie nannte), darunter die Verurteilung *ad bestias* (s. o. S. 17), Triumphe. Auch sie vermittelten religiös überhöhtes Gemeinschaftserleben.

A. Der König als Gott

In vielen Kulturen gilt der König als Garant der kosmischen – der natürlichen und der sozialen – Ordnung. Er schützt sein Volk gegen das widergöttliche Chaos außerhalb der Grenzen: gegen die äußeren Feinde. Ebenso sorgt er für Ordnung im Innern: er straft Rechtsbrecher und Aufrührer ab und sorgt für die Fruchtbarkeit des von ihm beschützten Landes. Er handelt in göttlichem Auftrag: er ist entweder selber Gott oder Sohn eines Gottes. Übernatürlich sind die Ereignisse um seine *Geburt* und seinen *Tod*: er stammt durch ein Zeugungswunder von Gott ab; am Ende seines irdischen Lebens kehrt er wieder zurück in die göttliche Welt, der er zugehört. Ungewöhnlich (wie sollte es anders sein!) verläuft auch sein *Leben* auf Erden: er besitzt übernatürliche Fähigkeiten, kann Wunder bewirken, besonders Krankheiten heilen – denn er vertritt in seiner Person die kosmische Ordnung, und Krankheit ist Unordnung. Vespasian heilte einen Blinden, indem er seine Augen bespuckte (vgl. Mk 8,23; s. u. S. 69), einen Lahmen, indem er seinen Fuß auf ihn stellte (vgl. Stemplinger 1948, 99, 103; Luck 1990, 176). Noch den Königen von Frankreich und England vererbte sich „the healing benediction": die „Wundergabe" der Heilung durch Berührung und Gebet (Shakespeare, Macbeth, Akt 4, Szene 3). Überblicken wir Jesu Biographie im Lichte biblischer Königsprädikationen (Röm 1,3 f.; Mk 15, 2.26; Mt 2,2), so fügen sich die Berichte über seine übernatürliche Zeugung, seine Wundertätigkeit, Auferstehung und Erhöhung zur Rechten Gottes gut in dieses „Königsparadigma" ein. In den Rom unmittelbar benachbarten antiken Hochkulturen, der iranischen und der ägyptischen, galt die Göttlichkeit des Königs als selbstverständlich.

Im Persischen Großreich rückte wohl unter dem Einfluss der Königskulturen des Zweistromlandes „der König der Könige" unter die Götter ein. Die Könige sind „Genossen der Sterne, Brüder der Sonne und des Mondes". Die sassanidischen Großkönige fugen zu ihrem Namen (…) die stereotype Zuschreibung: „…, der *mazdāh*-verehrende Gott (*bag*)

(...), König der Könige (*šāhān šāh)* über Arier und Nichtarier, der Same (dessen Abkunft) von den Göttern ist (*kē čihr az yazdān*) ..." So der Anfang der berühmten Inschrift Shabuhrs I. (240–272) in Naqsh-i Rustam, Nähe Persepolis (Kaʿba-ye Zardusht, Z. 1; Back 1978, 284; Übersetzung von mir). Das mitteliranische Wort *bag* (*bay*) meint im zoroastrischen Kontext eine Gestirnsgottheit (eig.: Zuteiler), *yazdān* göttliche Helfer Ahura Mazdāhs (vgl. Hasenfratz 2001, 26). Der König kann das Feuer des Feueraltars (Repräsentant Ahura Mazdāhs) umarmen, ohne dass es ihn verbrennt, und durch Gebet Regen herbeirufen.

Dem Alten Ägypten ist der Pharao Gott und Gottessohn. Man nennt ihn *nṯr nfr* (schöner, guter Gott). Sein „Horus"-Name weist ihn als Himmelsgott, sein „Sohn des Re"-Name als Sohn des Sonnengottes aus. Oder der Reichsgott Amun nimmt bei der Zeugung des künftigen Pharao die Gestalt des regierenden Pharao an und schläft mit der Königin (die von ihrem rechtmäßigen königlichen Gemahl noch unberührt vorgestellt ist). Das Kind aus dieser Verbindung, der künftige Pharao, wird als „Ebenbild" (*twt, tjt*) Gottes im Leib der Mutter gebildet, dem Amun präsentiert und von ihm adoptiert. So der berühmte getextete Bilderzyklus im Tempel von Dar al-Bahri. Nach seinem Tod vereinigt sich der Pharao im Himmel mit seinem Vater Re oder wird zum göttlichen Totenherrscher Osiris, dessen Sohn Horus der lebende Nachfolger auf dem Thron verkörpert. Die altägyptische Königskultur ist frühe Vertreterin sog. „afrikanischer Königskulturen", wo überall der König als Gott gilt (Napata, Hima, Kongo, Sudan). Natürlich ist den Ägyptologen die Nähe des ägyptischen Geburtsmythos zur Geburtsgeschichte Jesu (Mt 1,18–25; Lk 1,26–38: „überschattet" V. 35 ist altägyptisches Bild für göttliche Schwängerung) aufgefallen (vgl. Brunner-Traut 1983, 269 ff.). Die Nähe dürfte sich dadurch erklären, dass beiden ein traditionelles Schema „Geburt des Gottkönigs" unterliegt (wovon wir noch zu reden haben; s. u. S. 43). Die Nachfolger der ägyptischen Könige, die Ptolemäer, haben deren Königsideologie übernommen. Auf dem berühmten Rosetta-Stein ist der junge Ptolemaios V. (damals noch nicht 13 Jahre alt) tituliert (Z. 1–10; Dittenberger 1903, 141 ff.): lebendes Ebenbild des Zeus (*eikōn zōsa tou Dios*; vgl. Kol 1,15: Christus ist Ebenbild Gottes – *eikōn tou theou*), Sohn des Sonnengottes (*hyios tou Hēliou*), sichtbar erschienener gnädiger Gott (*theos Epiphanēs Eucharistos*), (wirklicher) Gott aus Gott und Göttin (*hyparchōn theos ek theou kai theas*; vgl. den 2. Artikel des Nicänischen

Glaubensbekenntnisses: Christus als Gott aus Gott, wahrer Gott aus wahrem Gott – *theos ek theou*) gleich wie Horus Sohn von Isis und Osiris (s. u. S. 89).

B. Der römische Kaiser als Gott

Vom Orient, zumal von Ägypten her (s. o. S. 40) hat die Königsideologie auch auf Rom übergegriffen – wenn auch relativ zögernd (vgl. Grenier 1948, 188 ff.). Anfangs wurde nur der *tote* Kaiser zum Gott erklärt. Und dazu bedurfte es eines Senatsbeschlusses. Den *lebenden* betrachtete man nicht als Gottheit, verehrte aber seine Laren (s. o. S. 35) oder seinen *genius* (ursprünglich die als Schlange am Familienaltar verehrte „Zeugungskraft" des Hausvaters) oder sein *numen* (seine Mächtigkeit). Der verstorbene Caesar war 42 v. Chr. (zwei Jahre nach seiner Ermordung) als *divus Iulius* (vergötterter Iulius) unter die Staatsgötter aufgenommen worden; sein Adoptivsohn Octavian und spätere Augustus konnte sich *divi filius* nennen, was die Griechen bedenkenlos mit *theou hyios* (Göttersohn) wiedergaben (Leipoldt/Grundmann 1967, 139). Damit lieferten sie gewissermaßen dem (aufgrund seiner republikanischen Vergangenheit noch) zögerlichen Rom das „missing link" für die göttliche Verehrung auch des lebenden Kaisers. Caligula (37–41) beweist seine Göttlichkeit mit folgendem Sophismus: Rinder- und Ziegenhirten seien ja auch keine Rinder und Ziegen, also könne der Kaiser als Menschenhirt wohl schwerlich ein Mensch sein – eben nur ein Gott (Leipoldt 1967, 64). Spottete noch ein Vespasian (69–79) auf dem Sterbebett: „*vae, puto, deus fio*" (auweia, ich glaub', ich werd' ein Gott!) – so lässt sich sein Sohn und Nachfolger Domitian (81–96) *dominus et deus* titulieren, eine Anrede, die den Kaiser auch in die christliche Ära hinein begleitet, der mit seiner Thronbesteigung zum *dominus noster* und *praesens et corporalis deus* (unserm Herrn und körperlich präsenten Gott), zu „Gottes Abbild auf der Erde" und mit seinem Ableben „dessen Mitregent im Himmel" wird (Bickermann 1929, 19, 21). Ist es Zufall, wenn ausgerechnet zur Regierungszeit Domitians das Johannesevangelium den Jünger Thomas dem Gekreuzigten und Auferstandenen die Titulatur des Gottkaisers zusprechen lässt (20,28): „Mein Herr (*kyrios*) und mein Gott (*theos*)!" (vgl. Wengst 2001, 299 Anm. 84)? – Im Osten (s. o. S. 40) genoss der lebende Kaiser von Anfang an göttliche Verehrung; die römischen Herrscher, die sich der Vergottung ihrer Person in Italien noch widersetzten, ließen sie (aus politisch-religiösen Überlegungen) in den östlichen Reichsteilen (schon immer) gewähren.

Die Christen, die sich jeglichem Kaiserkult widersetzten, konnten wegen Majestätsverletzung (*laesa maiestas*) zur Rechenschaft gezogen werden; ganz abgesehen davon, dass dieser Rechtstatbestand ihren Gemeinden den Status als *collegia illicita* (unerlaubte Vereinigungen; s. o. S. 33 u. S. 19) eintrug, was alles ein ganz legales Vorgehen gegen Einzelne und ihre körperschaftliche Organisation gestattete. Die Christen waren nicht die Einzigen, welche die Verweigerung des Kaiserkultes äußerstenfalls mit dem Tod zu bezahlen willens waren. Der Stoiker Paetus Thrasea starb, weil er den Größenwahnsinn Neros missbilligte; sein Schwiegersohn Helvidius Priscus starb unter Vespasian (der das Urteil später bereute), weil er die Wiedereinführung der Republik forderte. Auch unter Domitian wurden Kyniker und Stoiker verfolgt. Erstere, weil sie überhaupt jegliche Autorität ablehnten; letztere, weil sie Widerstand gegen Despotie (und Tyrannenmord als letztes Mittel) befürworteten (denn Despotie sei wider die Weltvernunft).

Der Gott auf Erden

Einige kommentierte Texte sollen die eben beschriebene Entwicklung und zugleich die religiöse, soziale und ökonomische Verfassung der Menschen im Reich vorführen.

Sueton (ca. 70–140) überliefert uns in seinen „Caesarenleben" die Umstände um die Geburt des (nachmaligen) Augustus (Divus Augustus 94,3 f.; Leipoldt 1970, 111; Erläuterungen in Klammern von mir eingeschoben):

„Julius Marathus (Freigelassener und Sekretär des Augustus) berichtet, wenige Monate vor der Geburt habe sich in Rom in der Öffentlichkeit ein Wunderzeichen (*prodigium*) zugetragen, das darauf hindeutete, dass die Natur dem römischen Volke alsbald einen König hervorbringen werde. Daraufhin habe der bestürzte Senat beschlossen, kein in jenem Jahr geborenes Kind dürfe aufgezogen werden; jedoch hätten diejenigen Senatoren, deren Frauen schwanger waren, ein jeder in der Hoffnung, die Verheißung auf sich beziehen zu können, die Hinterlegung des Senatsbeschlusses im Staatsarchiv (*aerarium*; erst die Deponierung machte den Beschluss rechtskräftig) zu hintertreiben gewusst.

In den ‚Theologumena' des Asklepiades von Mendes (ägyptischer Historiker der Augusteischen Zeit) lese ich, Atia (die Mutter des Augustus), die um Mitternacht zu einem feierlichen Gottesdienst für Apollon gekommen war, sei in ihrer im Tempel aufgestellten Sänfte eingeschlafen. Plötzlich sei eine Schlange (*draco*, vgl. S. 41) zu ihr hereingekrochen und wenig später wieder verschwunden; sie habe sich erhoben und sich wie nach einem Beilager mit ihrem Gatten gereinigt; dabei habe sich sogleich an ihrem Leib ein Fleck ähnlich einer gemalten Schlange gezeigt und sich nicht mehr beseitigen lassen, so dass sie seitdem für immer auf öffentliche Bäder verzichten musste. Zehn Monate später sei Augustus geboren worden und deswegen für einen Sohn Apollons gehalten worden. Dieselbe Atia träumte vor ihrer Niederkunft, ihre Eingeweide würden zu den Gestirnen entrückt und breiteten sich über den ganzen Umkreis des Himmels und der Erde aus. Auch der Vater, Octavius, hatte ein Traumgesicht: aus dem Schoß der Atia brach Sonnenglanz hervor."

Die Motive dieser Überlieferung sind uns teilweise schon aus der altägyptischen Königslegende bekannt (s.o. S. 40), auch die neu dazugekommenen haben hier ihren Sitz im Leben[15]: Ein wunderbares Vorzeichen und ein Wahrtraum kündigen die Geburt des „Königskindes" an. Die Zeugung geschieht durch „göttlichen Ehebruch"; dem betrogenen Gatten signalisiert ein Traum die Apollinische Vaterschaft (Schlange und Licht gehören zu Apoll; vgl. Lurker 1985, 42). Das Leben des Königskindes ist gefährdet. In den Vorgeschichten Mt 1f. und Lk 1f. dasselbe Inventar: die Zeugung durch den Heiligen Geist, der Traum des Joseph, der Stern von Bethlehem, der Kindermord ebenda und die Flucht nach Ägypten.

Im Jahre 9 v.Chr. beschlossen die Städte der Provinz Asia (heutige West-Türkei) die Einführung des julianischen Kalenders (er ersetzte das Mondjahr von 354/355 Tagen durch das Sonnenjahr zu 365 Tagen plus 4-jährlichen Schalttag; vgl. Binder 2002, 63f.), wobei der Jahresbeginn auf den 23. Sept., den Geburtstag des Kaisers Augustus, zu schieben sei. Das entsprechende Dekret des Provinziallandtags (auf Druck des römischen Prokonsuls und Antrag des Oberpriesters Apollonios zustande gekommen) ist in vier Exemplaren erhalten, das aus Priene (an der Mündung des Maiandros) am besten (Pfohl 134f.; Übersetzung von mir):

„Da die göttlich unser Leben ordnende Vorsehung, Eifer und Ehrgeiz an den Tag legend, für das Leben das vollkommenste Gut anordnete, indem sie den Augustus hervorbrachte, den sie zum Wohle der Menschen mit Tugend erfüllte, uns und denen nach uns (dadurch) einen Erlöser (*sōtēr*) bescherend[16], der den Krieg beendete und den Frieden ordnete, (da) der Kaiser durch sein Erscheinen (*epiphaneis*) die Hoffnungen aller überragte, die zuvor Freudenbotschaften (*euangelia*) empfangen hatten, indem er nicht nur die vor ihm lebenden Wohltäter übertraf, sondern auch den zukünftigen keine Chance des Übertreffens ließ – hat der Geburtstag des Gottes (*theou*) für die Welt die an ihn geknüpften Freudenbotschaften (*euangelia*) eingeleitet."

Der in schwülstigem Asianismus (s. o. S. 27) gehaltene Text preist den Kaiser als den erhofften Friedensbringer (des Goldenen Zeitalters), den Tag seiner Geburt als „Geburtstag des Gottes", der für die ganze Welt die damit verbundenen „Freudenbotschaften" mit sich bringe.

Stellen wir daneben den Motivbestand der Engelsbotschaft von Lk 2,10 f. und ihrer Akklamation durch das Himmlische Heer VV. 13 f.: das neugeborene Kind ist der gesalbte König in der Königsstadt Davids, der Herr (*kyrios*) und Retter (*sōtēr*); und verbunden mit dieser Freudenbotschaft (*euangelizomai*) ist die Proklamation von Frieden für die Menschen. In der Priene-Inschrift fehlt die Gottes- und Königsbezeichnung *kyrios* (Herr); sie ist aber in Ägypten und wohl auch Syrien seit dem 1. Jh. v. Chr. im Gebrauch (vgl. Foerster 1967, 1048 f.). Hätte ein römischer Verwaltungsbeamter das eschatologische Gemeindebekenntnis Phil 3,20 zu Gesicht bekommen, er hätte das Schriftstück, in dem es stand, ex officio einziehen und gegen die Gruppe, die es gebrauchte, vorgehen müssen. Behauptete es doch für römische Ohren Ungeheuerliches: „Die politische Organisation (*to politeuma*), der *wir* angehören, ist im Himmel; und von dort erwarten wir als Retter (*sōtēr*) den Herrn (*kyrios*) Jesus Christus." Kann es noch eine deutlichere Absage an den Kult des vergöttlichten lebenden Herrschers (und sein Imperium) geben!? Der Apostel Paulus hat später dann nicht ohne Grund zu entschärfen versucht mit seiner Loyalitätsparänese Röm 13,1 ff. (und damit für Christen neue und andere Probleme heraufbeschworen). *Euangelion* hat bei Paulus und seiner Gemeinde die Bedeutung „Heilsbotschaft von Kreuzestod und Auferstehung Jesu Christi" angenommen (1Kor 15,1 ff., insbesondere die Pistis-Formel in den VV. 1 u. 3b–7); bei Markus die einer neuen Erzählgattung: der fortlaufenden Geschichte (volkstümliche Biographie) des Gottmenschen Jesus Christus, des (offenbaren und doch) verborgenen Gottessohnes (Mk 1,1). Die Beziehung des Wortes zum Kaiserkult blieb dem antiken christlichen Leser mit präsent (auch ein alttestamentlicher Hintergrund, der hier aber aus thematischen Gründen ausgeklammert bleibt; vgl. Jes 40,9).

Vier Dokumente aus der unter kaiserlicher Verwaltung stehenden und von Rom ausgepowerten Provinz Ägypten mögen antikes Provinzleben im Schatten des göttlichen Kaisers nachempfinden lassen. Der Reihe nach: amtlicher Entwurf einer Proklamation zur Thronbesteigung Neros aus Oxyrhynchos (54 n. Chr.), Erlaubnis zur Ausübung von Prostitution (als Gewerbesteuerbescheinigung) aus Elephantine (142 n. Chr.), Kärtchen mit Orakelanfrage aus dem Faijum (2. Jh.), Nilstandsvermerk ebenfalls aus dem Faijum (292) (Hengstl 1978, 48 ff., 67 f., 164 f., 43 f.; zusätzliche Einschübe in Klammern von mir).

„Caesar, seinen Ahnen den Tribut schuldend, der Vergöttlichte (*enphanēs theos*), ist zu seinen Vorfahren gegangen. Der vom Römischen Reich Erwartete und Erhoffte ist als Imperator proklamiert worden, der gute Geist (*agathos daimōn*) des Weltreichs, der Ursprung alles Guten, Nero Caesar ist ausgerufen worden. Wir alle müssen deshalb bekränzt und Rinder opfernd allen Göttern Dank wissen. Im 1. Jahr des Nero Caesar Augustus Germanicus (folgt genaue Datierung auf Tag und Monat)."

Im Jahre 54 vergiftete Agrippina ihren Gemahl Claudius mit einem Pilzgericht, um ihren Sohn aus erster Ehe Nero auf den Thron zu bringen. Als der Senat Claudius zum Gott (*divus*) erklärte, soll Nero bemerkt haben, Pilze müssten eine Götterspeise sein, da sie Claudius zu einem Gott werden ließen! Zu den Pflichten des *praefectus Aegypti* (Stellvertreter des römischen Kaisers in Ägypten) zählt die Benachrichtigung der Bevölkerung von der Thronbesteigung des neuen Imperators, verbunden mit einer Loyalitätserklärung an diesen, wofür hier ein Entwurf eines von ihm beauftragten Beamten vorliegt. Interessant, dass dieser Beamte zwar den verstorbenen Herrscher „offenkundiger Gott" nennen mag; aber der neue, lebende Imperator muss sich mit dem Status eines „guten Genius"(*bonus genius*) begnügen (vgl. Rohde 1980, II, 317 Anm. 1). Der Entwurf hält sich streng an die ursprüngliche römische Gepflogenheit, nur den Toten und feierlich und öffentlich Konsekrierten (s. u. S. 47) mit Gott (*divus*) zu betiteln. Vielleicht ist es deshalb beim bloßen Entwurf geblieben!

„Ammonios und die, die mit ihm Pächter der Hetärensteuer sind, der Thinmareine Gruß. Wir haben Dir erlaubt, am (folgt Tag und Monat) des 6. Jahres des Antoninus Caesar (138–161), des Herrn (*tou kyriou*), als Dirne zu arbeiten. (Folgt nochmals Datierung und Unterschrift von zweiter Hand.)“

Abgesehen von der *kyrios*-Titulatur des Kaisers bietet das Dokument Einblick in das System der Steuerpacht (s. o. S. 23) und belegt klar, dass faktisch kein Lebensbereich von der Besteuerung durch Rom ausgespart blieb. Da derartige Gewerbescheine nur gegen Erlegung der entsprechenden Steuer ausgefertigt wurden, konnten sie auch als Steuerquittung gelten.

Das führt uns zum nächsten Text, einer Anfrage an eine lokale Gottheit (*Soknopaios*, eine Form des Krokodilgottes *Sobek*) und den in deren Tempel mit verehrten *Ammon* (den alten Reichsgott; s. o. S. 40). Solche Anfragen wurden zwiefach eingereicht, in bejahender und in verneinender Formulierung auf zwei Kärtchen; eines der beiden Kärtchen erhielt der Frager als Antwort zurück, in unserm Fall die positive Antwort:

„Dem Herrn (*kyriō*) Soknopaios und dem Ammon Invictus. Gebt mir das Orakel, welches ihr für richtig haltet. Wenn ich im Amt eines Steuereinnehmers (*praktoria*) verbleiben und nicht ausscheiden soll, gebt mir dieses (das vorliegende Kärtchen) heraus.“

Die Anfrage an den Krokodilgott, für den schon im 1. Jh. v. Chr. der *kyrios*-Titel bezeugt ist, hat ihre Berechtigung. Die römische Verwaltung konnte jemanden zur Übernahme eines Amtes (Liturgie) zwangsverpflichten: hier handelt es sich um das Gemeindeamt des Steuereintreibers, der für eventuelle Steuerausfälle mit seinem Vermögen haftete. Da sich die Ausfälle durch die schamlose Ausplünderung der Provinz häuften, entzogen sich sowohl die Verpflichteten und die ihnen steuerpflichtigen Gemeindeglieder immer öfter ihrer Amts- und Steuerlast durch Abtauchen (*Anachorese*; s. o. S. 14) in der Großstadt, was den fiskalischen Druck auf die schwindende Anzahl der Zurückgebliebenen erhöhte und auch diese zum Abtauchen nötigte. Das ist einer der Gründe für die „Krise des Reiches“ (s. o. S. 33) im 3. Jh.

Mit dem folgenden kurzen Text bleiben wir bei der Besteuerungspraxis, obwohl es sich inhaltlich bloß um die Nilstandsnotiz eines Nilwächters handelt:

„Der Gott und Herr (*theos kai kyrios*) Nil ist angestiegen im 9. und 8. Jahre (der Tetrarchen Diocletian und Maximian), 17. bis 18. Toth (Nacht vom 14. auf den 15. September) um 2 Fingerbreiten, das ergibt 13 Ellen 4 Fingerbreiten (6,90 m). Der vorjährige Anstieg (betrug) 14 Ellen 8 Fingerbreiten (7,50 m)."

In Ägypten, dem „Geschenk des Nils", richtete sich die Besteuerung landwirtschaftlicher Betriebe nicht nach dem Einkommen, sondern nach der vom Nil (mittels eines ausgeklügelten Kanalsystems) bewässerten Bodenfläche. Diese aber wird nach der jeweiligen Höhe der jährlichen Nilflut errechnet (vgl. Hengstl 1978, 32). Daher die Wichtigkeit systematischer Wasserstandsmessungen um die Zeit der Nilflut: des Höchststandes. Der Nil heißt „Gott und Herr" wie der Kaiser (*dominus et deus*; s. o. S. 41).

Der Gott im Himmel[17]

Über das Begräbnis des Augustus berichtet Sueton (Divus Augustus 100,3 f.), der Tote sei auf den Schultern von Senatoren zum Marsfeld gebracht und dort verbrannt worden. Es habe auch nicht an einem gewesenen Prätor (*vir praetorius*) gefehlt, der beschwor, das Abbild (*effigies*: Bild, Erscheinung, Gestalt) des Kremierten gen Himmel fahren gesehen zu haben. Darauf hätten die Vornehmsten des Ritterstandes im Untergewand, entgürtet und barfuß (*tunicati et discincti pedibusque nudis*) die sterblichen Überreste gesammelt und bestattet (*in Mausoleo condiderunt*). Die beschriebene Teilentblößung der ritterlichen Bestattungs-Crew entspricht weit verbreitetem Trauerhabitus (vgl. Hasenfratz 1998, 81). Ein hoch gestellter Zeuge beeidet gegenüber dem Senat den *Himmelsflug des Verstorbenen vom Scheiterhaufen* als *prodigium* (s. o. S. 42). Dieser beschließt, den toten und auf wunderbare Weise zum Himmel aufgefahrenen Kaiser in den Kreis der Staatsgötter aufzunehmen: er erhält einen Kult zugestanden (mit Kultort, Priestern und Opfern), zudem den Titel *divus* (s. o. S. 45). Diese Proklamation zur Staatsgottheit heißt *consecratio* (oder *apotheosis*: Vergöttlichung). Wie man sich später die Auffahrt der Vergöttlichten (vom Scheiterhaufen) in den Himmel vorstellte, zeigen seit Hadrian (117–138) Münzbilder: im Wagen emporfahrend oder von Adler oder Greif hochgetragen, entstreben sie den irdischen Gefilden.

Diese Form der Konsekration hatte gewissermaßen zwei Haken. Ein mal war sie auf die Meldung eines Zeugen, der die Himmelfahrt gesehen haben soll, auf die *Prodigienmeldung* also, angewiesen. Zum andern blieben ja nach der Kremation sterbliche Überreste (*reliquiae*), die man pietätvoll entsorgte. Von einem richtigen Gott war zu erwarten, dass eigentlich nichts Sterbliches mehr blieb, wenn er mit Leib und Seele vergottet (vom Scheiterhaufen) gen Himmel aufstieg. Wie denn Diodor (4,38,5; Bickermann 1929, 14) vom Tod des Herakles weiß, dass dessen Freunde, als sie beim Ossilegium keinen einzigen Knochen vorfanden, annahmen, er sei von den Menschen zu den Göttern versetzt (*methistamai*: örtlich versetzen, wesensmäßig verwandeln) worden. Man kreierte also ein Ritual, das die Zeugenmeldung überflüssig machte und keine sichtbaren Spuren der Verbrennung hinterließ, die Beweiskette für eine leibliche Entrückung in den Himmel somit lückenlos schloss. Das Ritual stellt sich dann ab dem 2. Jh. n. Chr. folgendermaßen dar: Der tote Kaiser wird verbrannt und ohne große Feierlichkeit im Mausoleum beigesetzt. Die feierliche, öffentliche „Bestattung" (wenn man sie noch so nennen kann) führte man mit einer Wachspuppe durch, die dem Verstorbenen nachgebildet ist und unter allen für ein *funus publicum* vorgesehenen Ehren- und Schmerzensbezeugungen (Weinen, Wehklagen) auf dem Scheiterhaufen den Flammen übergeben wird – und natürlich keine sterblichen Reste hinterlässt. Wie soll man diese doppelte Verbrennung deuten? Als *pia fraus*, frommen Betrug? Nein, als *magischen* Akt: was mit dem Abbild (Wachspuppe) bild- und stellvertretungsmagisch (s. u. S. 56) inszeniert wird, soll sich am Urbild (toter Kaiser) verwirklichen – der Aufstieg in den Himmel ohne sterbliche Rückstände, wie es einem Vergöttlichten, ja Gott, zukommt. Besonders ausgezeichnete Personen (Heroen, Philosophen, Wundermänner) sind nach ihrem Tod spurlos verschwunden. Von ihnen sind keine sterblichen Überreste (nicht einmal Grabstätten) vorhanden. Sie sind also nach ihrem Tod leiblich in den Himmel, als Götter unter die Götter „versetzt" worden. Und genau das geschieht mit den Kaisern. Die Vorstellung der leiblichen Entrückung ausgezeichneter Verstorbener ist hellenistisch. Von ihr her versteht sich das Kerygma der Legende vom leeren Grab in Mk 16,1–8: das leere Grab, das Fehlen sterblicher Überreste, lässt für hellenistisches Vorstellen nur den einen Schluss zu (sieht man von Grabraub ab), dass der Verstorbene als göttliches Wesen mit Leib und Seele in den Himmel aufgenommen ist. Der Evangelist Lukas hat dann in Lk 24,50–53 und Apg 1,9–11 „noch eins draufgesetzt" und den Entrückungsvorgang beschrieben, und damit christlicher

Ikonographie die szenische Regieanweisung erteilt (die entschwebende Wolke, aus der noch Christi Füße unten hervorragen).

Das Gegenteil der Konsekration (Apotheose) ist die *damnatio memoriae* (Austilgung aus dem Gedächtnis der Nachwelt), ebenfalls ein magischer Akt, denn nur „wessen Name ausgesprochen wird, der lebt" – so schon ein altägyptisches Sprichwort (Hasenfratz 2002, 65, auch 106). Kaisern, die einer Vergottung nicht für würdig geachtet sind, wird nach ihrem Tod ein senatorischer Strafprozess gemacht, obwohl das römische Recht Strafprozesse gegen Verstorbene nicht kennt, denn es gilt der Grundsatz, dass Verbrechen durch Tod erlischt (Digesten 48,4,11 a. A.: *extinguitur crimen mortalitate*). In diesem Fall aber handelt es sich um ein außerordentliches Verfahren, das den inkriminierten Kaiser zum Staatsfeind erklärt: sein Name wird von Monumenten und Münzen getilgt, seine Statuen beseitigt, seine persönlichen Regierungshandlungen für ungültig erklärt (*rescissio actorum*) – Ächtung des Andenkens, die im 1. Jh. Nero und Domitian, im 2. Jh. Commodus (s. u. S. 95) widerfuhr (vgl. Schillinger-Häfele 1982, 20). Damit sind wir eigentlich schon mitten ins Gebiet der Magie vorgestoßen (s. u. S. 56). Vorher fügen wir noch einen Anhang ein, dessen Thematik (politisch-religiöse Massenveranstaltungen) sich eng mit der Person des Kaisers verband.

C. Politisch-religiöse Massenveranstaltungen

In Zeiten und Situationen sozialer und geistiger Unbehaustheit vermitteln religiös-politische Massenveranstaltungen dem Einzelnen und Vereinzelten in der abgelenkten und gelenkten Masse ein rauschhaft gesteigertes Selbstwertgefühl, lassen seine Verlorenheit und Ohnmacht in einem scheinbar sinnvollen größeren Ganzen aufgehen. Wir kennen solche Phänomene von den Aufmärschen des Dritten Reiches, aber auch von Massenevangelisationen u. ä. Hier seien zwei der für das Römische Imperium typischen Massenveranstaltungen herausgegriffen: der Triumph des siegreichen Feldherrn und die Gladiatorenspiele.

Der Triumph

Darunter versteht man den feierlichen Einzug des siegreichen Feldherrn (*imperator*) in Rom. Der Triumph wird vom Senat bewilligt, wenn der Feldherr ein *bellum iustum*[18] geführt hat (keinen Bürgerkrieg) und dabei mindestens 5000 tote Feinde gezählt wurden. In der Kaiserzeit kommt der Triumph nur noch dem *Kaiser* zu: Ausnahme ist der Triumph des Titus im Jahre 71 (vgl. Vretska 1979, 974) nach der Eroberung Jerusalems, in Stein verewigt durch seinen Triumphbogen auf dem Forum Romanum. Dadurch verbindet sich diese Veranstaltung mit der Person des Kaisers und seinem Kult. Der Triumphator zog auf einem von vier weißen Pferden gezogenen Wagen ein (Weiß: Farbe des Himmelsgottes), angetan mit Palmentunika (Palme: Siegessymbol) und Purpurtoga darüber, das Gesicht mit Menning (rote Lebensfarbe) übermalt – lebendiges Abbild der festlich geschmückten Statue des Iuppiter Capitolinus, ja Repräsentant der Gottheit selbst. Szenische Darstellung von Gottheiten durch Menschen geht auf etruskische Ursprünge zurück (vgl. Grenier 1948, 72/73, 123) wie manch anderes in der römischen Religion.

Plutarch hinterließ uns die ausführlichste Berichterstattung eines Triumphzuges, die späteren Triumphe (in der Kaiserzeit) muss man sich an Aufwand und Zahl proportional zu den Eroberungen und ihrer Beute vorstellen. Vom 28. bis 30. November 167 v.Chr. fand der Triumph des Lucius Aemilius Paullus statt, der am 22. Juni des Vorjahres den letzten König von Makedonien, Perseus, bei Pydna (Nähe Thessalonike) besiegte und gefangen nahm, allein in der Epirus 70 verbündete Städte zerstörte, 150 000 Einwohner versklavte und römische Überläufer, die ihm wieder in die Hände gefallen waren, von Elefanten zertrampeln ließ (vgl. Till 1976, 135 ff., hier auch der Bericht des Plutarch, Aemilius Paullus 32,2–34,7, den wir gekürzt und unkommentiert in der Übertragung von K. Ziegler wiedergeben):

„Der festliche Umzug war auf drei Tage verteilt, von welchen der erste kaum für die erbeuteten Bildsäulen, Gemälde und Kolossalstatuen ausreichte, die auf zweihundertfünfzig Wagen vorbeigefahren und zur Schau gestellt wurden. Am folgenden Tage wurden die schönsten und kostbarsten der makedonischen Waffen auf vielen Wagen vorgeführt …, alle diese Waffen mit solchen Zwischenräumen angeordnet, dass sie beim Fahren zusammenstießen und wild und furchtbar klirrten und ihr Anblick auch, nachdem sie besiegt waren, noch Schrecken erregte. Hinter den Wagen mit den Waffen marschierten dreitausend Männer mit Silbergeld in siebenhundertfünfzig Gefäßen …, deren jedes von vier Mann getragen wurde … Am dritten Tage gleich frühmorgens zogen Trompeter auf … Hinter diesen wurden hundertzwanzig gemästete Ochsen mit vergoldeten Hörnern geführt, geschmückt mit Bändern und Kränzen. Die jungen Männer, die sie führten, schritten einher im Schmuck schöngewebter Schurze für die Opferhandlung und mit ihnen Knaben, die silberne und goldene Opferschalen trugen. Nach diesen kamen dann die Leute, welche die Goldmünzen trugen, in derselben Weise wie das Silbergeld auf Gefäße … verteilt; die Zahl der Gefäße betrug siebenundsiebzig."

Daran schloss sich Beute aus dem persönlichen Eigentum des Perseus, sein goldenes Tafelgeschirr, seine Waffen. Dann seine Kinder als Gefangene, sein Gefolge, dahinter der Besiegte selbst. „Anschließend an diese wurden goldene Kränze vorbeigetragen, vierhundert an der Zahl, welche die Städte als Siegespreise dem Aemilius durch Abordnungen übersandt hatten. Und endlich kam er selber, auf einem prachtvollen Wagen stehend …, angetan mit einem goldgestickten Purpurgewand und einen Lorbeerzweig in der Rechten haltend. Lorbeerkränze trug auch das ganze Heer, während es dem Wagen des Feldherrn in Zenturien und Kohorten geordnet folgte und dazu teils in althergebrachter Weise Spottlieder sang, teils Siegesgesänge und Loblieder auf die Taten des Aemilius, der von allen bewundert und glücklich gepriesen wurde."

Das Bild des Triumphes nimmt der Kolosserbrief (2,15) auf: durch (den gekreuzigten) Christus spoliierte (*apekdyomai*) Gott die Mächte und Gewalten (beraubte sie der Rüstung und der Waffen) und führte die (so) öffentlich Bloßgestellten im Triumph auf (vgl. Schweizer 1976, 54/55, 69, 116/117).

Die Gladiatorenspiele[19]

Was haben Gladiatorenspiele mit Religion zu tun? Zunächst einmal haben sie im etruskischen *Totenkult* ihren ursprünglichen Sitz im Leben. Bei vornehmen etruskischen Begräbnissen opferte man Menschen: das dabei fließende Blut sollte als Lebenssubstanz den Toten für sein jenseitiges Dasein vitalisieren (Rekreationsritual). Wird die Tötung als Zweikampf arrangiert, erfreut sich der Tote zusätzlich am Schauspiel. Bemalte

Grabwände zeigen beide Formen: Tomba François in Vulci (Opferung von Kriegsgefangenen), Tomba degli Auguri in Tarquinia (Kampf eines mit *phersu* überschriebenen Maskierten, einen Todesdämon darstellend, gegen ein entblößtes Opfer ohne Überlebenschance; s. o. S. 50). 264 v. Chr. scheinen die Römer das Ritual in Form eines Zweikampfes zwischen zu opfernden Gefangenen (am Grab des Verstorbenen) übernommen zu haben (vgl. Hasenfratz 1998, 80 f.). Der Bericht darüber sei hier nach dem Aeneas-Kommentar (3,67) des Grammatikers Servius (4./5. Jh.) vorgeführt (dessen Personenangaben freilich ungenau sind, was für uns unerheblich ist; Übersetzung von mir):

„Als anlässlich des Todes von Iunius Brutus viele Familien (*multae gentes*) zu seinen Trauerfeierlichkeiten (*funus*) Gefangene sandten, stellte sein Nachkomme (*nepos illius*) die Zugesandten gegeneinander (*inter se*: untereinander) auf, und so kämpften sie."

Mit dem Zustrom von Kriegsgefangenen (Sklaven) durch die Eroberungskriege erhielten solche Kämpfe einen anderen Sitz: 105 v. Chr. erlaubte der Senat, „Gladiatorenspiele auch unabhängig von Leichenfeiern zu veranstalten, weil das römische Volk danach verlangte" (Stützer 1980, 88). Gladiatorenspiele wurden nun von finanzkräftigen Spendern (hohe Beamte, später *Kaiser*) zum Vergnügen der Zuschauer (bei Gelegenheit von großen religiösen Festen) gegeben. Da sich der Mob an den nachmittäglichen Spielen auf Dauer nicht genügen lassen wollte, legte man noch Morgenschichten (*ludi matutini*) ein. Die Gladiatorenspiele arteten mit der Zeit zu regelrechten Schlächtereien aus („Volksfesthinrichtungen"; s. o. S. 39), deren Opfer missliebige Gruppen, eben auch die Christen, waren. „Wenn der Tiber über die Ufer steigt, wenn der Nil nicht in die Äcker steigt, wenn der Himmel sich nicht bewegt, wenn die Erde sich bewegt, wenn Hungersnot, wenn Pestilenz – sofort heißt es: die Christen vor die Löwen (*ad leonem*)!" So der bitter-ironische Kommentar des Kirchenlehrers Tertullian um die Wende vom 2. zum 3. Jh. (Apologeticus 40). Die christlichen Kaiser haben die Gladiatorenspiele untersagt. Die Arenen auch in den Provinzen sind Zeugen unsäglichen menschlichen Leidens und unmenschlicher Erniedrigung. In ihrem Rund an lauen Sommernächten opulente Klänge, Stimmen und Bilder von Verdi-Inszenierungen zu konsumieren ist ungefähr so stillos, als würde man Appellplätze ehemaliger Konzentrationslager zu Festspielstätten für Wagner-Opern umweihen! Das traurige Ende der Opfer in der Arena verweist übrigens wieder auf den religiösen Ursprung (und Hintergrund) der Gladiatorenspiele: ein Mann, der einen Hammer trug, schleifte die Kadaver mit einem Haken von der Arena (vgl. Latte 1976, 156; Grenier 1948, 66); er repräsentierte (s.o.) den Totengott Charun, den die etruskische Kunst seit je mit den Attributen Hammer und Haken ausstattete.

Die Gladiatoren rekrutierten sich aus zum Tode verurteilten Kapitalverbrechern (Verurteilung *ad bestias*; s.o. S. 17), Sklaven oder freiwillig angeworbenen Abenteurern. Gekämpft wurde mit gleicher oder ungleicher Bewaffnung oder gegen wilde Tiere (die Tierkämpfer hießen *bestiarii* oder *venatores*). Die Gladiatoren fanden meist ein trauriges Ende. Als Einlagen zwischen den Kämpfen dienten sog. Volksfesthinrichtungen der Entspannung des Publikums: öffentliche Hinrichtungen verschiedenster Art in der Arena, Kreuzigungen, Lazeration durch Löwen (*christiani ad leonem*; s.o. S. 52) u.a.m. In 1Kor 15,32 verwendet Paulus den Tierkampf in der Arena als Bild für eine (tödliche) Gefahr, der er ausgesetzt war (vgl. V. 30). Drei Grabinschriften sollen die Arena und ihr trauriges Umfeld etwas ausleuchten (Geist 1969, 129, 131: der letzte Text von mir übersetzt):

„Den Manen (*dis Manibus*) und dem durch einen jämmerlichen Tod in der Fremde dem Dasein entrissenen Rufius Rufianus, dem 20jährigen Tierkämpfer von höchster Sachkenntnis (*bestiario pererudito*), errichtete Rufius Rufianus den Grabstein."

Offenbar hat ein Namensvetter und Leidensgenosse dem (als Kriegsgefangenen deportierten und zum Tierkampf abgerichteten) und jämmerlich in der Arena Umgekommenen (oder gar er selbst sich?) die Grabschrift aufgesetzt. Worin die „höchste Sachkenntnis (Gelehrsamkeit)" des jungen Mannes bestand, wissen wir nicht (vielleicht im hohen Bildungsniveau, das er von Hause mitbrachte?).

„Siegte ich auch, mein Herr, mit der Palme als Sieger gerufen, / halbentseelt lag ich da, doch schlecht operierten die Ärzte / meinen Leib." – „Was noch blieb, ein Grabmal schenkte ich gern dir; / zwar du trugst mir's nicht auf, doch dein Wunsch war oft es im Leben."

Der (hier wohl private reiche) Veranstalter von Gladiatorenspielen (*munerarius*) erfüllt einem siegreichen, aber an seinen Verwundungen gestorbenen Kämpfer seinen Wunsch nach einem ehrenden Begräbnis, wie uns das in Hexametern gehaltene fingierte Zwiegespräch zwischen Spielgeber und gefallenem Gladiator belehrt.

„Das hab' ich nun für meine Verdienste, und mit Namen grüßt man mich / und ich bin Felix (glücklich!) nach meinem Tod, dem liebe Genossen (*sodales*) / hier (*hoc titulo*) den Namen verewigten. / Decasier, gehabt euch wohl, stets freut euch (*placete*) der Arena!"

Im Wortspiel mit dem Namen klingt Ironie oder Bitterkeit auf. Das römische Recht gestattete korporative Zusammenschlüsse von Bedürftigen (*collegia tenuiorum*) zwecks gegenseitiger Unterstützung in Notlagen, Deckung von Kosten bei Todesfällen, Ausrichtung von anschließenden Gedenkfeiern usw. (*collegia funeraticia*), sofern die rechtlichen Erfordernisse für einen Verein (s. o. S. 32) erfüllt waren (vgl. Sohm 1949, 205 Anm. 6). Eine *decasi* (nach der Zahl von 10 Mitgliedern) genannte derartige Genossenschaft ist ihrer Vereinspflicht nachgekommen und hat den Namen ihres Sodalen dem Vergessen entrissen.

Die erzwungene Sicherheit – Magie und Zauber[20]

In Zeiten des Umbruchs mit ihrer Instabilität der Verhältnisse, mithin in Gesellschaftsformationen, welche die sozialen Grundbedürfnisse der Menschen nach Sicherheit, Zuwendung, Wärme, Geborgenheit nicht genügend abdecken, greift der verunsicherte und unbehauste Mensch zu extra-ordinären Mitteln der Existenzsicherung: zu *Magie* und *Zauber*. Mögen sich die „Wissenschaftsparadigmen" der Oberschicht noch so rational gebärden, es gilt (vielleicht gerade darum) die Beischrift Goyas zu einem seiner „Caprichos": „El sueño de la razón produce monstruos" – der Traum der Vernunft gebiert Ungeheuer. Die Neuzeit gebar den „Hexenhammer", die Aufklärung den Mesmerismus und Gestalten wie Cagliostro, die industrielle Revolution Theosophie und den Spiritismus eines Cardec, die postsäkulare Informationsgesellschaft New Age, Neopaganismus, „Okkultperverse" und alles, was Esoterik-Shops vertreiben. Die Grundwelle der Unsicherheit erfasst auch diejenigen, die sie auslösen. Am römischen Kaiserhof scheut man nicht zurück vor Ritualmord zu okkulten Zwecken: besonders begehrt sind junge Knaben im „unschuldigen" Alter, in deren Leichenteilen ausnehmend viel magisch verwertbare Vitalität stecken soll. Hier blüht die Astrologie (s. o. S. 31). Feinsinnige Damenkränzchen am Hof gerieren sich spirituell interessiert; und ihre vornehmste Repräsentantin Iulia Domna (gest. 217), Gattin von

Kaiser Septimius Serverus, gibt eine Biographie des Gurus und Wundermannes Apollonios v. Tyana (von dem noch die Rede sein wird; s. u. S. 73) in Auftrag. Das durch politische Umwälzungen, kaiserliche Despotie und erpresserische Verwaltungsstrukturen erzeugte Makroklima einer Gesellschaft belastet auf mikroklimatischer Ebene die sozialen Beziehungen ihrer Mitglieder und ihre Zukunftsperspektiven. Magie und Zauber der kleinen Leute richten sich deshalb vor allem auf zweierlei: erstens in einer Atmosphäre gestörten Urvertrauens soziale Beziehungen zu erzwingen oder bestehende zu zerstören (Liebes- und Vernichtungszauber), zweitens in einer ungesicherten Gegenwart die Zukunft zu ergründen (Offenbarungszauber). Doch was ist eigentlich Magie? Was Zauber?

A. Die „Koine" der Magie und der Zauberei

Zu Recht hat man von einer „Koine der Magie" (Luck 1962, 60, auch 4) gesprochen; mit gleichem Recht kann auch von einer Koine des Zaubers gesprochen werden. Denn beide funktionieren nach universal verbreiteten (*Koine*!) Paradigmen. Beide werden auch terminologisch und inhaltlich nicht streng voneinander geschieden. Das hat Gründe, auf die wir noch zu sprechen kommen werden. So bezeichnet man gewisse Veranstaltungen als Liebes- oder Tötungszauber, obwohl es sich dabei um reine Magie handeln kann. Ferner redet man von Analogiezauber und meint eigentlich Ähnlichkeitsmagie; von schwarzer (gesellschaftlich verpönter) und weißer (gesellschaftlich tolerierter) Magie, auch wenn Magie dabei gar nicht im Spiel ist, sondern „schwarzer" oder „weißer Zauber" (Bezeichnung, die man nie gebraucht). Wir dürfen uns diese terminologische Unschärfe hier getrost gestatten, weil wir im Folgenden die beiden Bereiche *inhaltlich* genau bestimmen und scheiden wollen, damit im Einzelfall leichter klar wird, ob es dabei um Magie oder Zauber (oder beides zusammen) geht – ganz unabhängig vom Etikett, das man ihm anhängt.

Das magische Paradigma, *Magie*, sieht die Welt, in der wir leben, den (sozialen und natürlichen) Kosmos, als einzigen Organismus, als eine „sympathetische Empfindungsgemeinschaft": was *einem* Teilglied, *einem* Organ widerfährt, „affiziert instantan alle anderen mit" (Hasenfratz 2002, 28: K. E. Müller). Daraus leiten sich die Grundregeln magischen

Handelns ab: Der Teil ist wesensmäßig mit dem Ganzen verbunden (*pars pro toto*), Name und Wort mit dem von ihm Benannten (Wortmagie), ein Bild mit dem von ihm Abgebildeten (Bildmagie), Schrift oder Zeichen mit dem von ihm Bezeichneten (Schrift- oder Zeichenmagie), Ähnliches mit dem ihm Ähnlichen (*similia similibus*), Imitat mit dem von ihm Imitierten (Wiederholungsmagie), Berührendes mit dem von ihm Berührten (Kontaktmagie), Stellvertretendes mit den von ihm Vertretenen (Stellvertretungsmagie), die Folge mit dem Grund (Inversionsmagie) u. a. m. „Arrangiert“ der Magier das Erste, so hat er Macht über das Zweite: Setzt er sich in Besitz von Haaren, so hat er Macht über die (ganze) zugehörige Person. Kennt oder nennt er ihren Namen („Rumpelstilzchen-Effekt“) oder verfügt über ein Bild von ihr, so hat er Gewalt über sie. Schreibt er einen Fluch, so trifft der ein (falls aufgezeichnet, dauert der Fluch; aber das Geschriebene, und damit der Fluch, kann verändert, Zeichen können getilgt werden, in falsche Hände geraten – das mündliche Wort nicht!). Verfertigt er eine Puppe und durchsticht sie, so stirbt das ihr ähnliche Opfer ähnlich. Imitiert er Kampf und Sieg (vorher) im Tanz, so ist der Sieg in der Schlacht (nachher) gewiss; oder wiederholt er etwas, was schon einmal Erfolg hatte und beruft sich dabei auf diesen Mustervorgang („mythischer Präzedenzfall“), so wiederholt sich auch der frühere Erfolg. Verschafft er sich einen Gegenstand, der mit einer Person in Körperkontakt stand, einen sog. „témoin“ (etwa gebrauchtes Gerät, Kleid), so bemächtigt er sich damit der Person selbst. Ein Ritus, den er am (anwesenden) Stellvertreter vollzieht, tritt für den (abwesenden) Vertretenen in Kraft. Inszeniert der Magier die Folge (baut er einen Regenschutz), so bewirkt er damit den Grund (Regen; dies übrigens der „magische Sinn“ der römischen Neptunalia oder des jüdischen Laubhüttenfestes, der noch Joh 7,2.14.37 f. durchscheint). Wie man sieht, sind die einzelnen Arten von Magie oft kaum voneinander zu unterscheiden, was wiederum mit der totalen Vernetztheit des „magischen Universums“ zusammenhängt.

Zauber beruht auf der Annahme von unpersönlichen oder persönlichen Kräften in lebenden Wesen, Dingen, Substanzen und auf der Kenntnis davon, wie man sich dieser für bestimmte Zwecke bedienen muss. Der Zauberer weiß heilende oder tödliche, jedenfalls wirksame Kräfte in Pflanzen, Mineralien, tierischen oder menschlichen Organen und ihren Ausscheidungen; weiß Substanzen, deren Verbrennen Dämonen vertreibt, deren Inhalieren in Rausch und Ekstase versetzt; weiß

Kräutergetränke, die Liebe erregen oder Abscheu erwecken und vieles dergleichen mehr. Bei Magie und Zauber handelt es sich, wie man sieht, um Bezeichnungen für ganz verschiedene Paradigmen, die denn auch terminologisch durchaus auseinander zu halten wären. Das terminologische Verwirrspiel rührt – verständlicherweise – auch daher, dass in praxi oft Magie und Zauber zum gleichen Zweck zusammenwirken. Etwa, wenn eine Heilpflanze zur besseren Entfaltung ihrer Kräfte noch „besprochen" wird („so, wie du früher geholfen hast, hilf auch jetzt!"), indem Wiederholungsmagie (Rückgriff auf den „mythischen Präzedenzfall") den Heilzauber (Pflanzenzauber) verstärkt. Oder wenn einem Zauberer Blut mit den darin konzentriert enthaltenen Vitalkräften mangelt und er stattdessen den magischen Stellvertreter Rotwein verwendet. Manchmal lässt sich auch nicht genau ausmachen, was im Einzelfall wirkt. Ist es beim Hippomanes (Stutengeil, das Vaginalsekret der brünstigen Stuten), das als Aphrodisiakum verabreicht wird, die erotische Kraft der Körperausscheidung und ihres Ausscheidungsorgans (Zauber) oder die Macht der Analogie, die das erotische Geschehen zwischen Hengst und Stute ähnlich auch bei Mann und Frau auslösen soll (Magie)?

Merken wir noch spezielle Verwendungsformen von Magie und Zauber an: Bei der *Nekromantie* richten sich Magie und Zauber auf einen Toten, bei der *Theurgie* („Götterzwang") auf eine Gottheit oder einen Dämon, um sie zu zwingen, zu erscheinen und das zu tun, was der Nekromant oder Theurg von ihnen verlangt. Magie und Zauber bedürfen an sich der *Religion* nicht, um zu funktionieren. Der Magier, der ein paar Haare verbrennt, die er insgeheim an sich gebracht hat, um deren Eigentümer zu töten, bedarf der Religion nicht; noch bedarf ihrer der Zauberer, der für jemanden einen Liebenstrank braut. Religion umgekehrt ohne Magie und Zauber (Anbetung „im Geist und in der Wahrheit": Joh 4,23) ist denkbar und nicht ausgeschlossen, aber nicht die Regel. Wort, Ritus, Ritual, Liturgie mag magischer und zauberischer Elemente nicht entraten: nur schon durch das gottesdienstlich fixierte und wiederholte Wort (etwa im festen Gebet), durch das Opferritual (von dem um „kein Jota" abgewichen werden darf, um das Gelingen nicht zu gefährden) oder durch die genau regulierte Handhabung sakramentaler Materie (Wasser, Wein, Gewürz, Speise). Darüber später mehr.

Im Folgenden werden Magie und Zauber unter den oben genannten Rahmenbedingungen des Römischen Imperiums vorgestellt: das magisch-zauberische Erzwingen und Zerstören von Bindungen in einem bindungsgestörten sozialen Ambiente (Liebes- und Vernichtungszauber) und das Erkunden der ungewissen Zukunft in einer ungewissen Gegenwart (Offenbarungszauber).

B. Liebes- und Vernichtungszauber

Die verlassene Geliebte

In einem seiner Hirtengedichte verrät uns Vergil durch den Mund eines Hirten, wie eine von ihrem Geliebten verlassene Frau (deren Namen unerwähnt bleibt) den Treulosen (Daphnis mit Namen) zu sich zurückzwingt (8. Ekloge, VV. 64–108; Luck 1962, 6 ff.: Text, Übersetzung mit Kommentar; Einschübe in Klammern und geringfügige Auslassungen von mir):

„Bring Wasser her und umschlinge den Altar da mit einer weichen Binde. Verbrenne saftige Kräuter und kräftig riechenden Weihrauch, damit ich's wagen kann, die unverrückten Sinne meines Gatten (*coniugis*; besser: Liebespartners) durch Zauberopfer irrezulenken: da fehlt nur noch der Zauberspruch (*carmina*; eigentlich: wiederholter Zaubergesang). – Führe aus der Stadt nach Hause, mein Zauberspruch, führe Daphnis."

Was hier beschrieben wird (in Form eines Befehls der verlassenen Dame an ihre Gehilfin bei der Zauberhandlung, der Sklavin Amaryllis), ist die kathartisch-apotropäische Vorbereitungshandlung, die sog. *Katharsis.* Sie dient der kultischen Reinigung der Offiziantinnen und der Abwehr schädlicher Einflüsse, welche die eigentliche Zauberhandlung stören könnten. Wasser, besonders fließendes, ist Reinigungsmaterie und Abwehrelement, Weihrauch hält störende Dämonen fern. Durch Umwinden mit einer Wollbinde wird der Altar magisch ausgegrenzt aus dem profanen Bereich und zugleich geschützt. Den Anlass der ganzen Veranstaltung nennt der Refrain (der jede Strophe beschließt, den wir hier nur einmal bringen): den untreuen Daphnis wieder in der Geliebten Haus zu zwingen (*ducite ab urbe domum, mea carmina, ducite Daphnim!*). Der Kehrvers potenziert durch Wiederholung den Zauberspruch (Wortmagie).

„Zaubersprüche können selbst den Mond vom Himmel herunterholen; mit Zaubersprüchen verwandelte Kirke dem Odysseus die Gefährten; das Singen von Zaubersprüchen zersprengt auf den Wiesen die kühle Schlange.“ (Refrain)

In der Vergegenwärtigung, was Zaubersprüche alles bewirken können (Mondfinsternis, Verwandlung von Menschen in Tiere, Bannen von Giftschlangen), der *Anamnesis*, wird die Wirksamkeit auch im vorliegenden Fall beschworen (Medeas Zauberkünste im ersten und dritten Exempel und Kirkes dienen dabei als mythische Präzedenzfälle).

„Zuerst umwinde ich dich mit drei Fäden von dreierlei verschiedener Farbe, und dreimal leite ich dein Bild um diesen Altar; der Gott erfreut sich der ungeraden Zahl.“ (Refrain)

Nun beginnt die *Katadesis*, die magisch-zauberische Fesselung des Opfers, damit an ihm dann die eigentliche Zauberhandlung, die *Praxis*, vorgenommen werden kann. Umwinden mit Fäden in Dreizahl (*omne trinum perfectum* – „aller guten Dinge sind drei“: Niederberger 2000, 194) fesselt Abbild und Urbild (Bildmagie), dreimaliges Herumtragen um den Altar (*circumambulatio*) zwingt dieses in den Zauberkreis des umgrenzten Altarbereichs. Die ungerade Zahl galt schon den Pythagoreern als die vollkommenere und dem männlichen Urprinzip zugeordnet, die gerade als unvollkommener und weiblich. Wozu die Knotung der verschiedenfarbigen Fäden dient, verraten die folgenden Verse selber. Sie fordern die Dienerin auf:

„Knüpf' in drei Knoten die drei verschiedenen Farben zusammen, Amaryllis, knüpfe sie nur, Amaryllis, und sprich: ‚Ich knüpfe Liebesbanden.‘“ (Refrain)

Diesem Analogiezauber schiebt die Zauberin noch einen nach:

„So wie der Ton da sich härtet, so wie das Wachs da zerschmilzt an einund demselben Feuer, so Daphnis von Liebe zu mir. Streue das Opfermehl und entflamme den spröden Lorbeer mit Pech. Mich brennt der böse Daphnis, ich verbrenne diesen Lorbeerzweig und meine Daphnis.“ (Refrain)

Welche Gottheit durch das Aufstreuen von Opfermehl (*mola salsa*) auf den Altar zur Komplizin des Liebeszaubers gemacht wird (Venus-Aphrodite?), verschweigt der Text; jedenfalls soll göttliche Unterstützung den Erfolg der Veranstaltung garantieren: dass Liebe Daphnis entflamme wie das Feuer den spröden Lorbeer, dass in diesem Feuer der Liebe etwas an

Daphnis hart und fest werde wie Ton und fließe wie Wachs – die Ähnlichkeitsmagie zielt auf den von der Frau gewünschten Liebesakt.

„Einst ließ der Treulose diese Kleidungsstücke als teures Pfand seiner selbst bei mir zurück; jetzt übergebe ich sie dir, Erde, direkt an der Schwelle; dieses Pfand schuldet mir Daphnis." (Refrain)

Die liebeshungrige Dame hat noch einen weiteren magischen Trumpf zur Hand: einen Kontaktgegenstand (*témoin*) ihres Liebesobjekts. Sie vergräbt ihn unter der Schwelle ihrer Tür; damit hat sie den Geliebten in ihrer Hand: er wird zu ihrer Schwelle gezogen – Kontaktmagie.

„Diese Kräuter und diese Gifte, die am Schwarzen Meer gesammelt wurden, gab Moeris mir persönlich – es wachsen ihrer sehr viele am Schwarzen Meer; oft habe ich gesehen, wie Moeris sich durch sie in einen Wolf verwandelte und in den Wäldern verschwand, oft, wie er die Seelen aus den tiefsten Gräbern heraufbeschwor und wie er Saatgut anderswohin überführte." (Refrain)

Für den Fall, dass der gesamte bis jetzt inszenierte magisch-zauberische Aufwand nichts fruchtet, trägt die Zauberin noch einen besonders gefährlichen Pfeil im Köcher: Giftkräuter (*herbas atque venenas* ist Hendiadys). Ihre Herkunft vom Schwarzen Meer, Heimat der Erzzauberin Medea, und ihr Lieferant Moeris, der sie zu Werwolfverwandlung, Nekromantie und Schadenzauber (Zwölftafelgesetz 8,8 stellt Wegzaubern fremder Saaten unter Kapitalstrafe; Düll 1959, 50 f., 91) selber mit Erfolg verwendet, verbürgen ihre Effizienz. Mit ihnen will die verschmähte Liebhaberin zum Sturm auf die immer noch resistente Festung ansetzen.

„Bring die Asche hinaus, Amaryllis, wirf sie in den fließenden Bach und wirf sie über den Kopf, schau nicht zurück. Damit will ich Daphnis bestürmen; er kümmert sich um keine Götter, keine Zaubersprüche." (Refrain)

Bevor der Kräuterzauber als letztes Mittel (worüber wir nichts Weiteres erfahren) steigen kann, muss die laufende „fattura" rite beendet, ihre Überreste, die Zaubermaterie auf dem Altar, gefahrlos entsorgt werden. Das geschieht durch fließendes Wasser als Reinigungselement (*Katharsis*; s. o.) und mit abgewandtem Gesicht (magischer Beendigungsgestus und kulturübergreifende Vorsichtsmaßnahme, um den nun freigewordenen Mächten und Kräften nicht selbst zu verfallen). Dieser letzte Akt des ganzen Rituals heißt denn auch *Apolysis*: Entlassung. Sie ist noch nicht vollzogen, da kündigt sich der Erfolg des Liebeszaubers schon an – und trifft ein und macht die Giftkräuteraktion überflüssig:

„Siehe! indem ich zaudere, sie wegzutragen (wegtragen zu lassen), hat die Asche von selbst mit bebenden Flammen den Altar zum Brennen gebracht. Das sei ein gutes Zeichen! Es hat sicher irgendetwas zu bedeuten – und Hylax bellt an der Schwelle. Soll ich's glauben? oder gaukeln Liebende sich Träume vor? – Halt ein, mein Zauberspruch, halt ein: da kommt schon Daphnis aus der Stadt."

Das Wiederaufflackern der schon erkaltet geglaubten Asche wird (verständlicherweise) als gutes Omen gedeutet („*bonum sit!*"): auf das Wiederaufflackern des Liebesfeuers im erkalteten Geliebten. Schon meldet der Haushund dessen Kommen an. Der Refrain (*ducite ab urbe domum, mea carmina, ... Daphnim*) spiegelt durch seine Abwandlung am Schluss des Gedichts die positiv veränderte Situation (*parcite, ab urbe venit ..., carmina, Daphnis*): der Zauberspruch wird gestoppt (*parcite, carmina!*): er hat bereits gewirkt.

Der hier geschilderte Liebeszauber hat so sicher nie stattgefunden. Vergil bietet ein poetisches Kompendium magischer Künste und zauberischer Praktiken seiner Zeit und Kultur. Es präsentiert die ganze Palette von Möglichkeiten der extraordinären Existenzbewältigung, deren sich der oder die Einzelne je nach Kenntnisstand und Vermögenslage im Einzelfall (hier: Liebesentzug) sicher bedient hat. Importierte Zauberkräuter aus der Kolchis und Weihrauch aus Arabien waren teuer; das einfache Volk konnte sie sich nicht leisten, entsprechend schlichter fielen seine magisch-zauberischen Aufwendungen aus. Noch höher im Preis als Importware[21] standen Ingredienzien, die durch Ritualmord (bes. an Kindern; s. o. S. 54) zu okkulten Zwecken gewonnen wurden.

In seiner 5. Epode (Färber 1982, 232 ff.: Text und Übersetzung; Luck 1962, 24 ff.: Kommentar) schildert Horaz die Anstalten zu einem solchen *Ritualmord.* Mehrere Hexen haben sich zusammengetan zur Bereitung eines Liebeselixiers, das den Buhlen einer von ihnen (der Canidia), welcher das Interesse an der Frau offenbar verloren hat, wieder im Verlangen nach ihr verbrennen lassen soll „wie Harz in düstrer Feuersglut" (V, 81 f.). Das Gedicht schildert nur die Zurüstungen (die Katharsis und die Katadesis; s. o. S. 58 f.), die nachts stattfinden müssen, weil hier schwarze Magie „abgeht". Wieder spielt Reinigungswasser eine Rolle, aber diesmal muss es vom Avernersee stammen, weil man in seiner Nähe den Eingang zur Unterwelt glaubte: und für die Unterwelt ist der Knabe, den man zur Gewinnung des Aphrodisiakums töten wird, bestimmt; die gefürchtete Rückkehr eines auf diese Weise gewaltsam und vorzeitig zu Tode Gekommenen (VV. 91 ff.) will das Aussprengen dieses Elements vorsorglich verhindern. Die eigentliche Anstifterin des Ritualmordes, Canidia, stattet der Dichter mit den Attributen einer Mänade aus (s. u. S. 80): gelöstes Haar, in das Schlangen geflochten sind (V. 15 f.). Das mag man poetischer Freiheit als „Zuviel des Bösen" durchgehen lassen. Allerdings ist die Schlange ein chthonisches Tier und durch ihre Häutung Sinnbild des sich verjüngenden Lebens (vgl. Stemplinger 1948, 130), verweist also auf den Tod des Kindes und den dadurch produzierten „Vitalizer" (Liebestrank). Das gelöste Haar der Canidia und das aufgeschürzte Kleid der einen Mithelferin (V. 25) machen magisch Sinn. Denn Teilentblößung steht magisch für rituelle Nacktheit (*pars pro toto*); diese aber und das Lösen des Haupthaars befördern magisch-zauberisches Tun, während Knotungen (in Gewebe und Frisur) es hemmen gemäß der alten Regel: *„in sacris nihil solet religatum"* (Stemplinger 1948, 157) – in Kult und Zauber sei weder Gebundenes noch Geknotetes Brauch. Denn: „Wer andere bindet, darf selbst nicht gebunden sein." (Luck 1962, 69 Anm. 32) Das Eingraben des todgeweihten Knaben durch eine weitere Helferin und was damit bezweckt ist, beschreibt Horaz so:

„Und Veja – kein Gewissensskrupel hält sie ab –
Gräbt unterdes mit hartem Karst,
Schwer seufzend unter ihrer Arbeit Last, das Loch,
Worin der Knabe eingescharrt
Bei zwei- und dreimal aufgetischtem Schaugericht
Den langen Tag hinsterben soll –
Sein Angesicht nur ragt hervor, dem Schwimmer gleich,
Den nur am Kinn das Wasser trägt –
Dass ausgeschnittnes Mark und trockne Leber dann
Zum Liebestrank verwertbar sei,
Wenn, starr geheftet auf das schnöd versagte Mahl,
Sein Auge hungersgierig brach."

Leber und Mark sind Sitz von Liebes- (Luck 1962, 70 Anm. 41) und Lebenskraft (vgl. Hasenfratz 1982, 153 Anm. 295). Das in ihnen beim

Nahrungsentzug mit Todesfolge gestaute Verlangen wird durch Verarbeitung der Ausgangsstoffe zu einer Art antikem Viagra und – nach Verabfolgung des Präparats an das abtrünnige Liebesobjekt – den gewünschten Effekt entfalten und die lüsterne Canidia zufrieden stellen.

Der ungeduldige Liebhaber

Weniger literarisch und aufwändig, aber volkstümlicher ist der Zauber eines ungeduldigen Liebhabers, der die gewünschte sexuelle Vereinigung mit der von ihm Begehrten auf diese Weise beschleunigen möchte. Der Text, dessen Zeilen zu Eiform arrangiert und dem unverständliche Zauberworte beigeschrieben sind, entstammt der unabsehbaren Masse griechischer Papyri aus Ägypten; Deponierung auf einem Friedhof konnte seiner Wirkung dienlich sein. Die Abfassungszeit fällt ins 4. nachchristliche Jahrhundert. Seine Übersetzung lautet (Hengstl 1978, 174 f.; Ergänzungen in Klammern von mir):

„Anubis, Gott der Erde und der Unterwelt und des Himmels, Hund, Hund, Hund, sammle deine ganze Macht und ganze Kraft gegen Tigerus, der Sophia Tochter: endige ihren Hochmut und ihre Vernunft und Schamhaftigkeit. Führ sie mir her unter meine Füße, schmelzend in Liebesbegierde zu allen Stunden von Tag und Nacht; immer denke sie an mich, wenn sie isst, trinkt, arbeitet, spricht, ruht, im Schlaf und Traum liegt, bis sie von dir gepeitscht kommt, mich begehrend, mit vollen Händen, mit reichspendender Natur, sich und das ihrige mir schenkend und vollbringend, was Frauen gegen Männer gebührt, und dienend meinem und ihrem Liebesverlangen ohne Zögern und ohne Scham, Schenkel an Schenkel, Leib an Leib pressend und ihr Schwarzes an mein Schwarzes, das höchste Wonne bringt. Ja, Herr (*kyrie*; s. o. S. 44), führ mir her die Titerus (sic!), der Sophia Tochter, mir, dem Hermeias, Hermiones Sohn, jetzt jetzt, schnell schnell (*ēdē ēdē, tachy tachy!*), von deiner Geißel gejagt." Rechts vom Text zwei kryptische Zauberworte: *ablanathanalba, akrammachamari.*

Schon die eiförmige Anordnung der Zeilen (durch zunehmende und abnehmende Zahl der Buchstaben) deutet auf einen Liebes- und Fruchtbarkeitszauber, was ja ihrem Inhalt entspricht. Wichtig bei Zauber und Magie ist die genaue Identifizierung der Begünstigten und Betroffenen durch den Muttersnamen; denn es gilt die Regel: *„Mater semper certa est (pater semper incertus)"* (vgl. Digesten 2,4,5). Fehlte der Muttersname, riskierte Hermeias, dass sein Spruch die Adressen verfehlen oder die Falsche im falschen Bett landen würde. Im vorliegenden Fall handelt es sich, genau, um *Theurgie*, denn es soll eine Gottheit gezwungen werden, das zu tun, was der Zwingende will. Die Gottheit ist der schakalköpfige Anubis (deshalb die Apostrophierung als Hund), Geleiter der Toten ins Jenseits (deshalb der Friedhof als „Briefkasten", will man ihn erreichen). Er ist auch Wäger der Herzen beim Totengericht; in Herzensangelegenheiten tut man gut daran, ihn zu beauftragen. Beschworen wird die Gottheit durch den Text selber (Wortmagie, Schriftmagie) und durch die kryptischen Zauberworte, deren Macht als umso zwingender gilt, je exotischer, sinnloser und barbarischer sie klingen (sog. *asēma onomata* oder *rhēsis barbarikē*), und deren Gebrauch die neutestamentlichen Wundergeschichten auch Jesus zuschreiben (Mk 5,41; 7,34).

„Tod der Rivalin!"

Vernichtungszauber zerstört unerwünschte Bindungen und zieht die davon betroffene Person „aus dem Verkehr". Diese Absicht jedenfalls offenbart eine Bleitafel aus dem Rom des 1. vorchristlichen Jahrhunderts in aller Deutlichkeit (Latte 1927, 46):

„Danae, die neue Sklavin des Capito. Nimm sie als Opfer an und verzehre die Danae. Du hast ja schon Eutyche, die Frau des Soterichos."

Blei als Beschriftungsmaterial für magisches Spruchgut wird als besonders wirkkräftig geschätzt, als schweres Metall gibt es den eingeritzten Worten buchstäblich mehr Gewicht (vgl. Stemplinger 1948, 147, 162). Bei der Verfasserin (oder Auftraggeberin) des Spruchs dürfte es sich um die Frau oder Favoritin des Capito handeln, die eine mögliche oder wirkliche Nebenbuhlerin aus dem Weg räumen will. Das Bleitäfelchen ist für die Ablage in einem frischen Grab (vgl. Luck 1962, 57) vorgesehen (das der Eutyche). Die Magie funktioniert dann nach dem Schema: so sicher wie du (Unterwelt oder Unterweltsgottheit, deren Namen man vorsichtigerweise nicht beruft) diese Tote hier schon in deiner Gewalt hast, ebenso sicher falle dir die noch Lebende (jetzt) zum Opfer (Wortmagie und Wiederholungsmagie unter Berufung auf den Präzedenzfall).

„Erschröckliche" Hexenrache

Am Beginn seines Romans „Der goldene Esel" (Metamorphosen 1,5 ff.) erzählt der römisch-nordafrikanische Schriftsteller Apuleius (2. Jh.), wie ein Kaufmann auf einer Geschäftsreise in Thessalien, nachdem er Räubern in die Hände gefallen und um seinen Geschäftsgewinn (den er bar bei sich trug) gebracht war, völlig abgebrannt von einer Frau mitleidig aufgelesen und verpflegt wurde. Die Frau war aber (wie im klassischen Land der Hexerei und Zauberkunst, als das Thessalien galt, nicht anders zu erwarten) eine Hexe (*saga*). Er landete in ihrem Bett und ward ihr von da an erotisch so verfallen, dass er immer mehr von Kräften kam, verwahrloste und endlich der Fron zu entfliehen beschloss. Die Rache der Dame war schrecklich. Auf paranormale Weise drang sie inmitten der Nacht zusammen mit einer „Berufsgenossin" durch die mehrfach verriegelte Tür in das Schlafgemach der Herberge, wo der Flüchtling logierte. Sie reißen dem Schlafenden das Herz aus dem Leib und verschließen die Wunde mit einem Schwamm – und verschwinden auf dieselbe paranormale Weise, wie sie gekommen sind. Am Morgen erwacht der Schläfer und setzt seine Flucht fort. Als er sich am Ufer eines Baches zum Wasser bückt, um seinen Durst zu stillen, reißt die Wunde auf, der Schwamm fällt in die Strömung; er bricht tot zusammen. Der hier vorgeführte Schadenzauber gehört zum Standardrepertoire der Hexen nachgesagten Künste. Es handelt sich um die sog. „Hexenausfahrt", deren Schilderungen sich über die Jahrhunderte gleichen. Die klassische Beschreibung bietet über 800 Jahre später das „Deutsche Bußbuch" (19,5; Hasenfratz 1999, 86; Übersetzung von mir). Hier verurteilt die Kirche in Form einer Beichtfrage den folgenden „Aberglauben" und belegt ihn mit einer Fastenbuße:

„Hast du geglaubt, was viele Frauen glauben und für wahr halten, die wieder zum Satan abgefallen sind? Nämlich, dass du in der Stille unruhiger Nächte, obwohl du im Bette liegst und der Mann dir am Busen schläft, während du körperlich hinter verschlossenen Türen bist, imstande seist, dich zu entfernen und mit anderen im selben Irrtum Befangenen weite Strecken Raumes zu durchmessen und getaufte Menschen, die durch Christi Blut erlöst sind, ohne sichtbare Waffen zu töten, ihr Fleisch zu kochen und zu verzehren und anstelle ihres Herzens Stroh oder Holz oder anderes zu stopfen und die Gegessenen wieder zu beleben und ihnen Lebensfrist zu verleihen. Wenn du das geglaubt hast, ... (es folgt eine Kirchenbuße)."

Abgesehen vom Kannibalismus entspricht das dem Geschehen bei Apuleius, wonach übrigens die beiden Hexen das Blut ihres Opfers in einem Schlauch auffangen und sein Herz an sich nehmen (wohl zum gemeinschaftlichen Verzehr).

C. Offenbarungszauber

Fehlendes Urvertrauen traut auch der Zukunft nicht: dem unbehausten Menschen eröffnet sie nur zusätzliche Verunsicherung. Oft hat er bei eigenen Entscheidungen, die seine Zukunft betreffen, nur die Wahl zwischen gleich schlechten Alternativen. *Astrologie* (s. o. S. 31) und *Orakel* (s. o. S. 46) überheben den Unschlüssigen der Qual der Wahl: überirdische Gesetzmäßigkeiten und Mächte nehmen sie ihm ab. Eine bis in unsre Zeit hinein (in der Schweiz etwa am Christ-, Neujahrs- oder Dreikönigsabend; vgl. Stemplinger 1948, 83) beliebte Methode der Zukunftsschau ist der *Beckenzauber (Lekanomantie)*: In einem mit Flüssigkeit gefüllten Becken wird örtlich oder zeitlich Entferntes wahrgenommen, wenn man (zur richtigen Zeit oder nach den richtigen Vorbereitungen) hineinschaut. Die wahrsagende Kraft wird entweder dem Wasser selbst zugeschrieben (den Bewegungen seiner Oberfläche oder seinen Veränderungen durch eingebrachte Ingredienzien oder Gegenstände) oder den durch Magie oder Zauber ins Element (zur Enthüllung der Zukunft) gezwungenen und darin festgehaltenen Göttern, Dämonen oder Toten (vgl. Boehm 1987, 563). Um die zweite Variante handelt es sich beim folgenden Papyrustext aus Ägypten (Papyrus Warren 21; Hengstl 1978, 169 ff.: Text, Übersetzung und Kommentar; einige Ergänzungen in Klammern von mir, Wiedergabe von Z. 11 geringfügig geändert):

„Schutzmittel (*phylaktērion*): 3 Päonien (*selēnogena*; eig.: vom Mond Gezeugte) trage um den linken Arm gewickelt. ‚Es komme zu mir der Gott der Götter, die Offenbarung aus Feuer und Wind, der allein die Wahrheit im Haupt besitzt, der die Finsternis zerteilt, der Herr der Winde (es folgen unverständliche Zauberworte).' Freude Dir, o Herr (*kyrie*) (folgen Zauberworte, darunter *iaaō*). Dies sage oftmals. Wenn aber, obgleich Du fortfährst, die gespenstische Erscheinung zögert:

‚Öffne, Himmel; öffne, Olymp; öffne, Hades; öffne, Abgrund; es teile sich die Finsternis gemäß dem Befehl des obersten Gottes und es dringe das heilige Licht aus dem Unendlichen in den Abgrund.‘ Wenn sie wiederum zögert, sprich dies erneut laut, den Knaben beschwörend (*katathyōn*; wörtlich: opfernd, tötend!): ‚(Es folgen Zauberworte) Gott, o Herr, komm; sei gegrüßt, heiliges Licht; sei gegrüßt, Auge des Weltalls; sei gegrüßt, Morgenglanz über dem All, und gib mir Bescheid über die Dinge, wegen der ich Dich bitte.‘ Und frage, was Du willst. Entlassung (*apolysis*): ‚Ich danke Euch, dass Ihr kamt gemäß dem Befehl des Gottes. Ich bitte, dass Ihr mich unversehrt bewahrt, furchtlos, von Geistern ungeplagt. (Es folgen Zauberworte, darunter: *adōnai*.) Begebt Euch zurück zu Euren heiligen Sitzen.‘ Mittels einer Schale, in die Du 1 Kotyle (ca. 1/4 l) guten Öls geben und (die) Du auf einen Ziegelstein stellen wirst. Und Du wirst diese (Zauber-)Zeichen in einen atmenden (magnetisch geladenen) Magnetstein ritzen; diese Zeichen aber werden gemacht (folgen kryptische Zeichen). Und Du wirst den Stein links außerhalb der Schale befestigen und mit beiden Händen umfassend fahre fort, wie es Dir gezeigt ward. Wirf aber (was?) in die Schale. Tauche hinein die Nachgeburt einer Hündin, die nach der Geburt eines weißen Welpen ‚die Weiße‘ genannt wird, oder eine … Nachgeburt. Aber auf die Brust des Knaben schreibe mit Myrrhe ‚Karbaoth‘.“

Den Zaubertext eröffnet eine Anleitung zum Schutz des Veranstalters. Es folgt die Anrufung der Gottheit(en), die diese zum Erscheinen und Offenbaren von Künftigem ins dazu präparierte Medium Wasser (vgl. Stemplinger 1948, 79) bannt; hierauf die Anweisung, was zu unternehmen sei, wenn die Anrufung keinen Erfolg zeitigt. Die Entlassung der Gottheit(en) aus dem Bann bildet den Beschluss. Angehängt ist eine Rezeptur zur zauberischen Behandlung von Becken und Inhalt und zur Vorbereitung eines für den Fall des Misslingens gebrauchten Knaben. Die Päonie als Schutz gegen dämonische Behaftung (vgl. Niederberger 2000, 76) feit den Beschwörenden gegen die Mächte, die er beruft, vor allem, solange sie noch nicht und (bei der Entlassung) nicht mehr ins Wasser (Antidämonikum; s. u.) gebunden sind. Der Zaubername der Päonie (Mondgezeugte) assoziiert sie mit Nachtgestirn und Nacht und der diesen beiden traditionell zugeordneten linken Körperseite (vgl. Bachofen 1954, 85 f.), an der sie befestigt werden muss, um zu wirken. Bei der angerufenen und beschworenen Offenbarungsgottheit könnte es sich um den ägyptischen Thot handeln, Mondgott und Gott der Weisheit, dem Luft- und Windgott Hermes (vgl. Hasenfratz 1982, 113 Anm. 177: *aërios*) gleichgesetzt, der in der „hermetischen" Literatur als Verhüller und Enthüller esoterischen Wissens zum Hermes trismegistos (dreimal größten H.) avanciert. Möglich wäre auch (gleichzeitig) der jüdische Jahwäh (*iaaō, adōnai*), dessen Exotik ihn für Zauber besonders attraktiv macht (s. o. S. 64). Was aber soll die Anweisung, einen Knaben zu weihen, wenn die Anrufung fehlschlägt? Es wäre (soweit bekannt) für die griechische Überlieferung (inklusive Papyri und Ostraka) einmalig, wenn das hier gebrauchte Verb *katathyein* nur weihen bedeuten würde (vgl. David 1941, 61); es meint viel mehr: opfern, als Opfer schlachten. Und wenn schon weihen – wem und wofür? Doch wohl einer übernatürlichen Macht, und zwar als Opfer. Wir hätten hier also eine *Anweisung zum Ritualmord* als letztem Mittel bei offensichtlichem Misslingen einer Beschwörung. Dass dazu unschuldige Knaben besonders hoch im Kurs standen, wissen wir schon (s. o. S. 54 und S. 61). Auch Apollonios v. Tyana (s. o. S. 55) wurde verleumdet, einen Knaben geopfert zu haben, um aus dessen Eingeweiden die Zukunft zu lesen (Philostrat, Vita Apollonii 7,11). Für ein Menschenopfer, das unser Zeremoniell als theurgisches Zwangsmittel einkalkuliert, sprechen vielleicht auch die dem Kind mit Myrrhe (Duft- und Räucherstoff bei sakralen Handlungen) auf die Brust gezeichneten geheimnisvollen Silben *karbaoth* – magische Verrätselung einer semitischen Verbalwurzel *qrb*, ägyptisch-aramämisch: (als Opfer) darbringen. Oder aber ist mit dieser Aufschrift die Opferung symbolisch (schriftmagisch) schon vollzogen, und eine blutige Darbringung (Tötung) erübrigt sich? Eine spezielle Behandlung von Becken und Flüssigkeit steigert die an sich schon antidämonische Kraft des Wassers (s. o. S. 58), die den Theurgen vor der (wider ihren Willen) hinein gebannten übernatürlichen Erscheinung schützt, und eventuell auch die Klarsicht der Erscheinung selbst, deren Kooperationsbereitschaft (unter erzwungenen Rahmenbedingungen) nicht ohne weiteres vorausgesetzt werden darf. Der Magneteisenstein bändigt und bindet (vgl. Stemplinger 1948, 177), Öl ist Kraftsubstanz ohnehin, Hunde gelten als geistersichtig (vgl. a. a. O. 116/117), Weiß bringt Klarheit, und die Nachgeburt als „Außenseele" (Hasenfratz 2002, 101) des Neugeborenen steht (als *pars pro toto*; s. o. S. 56) für dieses selbst; dieses selbst, der Hund, aber dient in der Antike zum Reinigungsopfer. Wahrlich ein Panoptikum der Magie und Zauberkunst auf einem einzigen Papyrus! Wie aber muss eine Gegenwart beschaffen sein, dass jemand für einen Blick in die Zukunft – schlimmstenfalls – ein Verbrechen in Kauf nimmt!

D. Zauber, Magie und Christentum

Bei der empirisch engen Verflechtung von Magie und Zauber mit Religion (s. o. S. 57) wird es nicht verwundern, wenn die jungen christlichen Gemeinden (*ekklēsiai*), das Christentum (*ekklēsia*) magische und zauberische Elemente und Praktiken aus der Umwelt übernommen und solche selber ausgebildet haben. Bei Neubildungen ist besonders der Inhalt des „mythischen Präzedenzfalls" neu (er bezieht sich natürlich auf die alttestamentliche oder spezifisch christliche Überlieferung), die Form bedient sich des reichhaltigen Angebots aus der magischen und zauberischen Formensprache, der *Koine*, besonders des Mittelmeerraumes (s. o. S. 55).

Jesus von Nazareth selbst gewinnt in der Evangelienüberlieferung Züge eines *Magiers*[22]: in dieses Paradigma passt der Gebrauch kryptischer Zauberworte (s. o. S. 64), die Verwendung von Speichel (Zaubermaterie wie alle Körperausscheidungen; vgl. Stemplinger 1948, 103; Hasenfratz 2002, 32, 96; S. 56) zu Heilzwecken (Mk 7,33; Joh 9,6; s. o. S. 39); der Vorwurf seiner Gegner, er treibe mit Hilfe des Herrschers der Dämonen Dämonen aus (Lk 11,15), also „schwarzer Magie"; auch der ihm bei seinem Prozess angehängte Ausspruch, er werde den Jerusalemer Tempel zerstören und nach drei Tagen (einen andern) wieder aufbauen (Mk 14,58; 15,29; Joh 2,19), Aktion, die man Top-Magiern in der Antike durchaus zutraute (vgl. Apuleius, Metamorphosen 1,10: Versetzen eines Hauses mitsamt Inhalt auf einen 100 Meilen entfernten Berg, Hinschmeißen vor das Stadttor); schließlich Veranstaltung eines magisch-zauberischen Rituals von hoher Wirksamkeit und langer Wirkungsgeschichte (Herrenmahl; s. u. S. 71).

Im Aussprechen des *Namens* Jesu wird nicht nur der „Magier" Jesus mit seiner Macht über Dämonen, Unreinheit, Sünde, Krankheit, Tod und Leben präsent, sondern die ganze heilsgeschichtliche Dimension seines Lebens und Sterbens und seiner leiblichen Entrückung in den Himmel – damit ist der mythische Präzedenzfall implizit schon immer mit genannt. Deshalb seine Wirksamkeit. „Bei eben diesem Namen beschworen", lesen wir im 2. Jh. bei Justin (Dialogus cum Tryphone Judaeo 85,2), „(nämlich) des Sohnes Gottes und Erstgeborenen der ganzen Schöpfung und von einer Jungfrau Geborenen und leidensfähiger Mensch Gewordenen und unter Pontius Pilatus Gekreuzigten ... und Gestorbenen und von den Toten Auferstandenen und in den Himmel Aufgefahrenen, wird jeder Dämon besiegt und unterworfen." (Bultmann 1965, 129; Übersetzung von mir) Und deshalb hätten Christen keine Zaubergesänge (*epōdoi*) mehr nötig, wenn sie sich des Namens Christi bedienen; ja, so mächtig sei der Name Jesu gegen die Dämonen, dass er zuweilen etwas ausrichte, wenn er von Unwürdigen gesprochen werde (*hypo phaulōn onomazomenon*), versichert ein Jahrhundert später der Theologe Origenes (Contra Celsum 1,6). Vielfältig stellt sich die Magie des *Kreuzes* schon in außerchristlichen Kontexten dar: als „Querstrebiges" „verriegelt" (Müller 1997, 78), hemmt es. Diese Abwehrfunktion ist ihm im Christentum geblieben (Dämonenabwehr); aber, bereichert und erweitert um die zentrale Heilsbedeutung des Kreuzes für die Christen, wird es zum christlichen Symbolon (Erkennungszeichen) schlechthin. Im Verbund mit dem über dem Täufling ausgesprochenen Namen Jesu und dem Reinigungselement Wasser, dem der Taufkandidat eingetaucht wird, konstituiert es das Sakrament der *Taufe*: diese bewirkt Abwehr dämonischer Behaftung durch Nennung des Namens Jesu (Christi) und Kreuzeszeichen, Reinigung von voraufgegangenen Sünden durch Kontakt mit dem Taufwasser, (rituellen) Tod des „alten Menschen" (Röm 6,6) und Wiedergeburt als „neue Kreatur" (vgl. 2Kor 5,17) durch Unter- und Wiederauftauchen im Taufwasser (vgl. Böcher 1970, 11 ff., 316 ff.). Im Zusammenhang mit der Taufe bezeugt uns der Apostel Paulus, zumindest für Korinth, den Brauch der Totentaufe: stellvertretungsmagischer Akt, bei dem sich lebende Gläubige für ihre verstorbenen Vorfahren taufen lassen, um auch ihnen die im Leben verpasste Taufgnade zuzuwenden (1Kor 15,29). Diese Form der Magie hat sich als Tempelritual in der Mormonenkirche bis heute gehalten (vgl. Hasenfratz 2002, 31). Dass bei plötzlichem und vorzeitigem Tod im Leichnam und seinen Teilen besonders viel aufgestaute Lebensenergie („Leichen-Mana") zurückbleibt, glaubte und glaubt man weltweit, und dass dieses Leichen-Mana zu okkulten Zwecken verwertbar sei, ebenfalls (vgl. Hasenfratz 2002, 97). Daher die extreme Tauglichkeit unschuldiger Kinder (deren Vitalität noch nicht durch Geschlechtsverkehr erschöpft ist) als Ritualmordopfer (s. o. S. 68). Bei *Märtyrern* um des

Glaubens willen ist der Tatbestand gewaltsamen und vorzeitigen Todes (oft auch Virginität) erfüllt; also müssen ihre toten Leiber und deren Teile überdurchschnittlich viel gespeicherte Kraft enthalten, welche Kraft (*virtus*) durch die enge Gemeinschaft der Blutzeugen mit Gott (postmortal noch vollkommener) für die Gläubigen heilsam („heilig"!) wirke, wenn sie sich in der Nähe der Reliquien aufhalten oder mit ihnen in Berührung kommen (vgl. Angenendt 1994, 111 ff.). Bei Heiligenreliquien galt und gilt der Grundsatz, dass ein geteilter Heiliger ein ganzer Heiliger sei (*pars pro toto*) und dass etwas, was mit dem heiligen Ganzen oder Teil in Kontakt gerate, (kontaktmagisch) selber Reliquie (Berührungsreliquie) mit deren Heilkraft werden könne (vgl. Hasenfratz 2002, 31/32). In der urchristlichen Überlieferung gut und früh bezeugt, vielleicht zauberisch-magische Neuschöpfung Jesu (1Kor 11,23: Paulus hat „vom Herrn empfangen", was er überliefert), ist das sog. *Herrenmahl*, eines der erstaunlichsten Rituale in der Religionsgeschichte (vgl. a. a. O. 33 f.). Essen und Trinken der Kultgottheit ist als religiöses Phänomen nicht ungewöhnlich (vgl. Müller 2003, 68 ff.; s. u. S. 81); ungewöhnlich ist hier freilich das „jesuanische" rituelle Outfit. Der Religionsstifter Jesus von Nazareth gibt seinen Leib und sein Blut seinen Anhängern zum Verzehr preis, indem er durch einen magischen Substitutionsakt („dies ist mein Leib" – „dies ist mein Blut") Brot und Wein an die Stelle seines Leibes und seines Blutes treten lässt. In der magischen Praxis ersetzen Brot und Wein geläufig Fleisch (Leib) und Blut (Stellvertretungs- und Ähnlichkeitsmagie). Durch den Verzehr gehen die Kräfte der verzehrten Substanzen (Leib/Fleisch, Blut) in die Verzehrenden ein und binden so Empfänger (Jünger) und Spender (Jesus) wesensmäßig aneinander (endokannibalistischer Bindezauber). In etwa vergleichbare Rituale finden sich nur noch im Liebeszauber aller Zeiten (vgl. Smith 1981, 122 f., 146 f.). Eine Frau kann einen Mann an sich binden, wenn sie ihm Brot, das auf ihrem nackten Hintern geknetet oder in ihrer Achselhöhle getragen (also mit ihrer Leiblichkeit imprägniert) wurde, und Blut oder Menstrualblut, ins Brot eingebacken oder einem Trank beigemischt, unter seine Nahrung praktiziert: mittelalterlichen Beichtspiegeln (Deutsches Bußbuch 19,5) und neuzeitlichen Zauberbüchern (6./7. Buch Mosis; Kramer 1984, 145/146) ist das Prozedere wohl bekannt – von den einen mit Bußen belegt, von den anderen als bewährt empfohlen. Im christlichen Abendmahl sieht man Magie, Zauber, Religion zu sakramentaler Einheit verschmolzen:

stellvertretungsmagischer Binde- und endokannibalistischer Liebeszauber, durch den die Gemeinde (essend und trinkend und dadurch gemeinschaftlich auch untereinander verbunden) an der Substanz des Stifters und den an ihn geknüpften Verheißungen partizipiert, nachdem sie sich durch liturgische Rezitation wiederholungsmagisch auf den „mythischen Präzedenzfall“ (letztes Mahl Jesu mit den Jüngern: Mk 14,22–25; 1Kor 11,23–25) berufen hat.

Ein christliches Amulett gegen Dämonen aus dem 6. Jh., gefunden in Split, mag illustrieren, wie sorglos christlicher Volksglaube sich der (antik-heidnischen) Formensprache von Zauber und Magie zu bedienen weiß, wenn nur der mythische Präzedenzfall mit christlichen Inhalten bestückt ist. Es handelt sich um ein quadratisches (10 x 12 cm) Bleitäfelchen (s.o. S. 64), in barbarischem Latein beschrieben, der Text am Anfang und Ende durch drei (s.o. S. 59) Kreuze (Trinität!) geschützt (Wünsch 1912, 27 ff.: Text mit Kommentar; Übersetzung und Einklammerungen von mir):

„Im Namen des Herrn Jesus Christus drohe (*denontio*) ich dir, unreiner Geist, Herr des Tartarus (*tartaruce*: aus griechisch *tartarouche*), den der Engel Gabriel mit feurigen Ketten gebunden hat, der über 10 000 Barbar … herrscht (? Lesung und Bedeutung unsicher). Nach der Auferstehung bist du nach Galiläa gekommen; dort hat er (Christus) dir befohlen, in waldigen Orten, Hügeln und Bergen zu hausen, damit man von nun an deinen Namen ohne Gefahr nennen könne. Beachte nun, unreiner Geist, Herr des Tartarus, dass, wo immer du den Namen des Herrn hörst oder die Schrift (gemeint: die Heilige Schrift?) erkennst (oder: den Namen des Herrn hörst oder geschrieben erkennst), du nicht, wo du willst, schaden kannst. Vor dir habest du den Fluss Jordan, den du nicht zu überqueren vermochtest, weil dort Feuer aus der Feuerhölle flösse, so antwortetest du auf die Frage, warum du ihn nicht zu überqueren vermochtest; und überall immer soll dir Feuer aus der Feuerhölle fließen. Das drohe ich dir durch meinen Herrn (Christus): Hüte dich!“

Indem der Text dem Obersten der Dämonen (dem Teufel) droht, sind alle ihm unterstellten Dämonen mitbedroht. Und nun werden mythische Präzedenzfälle aufgezählt, die der Dämonenwelt zugesetzt haben: der Sturz des Antichrist und seine Fesselung in der Unterwelt für die Zeit des „Tausendjährigen Reiches“ der Kirche (Offb 20,1–3); Christi Auferstehung und Himmelfahrt (in Galiläa: Mk 16,7), welches Heilsereignis den

Obersten der Dämonen (und seinen Anhang) an un-weltliche und unheimliche Orte (Wald, Berg; vgl. Hasenfratz 1982, 14 f., 17 f.) verbannt und durch Nennung (oder Schreibung) des Christus-Namens (s. o. S. 69) (oder Vorweisen der Schrift?) paralysiert (und den eigenen Namen unwirksam werden lässt); der Fluss Jordan, der das Wasser (s. o. S. 58) führt, in dem Jesus getauft wurde (Mk 1,9–11), und der dem Archidämon überall und allezeit zum feurigen Strom werde, den er nicht zu überqueren vermag. Dass ausgerechnet Feuer als höllisches Element gegen Dämonen helfen soll, liegt in seiner ambivalenten Natur als höllisches Element *und* als Antidämonikum (vgl. a. a. O. 24 ff., 31/32). Zwei Löcher erlauben übrigens, die Bleitafel an einer Schnur o. ä. zu tragen (Gewicht!), was den Träger (oder die Trägerin) „hautnah" gegen jede dämonische Behaftung feit.

E. Der Guru und „göttliche Mensch"

Zeiten allgemeiner, sozialer und religiöser, Unbehaustheit waren stets hohe Zeiten für Gurus jeder Art. Unterdrückung und Ausbeutung durch alle möglichen Autoritäten, im Römischen Imperium zu einem lückenlosen System ausgebaut, provoziert nicht nur Flucht durch Abtauchen (Anachorese; s. o. S. 46), als totale Verweigerung gegenüber aufoktroyierten Instanzen, sondern treibt auch in Abhängigkeit von neuen, selbstgewählten Autoritäten (Guruismus). Solche Gurus der Antike hießen Goëten („Beschreier", Zauberer) oder besser *theioi andres: göttliche Menschen.* In ihnen glaubte man die oder eine Gottheit präsent. Sie durchzogen wandernd, von einer Anhängerschar umgeben, die Oikoumene (gelegentlich inklusive Indien-Trip), predigten eine religiös-philosophische, oft asketische Lehre und beglaubigten sie durch Heilungen und sonstige Wundertaten. Schon ihre Zeugung und Geburt heben sie aus dem menschlichen Maß heraus: Vater ist oft ein Gott, der diese Tatsache den Auserwählten oder Betroffenen durch einen Traum kundtut. Die Geburt geschieht unter außergewöhnlichen Zeichen und Umständen. Ebenso außergewöhnlich sind die Umstände ihres Ablebens: sie verschwinden einfach, will sagen, werden mit Leib und Seele zu den Himmlischen entrückt, ein Grab von ihnen findet sich nirgends (s. o. S. 43 und S. 48).

Ein solcher göttlicher Mensch (*theios anēr*) war Apollonios v. Tyana

(Kappadokien), jüngerer Zeitgenosse Jesu, weshalb sich ein Vergleich der zwei Gestalten anbietet[23]. Über die Entstehung seiner Biographie gewissermaßen im Schoße eines hochrangigen spirituell interessierten Damenzirkels wurde schon berichtet (s. o. S. 55). Als Apollonios' Vater offenbart sich seiner Mutter im Traum der Gott Proteus. Ein anlässlich seiner Geburt vom Himmel oben zur Erde nieder- und von da wieder auffahrender Blitz signalisiert seine göttliche Abkunft und seine schließliche Entrückung zu den Göttern. Er bekehrt sich früh zum Neupythagoreismus, wird Vegetarier und enthält sich des Weingenusses (weil Wein die unsterbliche Seele als Spiegel des Göttlichen trübe), absolviert einen Indien-Trip, predigt, erstaunt durch Vorherwissen, Heilungen, Dämonenaustreibungen, schart wandernd einen Jüngerkreis um sich (samt einem Lieblingsjünger Damis), wird der schwarzen Magie angeklagt (s. o. S. 68), leibhaftig zu den Göttern entrückt, weder Leichnam noch Grab hinterlassend, erscheint einem Zweifler und bekehrt ihn zum (neupythagoreischen) Glauben an die Unsterblichkeit der Seele. Bei aller Unterschiedlichkeit von Sitz im Leben, Form und Gattung, Inhalt und religiöser Beheimatung lassen die Gemeinsamkeiten zwischen Apollonius, wie ihn Philostrat, und Jesus, wie ihn die Evangelien (besonders Markus) darstellen, auf ein beiden Darstellungen zu Grunde liegendes *antik-hellenistisches Schema der volkstümlichen Biographie des göttlichen Menschen* schließen (vgl. Schulz 1967, 38; Mumprecht 1983, 974, 976, 1002), das seine Fortsetzung später in den Heiligenviten erlebt (vgl. Angenendt 1994, 69 ff.). Gemeinsamkeiten und Unterschiede bei strukturell bedingter Ähnlichkeit lassen sich veranschaulichen, wenn wir – angesiedelt zwischen beider wunderbarer Geburt an ungewohnter Stätte (bei Apollonius eine Wiese mit Schwänen, bei Jesus der Stall zu Bethlehem), begleitet von Prodigien (bei Apollonius ein Blitz, bei Jesus der Weihnachtsstern), und beider wunderbarem Tod (bei Apollonius mitternächtliche Entrückung aus einem Tempel unter dem Schall himmlischer Stimmen und Fehlen einer Grabstätte, bei Jesus leeres Grab und Himmelfahrt) – zwei beiden nachgerühmte Wunder für sich sprechen lassen: eine Dämonenaustreibung und eine Totenerweckung (Philostrat, Vita Apollonii 4,20 u. 45; Mumprecht 1983, 388 ff. u. 456 ff.: Text, Übersetzung und Kommentar; Eingeklammertes und Auslassungen von mir).

„Als er (Apollonios) einmal in einem Gespräch die Trankopfer behandelte, war zufällig ein Jüngling anwesend, der so stutzerhaft und von ausschweifendem, verwerflichem Wesen war, dass sogar Gassenhauer (*hamaxōn āsma*: Lumpenlied) auf ihn gedichtet wurden … Apollonios, der, wie erwähnt, über die Trankopfer sprach, hatte soeben betont, man solle aus dem Trinkbecher (Opferbecher) nicht trinken, sondern ihn rein und unbefleckt den Göttern bewahren, und hatte sogar empfohlen, den Becher mit Henkeln zu versehen und die Spende an einer Henkelseite auszugießen, also an einer Stelle, die beim Trinken am wenigsten von den Lippen berührt werde. Da brach der Jüngling in ein breites und freches Lachen aus. Apollonios blickte ihn scharf an und sprach: ‚Nicht du selbst frevelst hier, sondern der Dämon, von dem du ohne dein Wissen besessen bist.' In der Tat war in dem Jüngling, ohne dass man es wusste, ein Dämon; denn er lachte, wo niemand lachte, und brach dann wieder ohne Grund in Tränen aus. Dazu sang er und hielt Zwiegespräche mit sich. Die Leute schoben dies seiner ausgelassenen Jugend zu. In Wirklichkeit war er aber einem Dämon ausgeliefert (*hypekrineto*; wörtlich: antwortete er einem Dämon), weshalb er in seinem Übermute wie betrunken erschien. Als ihn nun Apollonios scharf anblickte, schrie der Dämon furchtsam und zornig auf, wie wenn er gebrannt und gefoltert würde, und versicherte unter Schwüren, dass er den Jüngling loslassen und nie mehr einen Menschen befallen werde. Als nun Apollonios zu ihm wie ein Herr zu einem verschlagenen, heimtückischen und schamlosen Sklaven sprach und ihm befahl, sichtbar auszufahren, da rief dieser aus: ‚Das Standbild dort werde ich umwerfen.' Er wies dabei auf eine Statue bei der Königshalle, wo die ganze Szene auch stattfand. Diese geriet wirklich in Bewegung und fiel um. Der Lärm, der hierbei entstand, und der Beifall (wörtlich: das Klatschen), der dem allgemeinen Staunen folgte, waren unbeschreiblich. Der Jüngling aber rieb sich die Augen wie ein Erwachender, blickte nach der Sonne und wurde verlegen, als er aller Augen auf sich fühlte. Von da an zeigte er sich nicht mehr so frech und zuchtlos wie vorher, sondern ließ wieder seine wahre Natur zum Vorschein kommen wie nach dem Genuss eines Heilmittels. Er vertauschte die feinen Kleider mit rauhen, verzichtete auf Geld und auf sein früheres üppiges Leben, legte den Philosophenmantel an und folgte dem Apollonios."

Im Vergleich zur biblischen Parallele Mk 5,2–20, wo Jesus eine Legion Dämonen aus dem besessenen Gerasener in eine Schweineherde und diese in den See (*thalassa*; wörtlich: Meer) stürzen und ersaufen lässt, nimmt sich diese Erzählung lehrhafter und theatralischer (Beifallklatschen) aus; die biblische Geschichte gibt sich derber, fast burlesk (die unreinen Dämonen in die unreinen Schweine), operiert mit gewaltigen Zahlen und mythischen Motiven (der See ist ein Meer, dies wiederum in der biblischen Tradition Element des widergöttlichen Chaos; vgl. Hasenfratz 1982, 19 f.: mit Belegen).

„Es wird auch folgendes Wunder erzählt: Ein Mädchen war am Tage seiner Hochzeit gestorben, so schien es wenigstens, und der Bräutigam folgte bereits jammernd der Bahre und klagte, dass seine Ehe so gänzlich unerfüllt geblieben sei. Aber auch ganz Rom trauerte mit ihm, da das Mädchen aus einer vornehmen Konsularenfamilie stammte. Als nun Apollonios dem Trauerzug begegnete, sagte er: ‚Legt die Bahre nieder!' Zugleich fragte er nach dem Namen des Mädchens. Die Menge glaubte nun, er werde eine Trauerrede halten, wie sie so üblich sind bei solchen Anlässen, um den Jammer zu beschwören. Er jedoch berührte nur die Tote, sprach einige unverständliche Worte und erweckte so das Mädchen aus dem Scheintode. Dieses begann wieder zu sprechen und kehrte ins Elternhaus zurück wie Alkestis, als sie von Herakles ins Leben zurückgerufen worden war. Als ihm die Verwandten ein Geschenk von fünfzehn Myriaden (Denaren, d. h. 150 000 Silbermünzen) machen wollten, sagte er, sie sollten es dem Mädchen als Mitgift geben. Ob er nun noch einen Lebensfunken an ihr wahrgenommen hatte, der den Ärzten verborgen geblieben war – man erzählt sich nämlich, Zeus habe Tau auf sie fallen lassen (*psekazoi*; besser: Zeus habe getröpfelt, es habe also genieselt) und von ihrem Antlitz sei ein Dunst aufgestiegen (wörtlich: sie hätte aus dem Gesicht gedampft, d. h. in der kühlen Luft sei ihr Atemhauch als Lebenszeichen sichtbar gewesen) – oder ob er das erloschene Leben wieder zurückgerufen und angefacht hatte, dies vermag ich nicht zu ergründen, und auch die Anwesenden hätten es nicht ermitteln können."

Im Vergleich zur biblischen Parallele Mk 5,22–24.35–42 (Auferweckung von Jairi Töchterlein) erscheint diese Erzählung skeptischer, rationalistischer: ein bloßer Scheintod wird erwogen, das Wunder somit auf eine Krankenheilung herabgestuft; während Jesu Bemerkung, das Mädchen schlafe bloß, darauf hinzielt, das Wunder zu steigern: eine Erweckung vom Tode fällt ihm nicht schwerer als ein Wecken aus dem Schlaf – der Einschub eines Heilungswunders auf dem Weg zu Jairus (Mk 5,25–34: Heilung der Blutflüssigen), das schon mit erheblichem Kraftverlust verbunden war (V. 30), steigert den Kraftakt der folgenden

Totenerweckung zusätzlich. Beide Wundertäter bedienen sich eines unverständlichen Zauberspruchs (*rhēsis barbarikē*), Apollonios will darüber hinaus noch den Namen des Mädchens wissen (Rumpelstilzchen-Effekt!). Diesmal operiert die Apollonios-Geschichte mit großen Zahlen (Myriaden), ist insgesamt (wieder) theatralischer; die Jesus-Geschichte meidet dagegen das große Publikum (Understatement!), was der Wirkung durchaus keinen Abtrag tut. Beide Mädchen entstammen guten bis vornehmen Familien: das befördert die Publicity der Thaumaturgen. Der Eindruck könnte entstehen, die Machttaten des Neupythagoreers seien weniger handfest und entsprechend seiner Lehre „vergeistigter" als die des Nazareners. Dass das nur bedingt stimmt, dokumentieren magische Praktiken des Apollonios wie folgende von ihm überlieferte (3,39): er erleichtert eine schwere Geburt, indem er anordnet, einen Hasen (Fruchtbarkeitstier: Ostern!) um die Kreißende herumzutragen (magischer Schutzkreis, *circumambulatio*; s.o. S. 59) – aber nicht zu lange, sonst sei der Effekt so stark, dass mit dem Kind auch die Gebärmutter hinausgetrieben würde.

Die rituelle Teilhabe am Wesen und Geschick der Gottheit – die Mysterien[24]

Die Zerschlagung traditioneller Bindungen (Versklavung), die Anonymisierung oder Verödung überschaubarer Gemeinschaftsverbände (Polis, ländliche Kommune), die erzwungene Mobilität großer Bevölkerungsteile (Heer, Verwaltung) förderte die Individualisierung der antiken Gesellschaft, erweckte im gleichen Zug die Sehnsucht des unbehausten Menschen nach Beheimatung in neuen, überschaubaren und intimen sozialen Gebilden. Der traditionelle und offizielle Kultbetrieb der National- und Staatsreligion vermochte im besten Fall kollektives Ergehen (sprich: militärische Siege) zu befördern, aber nicht das Bedürfnis nach individuellem Heil. Ihr steriler und objektivierender Formalismus geriet oft zur puren Selbstinszenierung der Macht der Mächtigen und sprach emotionale Defizite des ohnmächtigen Subjekts kaum an. Sie schloss zudem als Bürger-(und Männer-)Religion ganze Gruppen der Gesellschaft von der Beteiligung an gewissen Veranstaltungen aus: *„hostis, vinctus, virgo, mulier exesto"* – der Fremde, der Gefangene, das Mädchen (wörtlich: die

Jungfrau), die Frau bleiben „außen vor" (Latte 1976, 382). Umgekehrtes gilt bei Matronengottesdiensten für Männer: Clodius Pulcher, der sich als Frau verkleidet bei einem Fest der Bona Dea einschlich, erregte 61 v. Chr. einen öffentlichen Skandal. *Mysterienzirkel, mysteria* (vulgärlateinisch: *sacramenta)* sind körperschaftlich organisierte Zusammenschlüsse (*collegia*) mit religiöser Abzweckung, die vom Staat vorgegebenen Grunderfordernissen entsprechen müssen, wollen sie erlaubt (*licita*) sein (s. o. S. 19, S. 33). In ihnen fanden Bindungslose aller Stände (Sklaven, Freie) und Vermögenslagen (Arm, Reich) und beiderlei Geschlechts (Frau, Mann) individuelles Heil durch Bindung an eine persönliche Gottheit und kollektive Geborgenheit durch Sozialisation in einer Gruppe: Unbehauste spirituelle und soziale Behausung einer neuen Art. Das Heil (Vergottung, Unsterblichkeit, Erlösung) wurde durch mystische Partizipation am Wesen und Hineinnahme in das Leben (Sterben, Auferstehen) der jeweiligen Mysteriengottheit erlangt. Entsprechend der Biographie und der Natur der Kultgottheit: Erfahrung des Urzustandes vor aller Aufspaltung des Seins in Mensch und Natur (Dionysos), Männlich und Weiblich (Kybele/Attis), Regression in die (intrauterine) Geborgenheit des Mutterschoßes (Isis/Osiris, Demeter/Kore), Sieg über das Böse (Mithras). Erzielt wird diese Teilhabe durch Initiation, begangen als Tod und Wiedergeburt in (Blut-)Taufe und Mutprobe. Durch Induktion ekstatischer Zustände und durch Kultmahlzeiten, in denen Natur und Wesen der Kultgottheit „realpräsent" sind. Durch Darstellung des Geschicks der Mysteriengottheit mit kultdramatischen Feiern, Gedächtnismahlen und Rezitation von Heiligen Texten (*hieroi logoi*).

Religiöse Tatbestände sind immer mehrdeutig, erst recht derart hochkomplexe religiös-magische Phänomene wie die Mysterien – deren Anhänger zudem durch Eid (*sacramentum*) zum Schweigen über zentrale Formen und Inhalte gebunden waren (*Arkandisziplin*). Im Folgenden werden wir nur die Aspekte behandeln, die bei bisherigen Deutungen fehlen, aber in unsere Thematik schlagen: religiöse Fluchtwege aus der Unbehaustheit. Die Mächtigen haben übrigens mehr oder weniger schnell die religiöse Dynamik der Mysterienkulte erkannt, gefürchtet und unterdrückt (s. o. S. 32) oder mit mehr oder weniger Erfolg ihren Zwecken und Herrschaftsstrukturen einzufügen versucht: sie dem Kaiserkult dienstbar gemacht (Kaiser waren selber Eingeweihte; s. u. S. 95) und ihnen einen national-religiösen offiziellen Nimbus verliehen (der

25. Dezember, Geburtstag des Mithras, wird zum „Nationalfeiertag“ des Reiches; später zum christlichen Weihnachtstag).

A. Dionysos – die Wiederkehr des Goldenen Zeitalters[25]

Dionys(s)os ist ein alter Gott, sein Name schon aus mykenischer Zeit (13. Jh. v. Chr.) bezeugt (im Genitiv *diwonusojo*): der Name ist theophor und hat als ersten Bestandteil eine Kompositionsform von Zeus (wie in *Dio*-genes, *Dios*-kuren), was auf eine enge Beziehung zum Göttervater und Himmelsgott schließen lässt (vgl. Chantraine 1968, 285,2). Dionysos personifiziert die wilde, unbebaute, unkultivierte Natur und ihr üppiges Wachstum. Wenn trotzdem eine Kulturpflanze, der Wein, sich diesem Gott besonders verbindet, dann deshalb, weil Weingenuss den Kulturmenschen aus dem Zustand kultivierter Gesittetheit in den des wilden Rausches versetzen kann, in dem er die Fesseln der Zivilisation sprengt. Diese Gottheit scheint besonders dafür geeignet, den Wunsch des Menschen nach einem „Zurück zur Ursprünglichkeit“ zu befriedigen. Offenbar reagiert das weibliche Geschlecht besonders sensibel auf Verlust von Ursprünglichkeit in einer Kultur; und so haben sich auch speziell (aber nicht ausschließlich) Frauen dem Gotte und seiner rauschhaften Verehrung angeschlossen (die sprichwörtlich rasenden Mänaden, Bacchantinnen). Dionysos ist nicht nur der Gott, der entfesselt (*Bakchos!*), sondern auch der Gott, der stirbt und wieder geboren wird. Als uneheliches Kind des Zeus (mit Persephone) wird Dionysos von Hera gehasst und verfolgt: sie stiftet Titanen an, das Kind zu töten. Als Frauen verkleidet reißen sie den jungen Gott in Stücke, nur sein Herz wird gerettet. Zeus verschluckt es und zeugt Dionysos zum zweiten Mal mit einer sterblichen Partnerin (der Semele, die der Sohn später aus der Unterwelt erlöst). Deshalb sein weiterer Name *Digonos* (Zweimalgeborener). Damit haben wir die wichtigsten Elemente des Mysterienkultes beisammen. Der bevorzugte Ort ist die wilde Natur außerhalb der Siedlungen, die Zeit die Nacht, in der sich alle Grenzen verwischen und die Wildheit der Natur am deutlichsten offenbart; die erstrebte psychophysische Verfassung die *Ekstase*, das Heraustreten aus der Entfremdung des zivilisierten Lebens, aus der kulturbedingten Unbehaustheit in den Zustand naturhafter Eigentlichkeit. Diesem Zustand kongenial ist bei den weiblichen Mysten (den Mänaden) das gelöste (nicht zivilisatorisch gebändigte) Haupthaar (s. o. S. 62), in das Schlangen geflochten sind (vgl. Horaz, Carmina 2,19,19 f.). Induziert wird die Ekstase durch *Weingenuss* und durch *Tanz* mit dem Thyrsos-Stab – ein mit Efeu (der Leidenschaft erregt; vgl. Stemplinger 1948, 20) umwundener Krautstrunk oder sonst ein kopflastiger Stab, der zu exzentrischen Bewegungsabläufen mit bewusstseinsverändernder Wirkung führt. Der veränderte Bewusstseinszustand wird erlebt als Einwohnung des Gottes im Mysten (*enthousiasmos*), als Vorwegnahme göttlichen ursprünglichen Seines im Jenseits, als Vision des *Goldenen Zeitalters*: der Myste erblickt visionär Milch, Wein, Honig aus dem Boden hervorbrechen (s. o. S. 29). In einem seiner Gedichte schildert Horaz das ekstatische plötzliche Ergriffenwerden des Menschen durch die ihn überwältigende Gottheit (Carmina 2,19, Strophen 1–3 u. 8; Prosaübersetzung von mir):

„Bacchum sah ich auf einsamen Höhn,
Wie er Nymphen Gesänge lehrt,
Und, glaubt mir, Nachgeborene,
Sah die gespitzten Ohren bocksfüßiger Satyrn.
Euoe! In plötzlichem Schrecken erzittert mein Geist,
Und wilde Freude ergreift ihn,
Des Bacchus voll.
Euoe! Verschone mich, Liber, verschone,
Du Schrecklicher, mit dem schweren Thyrsus!
Singen darf ich von rasenden Frauen,
Von Quellen Weins, von Flüssen voll Milch,
Von Honigströmen, hohlem Baumstrunk entfließend.
Im Schmuck goldener Hörner sah Dich Cerberus –
Und tat Dir nichts,
Rieb seinen Schweif an Dir,
Und die dreimäuligen Lefzen
Berührten Dir Fuß und Wade,
Wie Du weggingst."

Die letzte Strophe spielt auf den Herabstieg des Dionysos in den Hades an, um seine sterbliche Mutter Semele dort herauszuholen. Die Aktion gelang; der dreiköpfige Wachhund, der alle hinein-, aber niemanden mehr herauslässt, ließ Gott und Mutter friedlich (und ohnmächtig!) ziehen. Den nach seinem Tod durch die Titanen wiedergeborenen, „zweimalgeborenen" Gott, der Gewalt besitzt über Tod und Unterwelt, verleiben sich die rasenden Mysten ein, indem sie auf ihren nächtlichen Zügen spontan ein wildes Tier, das ihnen in die Quere kommt und Dionysos als Gott der wilden Natur verkörpert, zerreißen und roh verzehren (*Omophagie*). Dieses *Kommunionopfer* (s.o. S. 71) gibt ihnen Anteil an den Kräften des Gottes und seinem Geschick (Wiedergeburt zu neuem, ewigem Leben) und wiederholt den mythischen Präzedenzfall (seine vorherige Zerfleischung und Tötung durch die Titanen).

Über die *Initiationszeremonien*, die die Initiandin oder den Initianden in die Dionysos-Mysterien einweihen, sind wir durch bildliche Darstellungen einigermaßen orientiert, besonders durch eine Stuckdecke im Garten der Farnesina (Trastevere, jetzt im Museo Nazionale Romano) und durch Wandbilder der Villa Item vor Pompeji (auch Villa dei Misteri genannt), beide aus der Zeit um 50 v.Chr. Der entblößte oder nackte (weibliche) Neuling wird ausgepeitscht. Peitschen ist eine „homöopathische" Form der Tötung, auch Nacktheit signalisiert den rituellen Totenstatus (der Tote hat ja „seine leiblichen Hüllen abgelegt"; vgl. Hasenfratz 1982, Register s.vv.). Dann wird dem Neuling das Gesicht verhüllt (Verhüllen meint symbolisch Begraben; vgl. a. a. O. Register s.v.), und es werden ihm – so zwei Terrakotta-Flachbilder vom Beginn der römischen Kaiserzeit (Leipoldt 1967, Abb. 55 u. 56) – aus einer Getreideschwinge (*liknon*), die in den Szenen aus Rom und Pompeji noch (von einem Tuch) verhüllt dargestellt erschien (a. a. O. Abb. 51 u. 54), Dinge über den Kopf geschüttet, darunter ein gebackener Phallus (Symbol der Zeugung und Wiedergeburt). Das Getreidesieb selbst ist ein Gegenstand, in dem man durch Kontakt mit dem Samenkorn Wachstumskräfte akkumuliert sieht (deshalb bettete man Neugeborene in ein Kornsieb, überschüttete man bei der Hochzeit Bräute mit Früchten aus einer Futterschwinge; vgl. Stemplinger 1948, 107). Der Aufnahmeakt stellt dar und bewirkt Tod und Neugeburt zu immerwährendem Leben (wie die Taufe Röm 6,3 ff.; s. o. S. 70) – im Gefolge des Dionysos.

Dionysos war in Rom schon früh bekannt und mit dem italischen Vegetationsgott *Liber* (inschriftlich *Leiber*) gleichgesetzt worden, und als solcher hat er seinen Platz im offiziellen altrömischen Festkalender gefunden. Davon zu unterscheiden sind die geheimen Mysterienfeiern, die in Rom den sog. Bacchananlienskandal auslösten und staatlich unterdrückt wurden (s. o. S. 32). Dass die staatlichen Repressionsmaßnahmen die Verbreitung des Mysterienkults nicht abzuwürgen vermochten, dokumentieren die Bilder in der Villa dei Misteri und die Stuckdecke in Rom mit Szenen aus dem Mysterienkult. Das dokumentiert auch die hymnische Schilderung eines dionysischen Raptus durch den Hofpoeten Horaz wenig später: der Siegeszug des Mysteriengottes war endgültig nicht mehr aufzuhalten. Später hat unter dem Einfluss des erstarkenden Christentums und monotheistischer Tendenzen überhaupt der Gott und sein Mysterienkult eine merkwürdige Entwicklung durchgemacht, die das ekstatische Grundelement zurücktreten ließ. Ausonius, der Dichter der „Mosella“ und der Verse auf das Germanenmädchen Bissula (das er als „Beute“ von einem Alemannen-Feldzug mitbrachte), hat eine Inschrift für eine Bacchus-Statue verfasst, bestimmt für seine Villa nahe Bordeaux (Epigramm 30; Grenier 1948, 227; Übersetzung von mir):

„Griechenland nennt mich Bakchos, Ägypten hält mich für Osiris, die Mysten heißen mich Phanakes (orphischer Gott, der den Urstoff der Welt vorstellt), für Dionysos nimmt mich Indien, für Liber die heilige Nation der Römer, die der Araber für Adonis, Ausonius für den Allgott (*Pantheum*).“

Im Herbst 1983 legte ein polnisches Archäologenteam in Paphos auf Zypern ein Bodenmosaik (3,90 x 3,90 m) frei[26]. Ein Bildfeld thematisiert den Gott Dionysos. Namensüberschriften identifizieren die einzelnen Figuren und erleichtern die Deutung des ikonographischen Symbol-Repertoires. Dionysos als nacktes Kind mit Heiligenschein sitzt auf dem Schoße des Hermes (der das zum zweiten Mal geborene Dionysos-Kind vor dem anhaltenden Zorn Heras in Sicherheit brachte). Links vom Kinde der Silen Tropheus, der es unterrichten wird. Zu beiden Seiten und hinter ihm allegorische Gestalten: Nektar und Ambrosia (die Unsterblichkeitsnahrung des göttlichen Kindes), Theogonia (ebenfalls mit Heiligenschein, Verkünderin der Gottesgeburt). Dionysos ist hier offensichtlich unter christlichem Konkurrenzdruck zu einem Weltheiland geworden, der die Menschheit nicht durch Rausch erlöst, sondern durch höhere Ordnung und Gesittung. „Gleichsam in letzter Minute versuchten vor allem die Gebildeten der römischen Aristokraten, wie dies auch von Kaiser Julian Apostata und dem Kreis um den Präfekten Symmachos in Rom bekannt ist, heidnische Daseinsfreude mit der strengeren Ethik zu verbinden, die die Christen predigten und die Philosophen lehrten. Die Versöhnung von Dionysos und Christus blieb ein lang genährter Traum der Menschheit, der noch in Hölderlins Elegie ‚Brot und Wein' nachklingt." (Rahms 1985/1986, 3,3)

Mit Ausonius und dem Mosaik von Paphos befinden wir uns zeitlich im 4. Jh.; die jetzt einsetzende staatliche Heidenverfolgung (s. o. S. 33) trifft auch die Mysterienkulte – nicht ohne dass sie vorher mitgeholfen haben, das Christentum zu dem zu machen, was es *auch* ist: eine Mysterienreligion. Die christlichen Gemeinden waren vereinsrechtlich organisiert, die Mitglieder stammten aus allen Nationen, Ständen, beiden Geschlechtern (Gal 3,27 f.; 1Kor 12,13.27) (s. o. S. 78); als *collegia illicita* (unerlaubte Zusammenschlüsse) konnten sie sich allerdings nicht wie die etablierten Mysterienkulte auf die Verwaltungsstrukturen des Imperiums abstützen, sondern waren zu überregionalen organisatorischen Zusammenschlüssen gezwungen. Vom Ende des 2. Jh.s an beginnt eine christliche Kirche „durch Übernahme elementarer Soziallasten" den Staat zu ergänzen und wird „allmählich die einzig lebenskräftige Organisation des späten Römischen Reiches" und am Ende des 4. Jh.s Staatsreligion (Farner 1947, 45/46, 48; Hasenfratz 1997, 99). Aber sie hat auch ihre „Mysterien": durch die Taufe erwirbt der Täufling Anteil am Sterben und Auferstehen Christi (s. o. S. 70), in den Elementen Brot und Wein empfängt er wesentlich Leib und Blut Christi und darf im Messopfer die sühnende Kraft seiner Heilstat (wiederholungsmagisch) auf sich appliziert wissen (s. o. S. 71 ; s. u. S. 108 mit Anm. 42). Selbst ekstatische Elemente fehlten ursprünglich nicht: Paulus musste den Frauen das wilde Flatternlassen des gelösten Haupthaars (s. o. S. 32 mit Anm. 12) beim gottesdienstlichen Prophezeien (nicht aber dieses selbst: 1Kor 11,5) untersagen; er persönlich wollte lieber fünf Worte vernünftig (*tō noï*) als zehntausend in Ekstase (*en glōssē*; wörtlich: in Zungenrede) geredet wissen (1Kor 14,19).

B. Kybele und Attis – die wiedererlangte Ganzheit[27]

Hier sei es nochmals (s. o. S. 78) und ein für alle Mal gesagt: religiöse Phänomene, besonders so hochkomplexe Göttergestalten wie die folgende, sind vieldeutig, viele Interpretationen sind möglich und richtig und alle zusammen erfassen sie trotzdem nicht vollständig; auch die Kultteilnehmer selber eignen sich je nach existenzieller Verfassung und Heilserwartung verschiedenste Deutungsmuster an, die wir nicht zu bewerten haben. Wenn hier ein (zu wenig beachtetes) Deutungsmuster vorangestellt wird, sind andere deswegen nicht falsch; es hebt nur auf den soziokulturellen Rahmen (mit dem wir es im Römischen Imperium zu tun haben) vorrangig ab: die spezielle Vorfindlichkeit des antiken Menschen, wofern er sich als Unbehauster (*aoikos*) erlebt.

Kybelē, Kybēlē, Kybēbē ist eine uralte kleinasiatische Fruchtbarkeitsgöttin, deren Namen wohl eine semitische Wurzel zugrunde liegt (vgl. Kloft 1999, 56): *qbb* – gewölbt (hohl) sein. Schon das Etymon baut der Phantasie deutlich markierte Brücken zu Aspekten weiblicher Sexualität und damit zur Domäne der Gottheit. Ein weiterer Name, *Agdistis*, verrät ihre spezielle lokale Bindung an einen Berg (*Agdos*) nahe Pessinus (s.o. S. 11). In Ephesus verehrte man sie unter den Namen der Artemis oder der Diana, deren Anhänger das Auftreten des Paulus als gewerbeschädigende Konkurrenz empfanden und einen Aufruhr erregten (vgl. Apg 19,23 ff.). Diese Göttin als Spenderin der Fruchtbarkeit (der Erde) verehrte man durch blutige Opfer von Stierhoden: die Darbringung von Stiersamen befruchtete die Göttin, so dass sie selber Fruchtbarkeit spenden konnte. Die „vielbrüstige“ Diana von Ephesus, wie man ihre Darstellung üblicherweise deutete, ist vielmehr eine „vielhodige“: was wie eine Unzahl von Brüsten an ihr aussieht, waren in Wirklichkeit die Hoden der ihr geopferten Stiere, mit denen man sie behängte[28]. Das Opfer der Geschlechtsorgane an die Göttin vollziehen ihre Priester und Anhänger auch an sich selbst, indem sie sich kastrieren, nachdem sie sich durch Musikinstrumente und Tanz in ekstatische Raserei versetzt haben. Sie wiederholen dadurch den mythischen Präzedenzfall. Denn die Kultlegende für ihr Tun ist der Mythus von Attis und Kybele: *Attis (Atys)*, ein phrygischer Jüngling, wird von Kybele geliebt, ihr aber untreu und von ihr aus Eifersucht mit Wahnsinn geschlagen. In diesem Zustand kastriert er sich, stirbt und verwandelt sich in eine immergrüne Pinie (Pinie und Pinienzapfen sind Symbole von Fruchtbarkeit und Leben; vgl. Lurker 1985, 534,1), welche die reuige Göttin seitdem heilig hält. *Contorniaten* (eine Art Schaumünzen mit umlaufendem gefurchtem Rand) zeigen u. a. den „erhöhten“ (auferstandenen!) Attis neben Kybele (deren Haupt als Stadtgöttin von Pessinus eine Mauerkrone trägt) auf einem von Löwen gezogenen (Kybele als Berggottheit ist auch „Herrin der Tiere“: *potnia thērōn*) Triumphwagen (Leipoldt 1967, 28 mit Abb. 86). Dieser Mythus versammelt wichtige Elemente des Mysterienkultes: religiöse Trance, Kastration und Erneuerung des Lebens. Aber es kommt noch etwas hinzu, was bisher nicht in die Interpretation einbezogen wurde. Kybele ist eine Zwittergottheit, ursprünglich *androgyn.* In Pessinus wurde sie bekanntlich als schwarzer Meteorstein verehrt (s. o. S. 12): seinem Wesen nach zweigeschlechtig, vereinigt er in sich Erde und Himmel; als Stein und durch seine Schwärze (Erdfarbe) gehört er in den weiblichen Dunstkreis, seine himmlische Herkunft (vgl. Apg 19,35) schlägt ihn der männlichen Sphäre zu. So lässt denn der Mythus die Gottheit Agdistis zwittrig geboren werden. Diese Zwittrigkeit erscheint der in die beiden Geschlechter aufgespaltenen Götterwelt (da sie, die Gespaltene, zu Recht um ihre Macht fürchtet) bedrohlich. Die Götter kastrieren Agdistis und stufen sie damit auf ihresgleichen herab: zu einem sexuell eindeutigen Wesen, zur Göttin eben. Ihr zweigeschlechtiges Wesen schimmert aber im Kult noch durch, wo die Göttin Männerkleidung trägt (vgl. Leipoldt/Grundmann 1967, 115). Anders Attis, der durch seine Kastration just seine geschlechtlich eindeutige Definiertheit einbüßt, was ihn (als sterbliches Wesen) höher stuft und der Göttin angleicht. Die verschnittenen Priester und Anhänger der Göttin tragen denn auch Frauenkleidung – was ihren androgynen Status anzeigt.

Androgynie[29] bedeutet ursprüngliche, göttliche Ganzheit, Enthobenheit über die Sphäre des Irdisch-Geschöpflichen mit ihren polaren geschlechtlichen Gegensätzen und Spannungen; eine Seinsweise vor und über der Aufspaltung der primordialen Einheit in Vielheit, vor und über der Zertrennung dessen, was wesensmäßig eins war. Viele Mythen stellen den Urmenschen zweigeschlechtig dar. In Platons Symposion (189D–191D) hatten Menschen früher androgyne Beschaffenheit und kugelförmige Gestalt, und aufgrund dessen erreichte ihre Vollkommenheit einen Grad, der den Göttern gefährlich schien. So zerteilten sie sie in je zwei Hälften, eine männliche und eine weibliche, und seitdem suchen Männlich und Weiblich einander und ruhen nicht, bis sie wieder zusammenkommen. Und die Bṛhadāraṇyaka-Upaniṣad (1,4,1 ff.) weiß: Das Selbst war im Anfang menschengestaltig, wie eine Frau und ein Mann, die sich umschlungen halten (*saṃpariṣvaktau*). Es wünschte sich ein Zweites – und zerfiel (*a-pātayat*) in zwei Hälften, so wurden Mann (*pati*) und Frau (*patnī*) (Wortspiel!). Viele Gottheiten in vielen Kulturen, gerade die Urgottheiten, erscheinen in den kosmogonischen Mythen (als Erste, Alleinige) zwittrig[30]: Der altindische Prajāpati („Herr der Schöpfung") und der altiranische Zeitgott Zurvān opferten um Nachkommenschaft (wem? sie waren ja die uranfänglich Einzigen! das Opfer ist hier eine rein magische Verrichtung, deren korrekter Vollzug Erfolg zwingt; s. o. S. 57); daraufhin empfingen sie „im Mutterschoß" (Widengren 1961, 83, auch 87; ders. 1965, 284 f.). Der altägyptische Ur- und Schöpfergott Atum (*Jtm*, dessen Name die Wurzel *tm* führt: vollkommen sein) ejakulierte in seine Hand hinein, hypostasiert zur Göttin *nb.t ḥtp.t* („Herrin der Befriedigung"), zur „Gotteshand", um die paarige Schöpfung aus sich hervorzubringen (vgl. Bonnet 1971, 298,2). Die Unvollkommenheit (der Verlust der Vollkommenheit) ist der Preis, den die Urgottheit für das duale (geschlechtige) Gegenüber seiner Schöpfung zahlt. Sie, die geschlechtig gespaltene Schöpfung, sehnt sich dafür aus der Dualität zur Einheit, Ganzheit zurück. Auf verschiedenen Wegen erreicht Religion diesen Zustand der Einheit und Gänze: durch die (rituell kontrollierte) Orgie (rauschhafte und temporäre Verschmelzung der getrennten Geschlechter), durch Geschlechtsaskese (Ausschaltung der eigenen Sexualität), durch Geschlechtswandel (Schamanen verrichten Frauenarbeit, werden als Frauen verheiratet, tragen Frauenkleidung; vgl. Widengren 1965, 163 mit Anm. 40–42: Nyberg), durch fasnächtlichen Kleidertausch der Geschlechter („reversals") – oder eben durch die Mysterien von Kybele und Attis (u. a. Kastration). Auf diesen Wegen hat das Christentum und von ihm abgespaltene sektarische Gruppen und die Gnosis (vgl. Schweizer 1976, 138/139: das Hippolyt-Zitat; s. u. S. 103) den der sexuellen Askese gewählt. „Das heißt, dass Asexualität dem ‚Urmenschen' vor dem Sündenfall wesensgemäß war." (Werner 1986, 78) Und dass Sexualität als Ursünde galt, Jungfräulichkeit allein „Befreiung von der Sklaverei des Fleisches und volle Erkenntnis der heiligen Schriften" brachte (a. a. O. 79). Uns Heutige mutet das seltsam fremd an, weil wir geneigt sind, Sex hauptsächlich mit Lust und fun zu verbinden. Wir dürfen dabei nicht vergessen, dass Sexualität auch in Unfreiheit und Abhängigkeit führt und unter den Bedingungen von (institutionalisierter) Sklaverei Instrument von Herrschaft, Erniedrigung und Depersonalisierung (s. o. S. 16) wird. Aus dieser Perspektive wirkt Askese emanzipatorisch und humanisierend: sie erlöst vom Zwang, sich und andere lediglich zum Instrument von Lustbefriedigung degradiert zu sehen (vgl. Hasenfratz 1992, 119 f.).

Unter Berücksichtigung des Gesagten gehen wir den Kult der Kybele und des Attis durch. Sein Thema ist Tod und Auferstehung (ewiges Leben) einerseits, integrales Sein jenseits aller Dualität andrerseits. An beidem gibt der Mysterienkult Anteil, beides zusammen meint: Vergottung der Teilnehmer. Ihr Hauptfest fand statt zur Zeit des Frühjahrsäquinoktiums: Zeit des Wiederauflebens der winterlich toten Natur (auf einen folgenden Sonntag fällt das christliche Osterfest!). Am 22. März (*arbor intrat*) wird eine gefällte Pinie – Symbol des kastrierten und gestorbenen Attis (s. o.) – ins Heiligtum (in Rom auf dem Palatin) eingebracht. Es folgt eine Periode der Trauer, während der der Tote beweint wird, sie erreicht ihren Höhepunkt am 24. (*dies sanguinis*): unter rasenden Tänzen zerfleischen sich die Priester ihre Körper, bis Ströme von Blut fließen (Blut als Lebenssubstanz vitalisiert den Leblosen; s. o. S. 57). Neu Einzuweihende kastrieren sich und wiederholen so das Geschick des Attis – samt Folgen. Am „dritten Tag" nach der Einbringung, am 25. (*hilaria*), schlägt die Trauer brüsk in Jubel um: man feiert die „Auferstehung" des Gottes. Es folgt (später) eine große Prozession mit dem Kultbild der Kybele. Nicht alle Einzuweihenden haben sich kastriert: viele Männer wollten nicht, Frauen konnten nicht. Sie unterzogen sich dem *Taurobolium*, einer Bluttaufe. Der Myste (die Mystin) lässt sich in einer Grube vom Blut eines über ihm auf einem Rost geschlachteten („geschächteten") Stiers (billiger eines Widders: *Kriobolium*) überströmen (vgl. Kloft 1999, 62: Abb.). Die Hoden (Geschlechtsorgane) des Stiers (Widders) werden der Kybele geopfert: also eine stellvertretende Kastration (vgl. Eliade 1979, 247), wodurch der Initiand dem Attis verähnlicht wird, stirbt. Das Blut des Opfertieres[31], Essenz des Lebens und der Wiederbelebung (s. o.), schenkt dem Neophyten nach seinem rituellen Tod in der Grube (gleich Grab) ewiges Leben: er wird ein „*in aeternum renatus*", wie eine Inschrift um 376 (Corpus Inscriptionum Latinarum VI, 510; Leipoldt/Grundmann 1967, 115/116 mit Anm. 62) kündet, der Tag seiner Neugeburt sein Geburtstag (*natalicium*).

Mit der ominösen Einführung des Kultes der „Mutter der Götter" in Rom hatte unsre Darstellung begonnen (s. o. S. 11). Nach dem Sieg über Hannibal bekam sie ihr wohlverdientes Heiligtum auf dem Palatin. Der Kult erfreute sich keiner größeren Popularität, zu fern war er römischer Mentalität. Erst durch Förderung von höchster Stelle – Claudius (41–54) machte sich zum obersten Leiter des Kultes – drang er in alle Provinzen des Reiches vor. Dazu verhalf ihm noch ein weiterer Umstand: die im ganzen Imperium prosperierenden Mithrasmysterien (s. u. S. 96) ließen Frauen (normalerweise) nicht zu, Gattinnen der Mithrasmysten schlossen sich dann gern dem Kult der Magna Mater an (die ihrem Geschlecht ja auch näher stand; s. u. S. 93: Terra Mater); und so befand sich mancherorts neben dem Mithräum für die Männer ein Metroon für die Frauen (vgl. Grenier 1948, 217; Leipoldt 1967, 31 Anm. 58). Die Geschichte der Ausbreitung der Mithrasmysterien gerät indirekt zur Erfolgs-Story für die Kybele, und deren Niedergang wird auch ihrer.

C. Isis und Osiris – die Regression in den Schoß der Mutter[32]

Der Wunsch nach Rückkehr in die unpolare Geschlechtslosigkeit (s. o.) kommt dem Verlangen nach Regression ins Stadium des geschlechtslosen Kindes nahe bis zur Konvertibilität. Aber dieses Verlangen ruft nach einer besonders mütterlichen Gottheit; und die Gestalt der ägyptischen *Isis* erfüllt alle diese „infantilen" Anforderungen spielend – und einige andere mehr. Um Isis zu verstehen, müssen wir bei ihrem Bruder, Geliebten und Gatten *Osiris* anfangen. Sein Name (altägyptisch *wś-jr*) bedeutet, wie auch seine Hieroglyphe anzeigt: Sitz des Auges, des Mondauges (im Unterschied zum Sonnenauge, dem zweiten Auge des Himmels). Als Mondgottheit ist Osiris dem Vergehen und Neuwerden unterworfen. Eines der uralten Mythologeme (besser: Mythensplitter) handelt von Raub und Wiederbringung des Mondauges, also vom ab- und wieder zunehmenden Mond (z. B. Pyramidentext § 1877 b–1881; Faulkner 1969, 272). Osiris gilt auch als der mythische Urkönig: er befreite die Menschen von ihrem entbehrungsreichen Leben und von wilden Tieren, lehrte sie die Götter verehren, gab ihnen Gesetze und führte Wein- und Ackerbau ein. Als Vegetationsgott wird er zerstückelt, ins Wasser geworfen, gefunden und wieder zusammengesetzt und belebt (die Ähren, deren Körner, gesät, von der Nilschwemme unter Wasser gesetzt, zur neuen Ähre aufsprießen, wenn die Flut zurückgeht) – auch dies uralter Mythensplitter (schon in den Pyramidentexten, z. B. § 1683–1686; a. a. O. 250). Bei den Mysterien des Gottes formte man aus Erde die Gestalt einer Mumie, pflanzte Getreidekörner ein; die daraus sprießende Saat veranschaulichte den Sieg des Lebens über den Tod. Solche Gebilde (sog. „Kornmumien") gab man den Verstorbenen ins Grab mit, so partizipierten sie am Wesen und Geschick des Osiris, ja wurden selber Osiris. In dem Geschehen der Wiederbelebung, Auferstehung, des toten Gottes hat *Isis* eine Hauptrolle. Isis (altägyptisch *jś.t*) bedeutet, und das bedeutet auch ihre Hieroglyphe: Sitz, Thronsitz. Wer sitzt auf diesem Thron? Das Kind des toten Urkönigs Osiris: Horus. Der kleine Horus-Knabe auf dem Schoß seiner Mutter Isis (oft von ihr gesäugt) gibt später das ikonographische Muster für die Darstellung des Jesuskindes auf Mariens Schoß (und der „Madonna lactans"; die berühmteste wohl in Rembrandts „Ruhe auf der Flucht nach Ägypten"). Warum aber galt in Ägypten der Schoß der königlichen Mutter als Thronsitz? Wer den Thron besitzen wollte, musste die Mutter des Königs (oder ihre Tochter, seine Schwester) „besitzen", das meint im wörtlichen Sinn: „ihren Schoß besitzen", also den Königsinzest – „Thronbesteigungs"ritual (vgl. Müller 2002, 154) afrikanischer Königskulturen, zu denen auch die ägyptische zählt. Den mythischen Präzedenzfall bietet die Erzählung, wie Geb (der Vater des Osiris) nach seines Vaters Tod die Herrschaft erlangte, indem er seine Mutter vergewaltigte (vgl. Kees 1928, 23 f.). In diesem Lichte wäre auch die biblische Geschichte 2Sam 16,20 ff. zu verstehen: die erste Tat des aufständischen Sohnes Absalom war, öffentlich mit den Frauen seines Vaters David zu schlafen – damit proklamierte er sich rituell zu dessen Nachfolger. Aber kehren wir zur Isis-Mythologie zurück. Hier ermordet Seth seinen Bruder Osirirs, um die Königsherrschaft zu erlangen. Isis suchte den Toten wehklagend, fand ihn schließlich, erweckte mit ihrer Zauberkraft sein Glied und empfing vom Toten einen Sohn (sie löste „die Regungslosigkeit des Starren" und sein „Same trat aus in sie"; a. a. O. 29), eben Horus. Liebevoll schützte sie das Kind vor den Nachstellungen Seths und zog es zum Rächer seines Vaters heran. Horus besiegte schließlich Seth und erwirkte durch ein Göttergericht Seths Verurteilung, die Einsetzung des Osiris als König der Totenwelt und Richter über die Toten und seiner selbst als neuer König der Lebenden.

Das alles wäre schon genug, um Isis als Mysteriengottheit attraktiv zu machen. Dem Mysten bot sie viele Möglichkeiten der Identifikation. Er mochte sich mit Osiris identifizieren, der als Toter in der Erde eine wundersame Wandlung zum Leben durchmachte, dem im Schoß der Isis neue Vitalität und nachhaltige Fortdauer widerfuhr. Er mochte sich mit Horus identifizieren, dem auf dem Schoß und an der Brust der Göttin in infantilem Urvertrauen Geborgenen, dem durch Besitz des Thrones „die

Krone des Lebens“ zuteil wird. Für weibliche Mysten gestaltete sich der Identifikationsvorgang (außerhalb der divinisierten Rolle als Gattin, Geliebte, Mutter) weniger linear; wir wollen das der Phantasie der Leserinnen überlassen. Und all diese Identifikationen ließen sich kultisch-mystisch in den Mysterien induzieren, arrangieren, inszenieren, ausagieren. Nicht genug: als ägyptische Gottheit ist Isis auch der ganzen nichtägyptischen Götterwelt des Imperiums überlegen. Im Pantheon der indogermanischen Gottheiten (ähnlich übrigens auch in der nichtindogermanischen etruskischen Götterhierarchie) nehmen die Götter nicht den höchsten Rang ein. Über ihnen – und den Menschen – waltet eine Schicksalsmacht, deren Spruch sie nicht ändern können und die auch ihr Schicksal bestimmt: in Indien heißt sie *ṛta* oder *dharma* („Ordnung“; vgl. Hasenfratz 1994, 36/37), im (Alten) Iran *zurvān* (Zeit; s. o. S. 86), bei den Germanen *me(o)tod* (Zu„messer“) oder mehrzahlig Nornen (vgl. ders. 1999, 111 f.), bei den Griechen *Heimarmenē* oder pluralisiert *Moirai* (das Zugeteilte, die Zuteilenden) und bei den Römern (zusätzlich noch unter etruskischem Einfluss) *fatum* (Schicksalsspruch). Dieses Fatum ist nicht zu ändern; denn, so im 1. Jh. der Hexameter des Manilius (Astronomica 4,14), alles regiert das Schicksal (*fata*), alles steht fest durch Gesetze (*lege*). Aber es ist zu ergründen, damit man sich in der Unbehaustheit besser einrichten und vorsehen kann. Und das ist u. a. (s. o. S. 54) Aufgabe der Astrologie. Die aber benötigen die Mysten der Isis nicht: sie hält das Geschick jedes Menschen in ihren mütterlichen Händen.

„Heilige Frau und Menschheitsretterin immerdar, allezeit hilfreicher Hort der Erdenkinder, ja du erweisest süße Mutterliebe den Elenden und Geschlagenen! Nicht Tag noch Nacht oder auch nur ein kurzer Augenblick vergeht ohne deine Gnadenwirkung; keiner, da du nicht zu Meer und Land die Menschen behütest, Gewitter (*procellae*; besser: Stürme) des Lebens verscheuchst und deine Rechte zur Hilfe reichst, sie, die selbst unentwirrbar verstrickte Parzenfäden (*fatorum licia*; besser: Gewebe des Schicksals) auflöst, Schicksalsstürme (*Fortunae tempestates*; besser: Unbilden der Fortuna) besänftigt und böse Sterne in ihrem Laufe hemmt.“

So kann der Neophyt getrost und dankbar beten (Apuleius, Metamorphosen 11,25,1 f.; Brandt/Ehlers 1989, 490 ff.; Einklammerungen von mir). Seine Einweihung geschah durch kultische Simulation eines freiwilligen Todes (*voluntariae mortis*) und gnadenweiser Errettung (*precariae salutis*) daraus durch die Göttin (11,21,7).

Die Tatsache, dass es Isis allein verstattet sei, Leben über die durch das Schicksal festgesetzte Spanne (*statuta fato spatia*) zu verlängern (vgl. Morenz 1977, 77), verbindet sie mit dem Gott des Alten und Neuen Testaments, in dessen Hand das Geschick (*ʿittōt*) des Psalmisten steht (Ps 31,16) und ohne dessen Zutun kein Spatz zur Erde fällt und kein Haar unseres Hauptes fehlt (Mt 10,29 f.). Isis hat der christlichen Mutter Gottes einiges an Hoheit, Wärme, Mütterlichkeit abgegeben (s. o.). Trotzdem ist ihr Kult keine ernsthafte Konkurrenz für das Christentum geworden. Das lässt sich von den folgenden Mysterien nicht behaupten. Und vielleicht lag Ernest Renan gar nicht so schräg mit seinem Diktum, die Welt wäre „mithraisch" geworden, wäre das Christentum durch irgendeine unheilbare Krankheit gestoppt worden (Grenier 1948, 214: „si le christianisme avait été arrêté par quelque maladie incurable, le monde eût été mithriaque").

D. Mithras – der Männerbund gegen das Böse[33]

Die Mithras-Mysterien sind *iranischen* Ursprungs, stammen also – in römischer Sicht – aus „Feindesland" (s. o. S. 14 u. S. 35): das Iranische Großreich hatte ja den Römern im Osten definitive Grenzen gesteckt (Niederlage des Crassus bei Carrhae in der heutigen Südosttürkei 53 v. Chr.). Die anderen Mysterienkulte verdanken sich der religiösen Kultur von unterworfenen Völkern des Imperiums. Die etwas andere Grundstruktur dieses fremden Kultes zwingt zum Ausgreifen in seinen ursprünglichen sozio-kulturellen Rahmen, also in den religiösen Bereich des Alten Iran. Wir beginnen beim *Stieropfer*, das in den Mithras-Mysterien (auch ikonographisch) einen zentralen Platz einnimmt und das gleich in dreifacher mythischer Besetzung erscheint (vgl. Colpe 1986, 422 ff.). Einmal: Die nützlichen Tiere (und Pflanzen) auf Erden sind dadurch entstanden, dass die Götter einen gewaltigen Urstier (*gav aēvō.dāta*: einzig geschaffener Stier) opferten. Aus Samen (und Blut) dieses primordialen Opfers wurden Nutztiere (und Nutzpflanzen). Dann: Jeder Stier, der seitdem auf Erden geopfert wird, stärkt im Himmel ein göttliches Wesen namens Stierseele (*gāuš urvan*), auch als die Seele des geopferten Urrindes aufgefasst; die Seelen der geopferten Tiere steigen zum Himmel auf, werden dort in die göttliche Stierseele absorbiert, die, durch diese Opfer gestärkt, ihrerseits für Gedeihen und Gesundheit der Nutztiere auf Erden sorgt. Das Stieropfer wiederholt und aktualisiert den mythischen Präzedenzfall. Endlich: Am Ende der Tage nach Totenauferstehung und Endgericht opfern die Götter einen gewaltigen „Endstier" (*hadayaoš*: ewiger Nutzen), oft mit dem Urstier verwechselt oder identifiziert, um aus seinem Fett einen Unsterblichkeitstrank zu bereiten, der den Menschen immer währendes Leben verleihen wird: das ultimate Opfer der Endzeit wiederholt das primordiale der Urzeit. Die Stieropfer der Zwischenzeit gehörten zum kultischen Repertoire der iranischen *Männerbünde*, also territorialer Zusammenschlüsse der geschlechtsreifen und waffenfähigen (unverheirateten) männlichen Jugend mit eigenem Kult und spezifischen sozialen Funktionen (Hasenfratz 2001, 13). Die Männerbünde stellten die Elitetruppe des Stammeshäuptlings (*kavay*) bei kriegerischen Auseinandersetzungen mit Nachbargesellschaften, später den Kern der Gefolgschaft des Königs (vgl. Widengren 1969). Ihr Kultgott ist *Mithra* (Vertrag; neupersisch *mihr*: Sonne; Freundschaft), Himmelsgott, speziell Gott des Tageslichts (Hasenfratz 2001, 14). Noch vor der Sonne erscheint der Gott am Osthorizont, erst nach ihr schwindet er wieder im Westen (Morgen- und Abendrot). Dann kehrt er in der Dunkelheit (von Westen nach Osten) zurück und bekämpft auf diesem Wege die Dämonen. Die Sonne ist sein sichtbarer Repräsentant. Als Lichtgott bringt Mithra auch Licht in die menschlichen Verhältnisse. Damit ist er der Gott des Vertrags und der rechten sozialen Ordnung, er vermittelt (steht „in der Mitte": *dar miyān*) zwischen den Kontrahenten und gesellschaftlichen Gruppierungen. Als seine göttlichen Begleiter gelten Gehorsam und Gerechtigkeit und die Göttin Vergeltung. Das verweist auf Mithras Funktion beim Gericht über die Seelen nach dem Tode, wo Gerechtigkeit als Seelenwäger wirkt. Als Gott des Bundes präsidiert er die Männerbünde: ihre nächtlichen Stieropfer führen ihm Kraft (Blut) zu, die sich in der morgendlichen und abendlichen Rötung des Himmels manifestiert. Zugleich wiederholen diese männerbündischen Stieropferungen eine urzeitliche Heldentat Mithras: durch Tötung eines mythischen wilden Stieres sind aus dessen Blut und Samen die Nutzpflanzen und -tiere entstanden (s. o.). Weitere Begleiterin des Mithra ist darum auch die Göttin der Fülle. Die Stiere für diese Opfer beschaffen sich die jungen Krieger – als männerbündische Mutprobe – durch Viehraub bei (feindlichen) Nachbarstämmen (vgl. a. a. O. 19). Im kriegerischen Ernstfall erflehen Krieger und Landesherr (*dahyu.patay*) des Gottes Beistand (Yašt 10,8.11; Widengren 1961, 116). Und bei Artaxerxes II. (405–359 v. Chr.) ist Mitra als Schützer des Königtums bezeugt; fast alle seine Inschriften enden mit der stehenden Formel: *Mitra mām pātuv* – Mitra beschütze mich (Hamadan B, Zeilenende; Kent 1961, 155,1/2).

Mithra ist im iranischen Pantheon nicht der höchste Gott. Die oberste Stelle nimmt *Zurvān* ein, der Zeitgott, in der interpretatio Romana *Saeculum*. Ihm entspringt (zu seiner Androgynität s. o. S. 86) das ungleiche Zwillingspaar *Ohrmazd* und *Ahreman*: Prinzip des Guten, des Lebens jener, des Bösen, des Todes dieser, von den Römern mit *Iuppiter* und *Pluton* wiedergegeben. Ohrmazd erzeugt mit seiner Tochter *Spandarmad* alias *Terra Mater* – Verwandtenehe (*xvēdōdah*) galt im iranischen Kulturbereich als besonders verdienstvoll – *Mihr/Mithrās*.

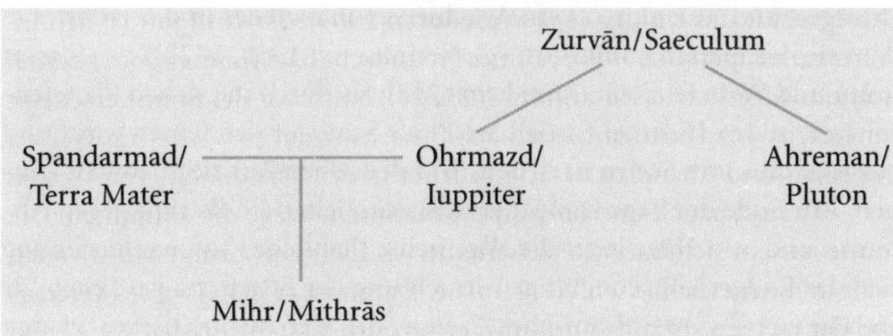

Mithrās ist Mittler (griechisch *mesitēs*) in mehrfachem Sinne. Er steht zwischen Himmel und Erde (Ohrmazd und Spandarmad), er steht zwischen den höchsten Gottheiten und den Menschen und er hat für jene (Himmel, Gottheiten) einen Auftrag an diese (Erde, Menschen) zu erfüllen. Deshalb wird er von Ohrmazd auf die Erde geschickt und am 25. Dezember (Wintersolstitium, Weihnachten) aus einem Felsen geboren. Und zwar in einer Höhle (wie Jesus nach dem apokryphen Protevangelium Jacobi 18 f.; Hennecke 1968, 287 f.). Hirten bringen ihm Erstlingsgaben dar und beten ihn an (vgl. die Hirten Lk 2,8 ff.). Im Alten Iran dachte man sich das Himmelsgewölbe aus Stein bestehend (altiranisch *asman/asan*: Stein, steinernes Himmelsgewölbe, Himmel); die Geburt aus dem Felsen symbolisiert Himmelsgeburt, himmlische Herkunft. Mithras vollbringt nun seine erste Heilstat. Er jagt, verfolgt einen riesigen Stier – Verkörperung der wilden, unzivilisierten Natur. Schließlich fängt er ihn, schleppt ihn in eine Höhle und opfert ihn (s. o.) in Gegenwart von Sonne und Mond, des ganzen Tierkreises, der vier Jahreszeiten und Winde, was alles „die kosmische Struktur" und Bedeutung „des Opfers" anzeigt (Eliade 1984, 277). Aus dem Körper des geopferten Stieres erwachsen nun Nutzpflanzen (Korn für Brot), aus dem Blut die Rebe (für Wein), aus dem Sperma nützliche Tiere. Die Seele des Stiers aber steigt zum Himmel und wird zum Herdengott Silvanus. Die Kräfte des Bösen (Ahremans) versuchen in Gestalt unreiner und schädlicher Tiere (Skorpion, Schlange, Ameise) das Opfer zu besudeln oder zu vergiften, was offensichtlich nicht gelingt. Nachdem Mithras noch weitere Heldentaten verrichtet hat (er schießt mit einem Pfeil Wasser aus einem Felsen – aus dem Himmel [s. o.] – und rettet so die Welt vor einer von Ahreman über sie gebrachten Dürre), feiert er mit seinen Helfern Sol (Sonne), Cautes und Cautopates (Morgen und Abend; s. o.) ein Abschiedsmahl, wieder in der Höhle, bei dem sie das Fleisch (und Blut; vgl. Vermaseren 1960, 1021?) des Stieres teilen und Wein trinken. Dann kehrt Mithras durch die sieben Planetensphären in den Himmel zurück, wo er als Schützer der Seinen wirkt und bewirkt, dass ihre Seelen nach dem Tod denselben Aufstieg nehmen können. Am Ende der Tage kämpft er den siegreichen Endkampf gegen Ahreman und sein Heer, leitet die allgemeine (leibliche) Totenauferstehung und das Endgericht (endgültige Vernichtung der Bösen, ewiges Leben für die Guten) – gemeiniranisches Szenar, das der Mithrazismus in den Grundzügen mit dem Zoroastrismus teilt (und das jüdische, christliche und muslimische Endzeitregie ihrerseits dem Zoroastrismus verdankt; vgl. Hasenfratz 2002, 115 ff.).

Die *kultischen* Veranstaltungen spielten in sog. Mithräen. Darunter hat man sich unterirdische, oft in den Felsen gehauene Kulträume vorzustellen mit einem Kultbild an der Schmalseite, welches die Stiertötung (wie wir sie beschrieben haben) darstellte (z. B. Heddernheim, Osterburken, S. Clemente in Rom). Und welches gelegentlich drehbar war (Heddernheim) und auf der Rückseite das Abschiedsmahl des „Mittlers" vor seinem Aufstieg in den Himmel präsentierte. Der Kultraum vermittelt ikonisch nicht nur zentrale Heilsakte, sondern architektonisch zugleich den mythischen Ort, an dem sie alle stattfanden (die Höhle). Und fasst gelegentlich graphisch das durch den Kultgott erworbene Heil in eine aufgemalte Formel: *et nos servasti* (*aeternali*? Lesung unsicher) *sanguine fuso* –

auch uns hast du (Mithras) gerettet durch das Vergießen des (ewigen?) Blutes[34]. So an der Wand des Mithräums von S. Prisca in Rom (Turcan 1993, 103, 109/110). Die Höhle, dessen Abbild, der Kultraum, ja auch den gleichen Namen führt (*spelaeum*: Höhle), im Sinne des platonischen Höhlengleichnisses zu deuten (Respublica 514A–516C), empfiehlt sich nicht[35]. Denn die Höhle als Sinnbild der Welt ist dem Mithras-Mysten nicht trügerische Düsternis, die die Seelen an der Schau der wahren Ideen hindert, sondern Ort der durch die Mysterien schon Geretteten, in dem sie sich durch Tapferkeit, Frömmigkeit, Gerechtigkeit im Kampf gegen das Böse zu bewähren haben. Die Mithras-Mysterien haben denn auch bezeichnenderweise bei den Griechen nie richtig Fuß fassen können. Bei den Römern hingegen konnten sie als Weg zur Verwirklichung altrömischer Tugenden (*fortitudo, pietas, iustitia*; s.o. S. 28) gesehen werden (vgl. Kloft 1999, 74). Als Initiationsritus gab es eine Taufe – in Taufgruben, mit denen die Mithräen ausgestattet waren: Akt der Reinigung, symbolischer Tod des alten, Wiedergeburt des neuen Menschen. Ein Taufgelübde (*sacramentum*: Fahneneid). Mutproben, die einen „kleinen Tod" bewirken: z.B. Scheinhinrichtungen; bei einer solchen soll der Kaiser Commodus (180–192) einen Initianden wirklich umgebracht haben (Commodus verfiel später der *damnatio memoriae*; s.o. S. 49). Tapferkeitsprüfungen, „kleine Tode", können als typische Aufnahmerituale aus dem Milieu der Männerbünde gelten (gehören überhaupt zum Ritualschatz von Initiationen aller Art). Ein Relief aus Konjica (bei Sarajevo) lässt auf sakramentale Mahlzeiten schließen, deren Teilnehmer Brot und Wein gereicht erhielten (Leipoldt 1967, Abb. 115: dazu 33/34). Die esoterische Leiter zählte sieben Weihegrade mit je besonderen Eintrittszeremonien: die Grade waren den Planetensphären in aufsteigender Reihe zugeordnet; sie bildeten den Aufstieg der Seele des Mysten nach dem Tod vor und ab. Auch Alte und katholische Kirche unterscheiden sieben *ordines* (Ostiarier, Lektoren, Exorzisten, Akolythen, Diakone, Priester, Bischöfe; Loofs 1902, 219); noch heute bezeichnen diese den römischen *cursus honorum.*

Mit der Gestalt des Mithrās kamen die Römer wohl bei der Niederschlagung der Aufstände des Mithridates (dessen Name ja schon „Geschenk des Mithra" bedeutet) in Kontakt (87–63 v.Chr.), Aufstand, der ihnen beinahe den Verlust von ganz Kleinasien eingetragen hätte; spätestens aber im Krieg des Pompeius gegen die Seeräuber im östlichen

Mittelmeerbecken (67 v. Chr.). Rasch wurde er der Gott der römischen Legionen, die ihn überallhin ins Imperium mittrugen und in Grabinschriften verewigten: durch Initialen wie D I M (*Deo Invicto Mit[h]rae* – dem unbesieglichen Gott Mithras [geweiht]) weist sich der Tote als Anhänger seines Kultes aus. Unter Diocletian (284–305) rückte Mithras – als Verkörperer, Wiederbringer und Garant altrömischer Tugenden (s. o. S. 95) – zum Staatsgott und „Schützer des Reiches" auf, am 25. Dezember feierte man seinen Geburtstag als *Sol Invictus* (späterer Weihnachtstermin: Geburt Christi als „Sonne der Gerechtigkeit"). Mit dem Zusammenbruch des Reiches im 4. Jh. und seiner Hauptstützen Heer und Verwaltungsbürokratie (welche die Masse der Mithrasanhänger stellten) verlor der Mithraskult die ihn tragende Gesellschaftsschicht. Viele Mithräen sind zu christlichen Kirchen umgewandelt worden oder man hat über oder bei ihnen eine Kirche errichtet (Madonna del Parto in Sutri, S. Clemente und S. Prisca in Rom, wohl auch S. Michele auf dem Monte S. Angelo im Gargano); und oft ersetzte der Erzengel Michael als Seelenwäger den Mithras und seinen Stab (s. o. S. 92; vgl. Tanner 1994, 15/16, 19 ff.). Ein weiterer und nicht unbedeutender Grund für das rasche Verschwinden des Mithrazismus war sein männerbündischer Charakter. Eine reine Männerreligion hatte gegenüber einer religiösen Bewegung, die Frauen mit Männern zusammen am Gemeindeleben beteiligte (s. o. S. 83; vgl. Anm. 13), keine Chance.

Der totale Ausstieg – die Gnosis[36]

Bei den Mithras-Mysterien ging es eigentlich nicht mehr um kultisch-magische Identifikation mit dem Wesen und Geschick der Mysteriengottheit, sondern um rituelle Einbindung in ein Gefolgschaftsverhältnis. Der Erlöser war Wegweiser und Wegbereiter der Seinen. Diese hatten die primordiale kosmogonische Heilstat des Gottes (s. o. S. 54) fortzusetzen und die Erde durch Kulturkampf gegen das Böse „wohnlicher" zu machen. Das gottesdienstliche Geschehen im Mysterienverband sollte die Loyalität zum Kultgott emotional aktualisieren und verfestigen. Ganz anders in der Gnosis. Hier ging es nicht um Umgestaltung der Welt, Bewährung *in* der Welt, sondern um Rückzug *aus* der Welt. Die Welt wird als böse und erlösungsunfähig eingestuft und letztlich ihrem Selbstlauf überlassen; erlösungsfähig ist nur die in die Welt verstrickte Seele – und die ist uranfänglich und wesenhaft identisch mit dem Göttlichen, bedarf keiner kultmystischen Identifikation mit ihm, nur der Erkenntnis ihres wahren Wesens: *gnōsis.* Natürlich gibt es viele Gründe, die zu einer radikalen Abwertung und Dämonisierung der Welt führen können (s.o. S. 95: Plato)[37]; einer ist sicher die Verfassung des Imperiums und seiner Bewohner. Die Sklavenwirtschaft mit ihrer Entwurzelung von Menschen und Zerstörung ihrer Beziehungen (s.o. S. 14), die Eroberungskriege mit ihren Schlächtereien (Aemilius Paullus: s.o. S. 50), die Bürgerkriege (s.u.), die beispiellose Arroganz römischer Verwaltungsbeamter (der Bericht des C. S. Gracchus: s.o. S. 22), die hemmungslose Ausplünderung der Provinzen durch die Steuerpacht (Ägypten: s.o. S. 46), die „Krise des Reiches" (ab dem 3. Jh.) als Folge z.T. des eben Aufgezählten machten vielen eine „Behausung" in der realen Welt schwer. Sie entzogen sich ihr durch *Anachorese* (Massenflucht vor Ausbeutung und Unterdrückung und Abtauchen in die Anonymität der Großstädte; was das Steueraufkommen verminderte und Ausbeutung, Unterdrückung und Krise verschärfte – ein Teufelskreis). Oder eben durch *religiöse Weltflucht* in die sog. Gnosis.

A. Der virtuelle Eskapismus – die 16. Epode des Horaz

Die Dichter waren immer die sensibelsten Seismographen gesellschaftlicher Verhältnisse und Grundstimmungen – wenn sie nicht von den Mächtigen gekauft und instrumentalisiert wurden (s.o. S. 27). Bevor das dem „Hofpoeten" Horaz widerfuhr (zu seinem Säkulargesang s.o. S. 38), gab er in einer Zeit blutiger Bürgerkriege (insbesondere wohl des grauenhaften Perusinischen Kriegs 41–40 v.Chr. im Rahmen der Auseinandersetzung zwischen Antonius und Octavian) der Sehnsucht einer geplagten Generation beredten Ausdruck. In der 16. Epode fordert der Dichter als fingierter Redner an einer Volksversammlung seine Mitbürger (vielmehr den vernünftigen Teil derselben) auf, diese vom Blut der Bürgerkriege getränkte Erde zu verlassen: auf Schiffen wollen sie ausziehen, an der Küste Etruriens entlangsegeln, das Mittelmeer durch die Straße von Gibraltar verlassen, über den Ozean ans Ende der Welt schippern zu den Inseln der Seligen, wo die Erde ohne menschliche Eingriffe alles schenken, „aus dem hohlen Stamm der Eiche" Honig fließen, freiwillig das Herdenvieh Milch spenden, Frieden zwischen den Tieren (und Menschen) herrschen, weder Kälte noch Hitze die Natur aus dem Gleichgewicht bringen wird (Färber 1982, 252 ff.; Einklammerungen von mir):

„Schon das zweite Geschlecht sinkt hin im Kampf der Parteien,
Rom selber bricht zusammen durch die eigne Kraft.
Rom, das nicht zu stürzen vermochte der marsische Nachbar,
Und nicht Porsenna, drohend mit der Tusker (Etrusker) Macht,
Capuas herrschaftsbuhlende Kraft und Spartacus' Grimm nicht,
Nicht Gallertücke, die Verräterei nur sinnt,
Auch Germanien nicht mit dem Trotz blauäugiger Jugend,
Noch Hannibal, der unsrer Väter Schrecken war:
Wir, die Sündenbrut verfluchten Geblüts, wir stiften Verderben
Und wilde Tiere hausen wieder hierzuland.
(…)
Fragt ihr vielleicht, seien's alle gemeinsam oder die Bessern,
Was helfen kann so schweren Wehen zu entgehn:
Wohl! kein Rat sei besser als der: wie einst der Phokäer
Gemeinde, fluchend ihrer Väter Stadt, entfloh
Heimat und Haus und Herd, und heilige Stätten zur Wohnung
Den Ebern und den räuberischen Wölfen ließ,
Also gehen wir, wohin uns tragen die Füße, wohin auch
Ob tobend Süd, ob West uns durch die Wogen ruft!
Wollt ihr? oder hat einer uns Bessres zu raten? Die Vögel
Verheißen Glück (günstige Vogelschau)! Was säumen wir an Bord
zu gehen?
(…)
Ihr, die ihr Herz noch habt, entschlagt euch weibischer Klage
Und lasst im Flug die Tuskerufer hinter euch!
Winkt doch das erdumflutende Meer: wohlan! zu den Fluren,
Den Segensfluren hin, den selgen Inseln, wo
Unberührt von der Pflugschar das Land beut jährlich Getreide
Und, nie beschnitten, immerdar die Rebe blüht,
Wo der Olive Zweige, der niemals trügenden, sprossen
Und reif die Feige prangt am ungepfropften Stamm,
Honig des Eichbaums Ritzen entquillt und rauschenden Fußes
Von Bergeshöhen niederhüpft der muntre Quell!

Dort kommt ohne den Treiber die Ziege heran zu dem Melkfass,
Die Herde reicht die vollen Euter traulich dar,
Nie umbrummt in der Nacht ein Bär die Gehege der Schafe,
Und keine Natter bläht sich hoch am Boden auf.
Mehr noch der Wunder erblicken wir Glücklichen dort, wo uns nimmer
Der nasse Ost mit schwerem Guss die Felder fegt,
Kein saftstrotzender Keim in der trockenen Scholle dahinwelkt,
Da jeglichem sein Maß bestimmt des Himmels Herr.
Seuchen verderben dort nimmer das Vieh und keines Gestirnes
Unbändig wilde Glut (Hundsstern) versengt der Herde Kraft.
(…)
Juppiter sonderte selbst einem frommen Geschlecht (*piae generi*) dies Gestade,
Als er in Erz entarten ließ die goldne Zeit.
Ehern, dann eisern wurde die Welt, aus welcher – als Seher
Verkünd' ich's – nur dem Frommen (*piis*) Flucht und Rettung wird."

Das ist *dichterische* Aufforderung zum *Eskapismus*. So wie die kleinasiatischen Phokäer einst vor dem persischen Erzfeind ihre Ansiedlungen räumten und übers Meer (nach Korsika) schifften, so sollen die frommen (*pius*) Römer vor ihrem eigenen verkommenen Geschlecht über den Ozean fliehen in ein insulares Goldenes Zeitalter (s. o. S. 28 u. S. 35, auch S. 80). Welcher Grad von Unbehaustheit muss erreicht sein, dass ein Poet (wie Horaz) sich zu solch aufmüpfigen virtuellen Eskapaden versteigt! Sie ist der Nährboden für den *religiösen* Eskapismus, die Gnosis, die als *Manichäismus* zur Weltreligion wurde.

B. Der religiöse Eskapismus – die Weltreligion des Mani[38]

Der Manichäismus darf (mit A. Böhlig, einem seiner besten Kenner) als „Höhepunkt der Gnosis" (Arnold-Döben 1978, 5) bezeichnet werden. Während die anderen Formen von Gnosis oft über ein sektarisches Randgruppendasein nicht hinauskamen, wurde der Manichäismus eine *Weltreligion*: das Gebiet ihrer Ausbreitung reichte von der Pyrenäenhalbinsel über den gesamten Mittelmeerraum, über die Seidenstrasse und Sibirien bis nach China, in einer zweiten Welle (Katharer-Bewegung) im

Mittelalter von England bis nach Süditalien, von den Pyrenäen bis auf den Balkan. Er wurde Staatsreligion im Uigurer-Reich (8. Jh.) und in Bosnien (14. Jh.). Im Westen wurde er wohl zur größten Herausforderung für das Christentum. Der Kirchenvater Augustin zählte zu seinen Anhängern, später zu seinen schärfsten Gegnern. Im 6. Jh. ging der Manichäismus im Römischen Reich unter; die „zweite Welle" hielt sich in Europa bis ins 15. Jh., nachdem Kreuzzüge, bischöfliche und päpstliche Inquisitionen die „katharische Gegenkirche" zerschlagen hatten. Da den Manichäern das Töten von Lebewesen grundsätzlich verboten war, hatten sie einer brutalen physischen Ausrottungsstrategie nichts entgegenzusetzen.

Ihr Stifter, *Mānī*, wird 216 n. Chr. nahe Seleukia-Ktesiphon im Zweistromland geboren. Selber vornehmer iranischer Abkunft ist er mit der iranischen „Nationalreligion", dem Zoroastrismus, wohlvertraut, aber auch mit Judentum und Christentum und gnostischen Strömungen seiner Zeit (sein Vater gehörte einer judenchristlich-gnostischen Täufersekte an) und durch einen Indientrip mit indischer Religiosität (besonders wohl mit dem, seinem eigenen ähnlichen, radikalen Dualismus der Jainas; vgl. Hasenfratz 1994, 140 ff.). Nachdem seine Lehre am sassanidischen Königshof zuerst mit Wohlwollen aufgenommen wurde, gerät Mani unter Bahrām I. in Ungnade und stirbt vermutlich 276 im Kerker. Seine Religion aber, seine Gnosis, der Manichäismus nimmt den beschriebenen Lauf in die Welt – und ruft ihre Gläubigen aus der Welt.

Der Manichäer (überhaupt der Gnostiker) erlebt und weiß sich als *Fremder* in dieser Welt der Bedrückung und des Leidens und in seiner eigenen Leiblichkeit, in der er sich unter diesen Umständen auch nicht wohlfühlen kann. Denn der ganze materielle Bereich ist ihm Finsternis und stammt nicht von Gott, vom „Vater des Lichts" (iranisch *Zurvān*; s. o. S. 93)[39], sondern von einer dunklen wider-(oder: unter-)göttlichen Potenz, dem „Fürsten der Finsternis" (iranisch *Ahreman*). Das wahre Selbst (iranisch *grīv*) des Menschen, das Prinzip seiner Identität, seine Seele (iranisch *gyān*; Augustin, De Haeresibus 46; Böhlig 1980, 138 ff.: *anima*) (oder sein Geist: *pneuma*) hingegen gehört der göttlichen Lichtwelt an, ja ist ein Funke (*spinthēr*) göttlichen Lichts, ein Partikel göttlicher Lichtsubstanz. Durch ein vorzeitliches Geschehen, einen Angriff der Finsternismacht (oder einen Abfall vom guten, höchsten Gott), ist göttliche Lichtsubstanz mit den Mächten der Finsternis in Berührung gekommen: seitdem sind göttliche Lichtfunken, Lichtpartikel in die finstere

Materie zerstreut, an sie gebunden, seitdem leiden sie als Seelen in der Finsternis ihrer Leiber. Damit ist das Erlösungsziel klar: es gilt die Seelen aus ihrer Zerstreuung und Verstrickung in die Materie zu sammeln und zu befreien und dem göttlichen Lichtreich zuzuführen (*restitutio ad integrum*: Wiederherstellung primordialen Zustandes – wenn auch unter Hinnahme eines gewissen Verlustes an Lichtsubstanz, nämlich all derjenigen Seelen, denen die erlösende Gnosis mangelt). Die Gesamtheit der in die Materie zerstreuten und in ihr gequälten Lichtpartikel heißt *Jesus patibilis* („leidensfähiger Jesus", denn sie stammen aus Gott wie Jesus, leiden auf der Erde wie Jesus und sind das Prinzip der Erlösung wie Jesus). Von dieser Unbehaustheit des Menschen, besser: seines eigentlichen Selbst, seiner Seele, in dieser bösen Welt singt ein koptischer Psalm aus dem sog. Koptischen Psalmbuch (181,19–182,19; Böhlig 1980, 262 f.; Auslassungen in Klammern von mir):

„O Seele, woher stammst du?
Du stammst aus der Höhe.
Du bist der Welt fremd,
Eine Beisassin auf der Erde bei Menschen.
Du hast deine Häuser in der Höhe,
Deine Zelte der Freude.
Du hast deinen wahren Vater, deine wahre Mutter.
Du hast deine wahren Brüder.
Du bist ein Kämpfer.
Du bist das Schaf,
Das sich in der Wüste verirrte.
Dein Vater sucht nach dir,
Dein Hirt geht auf die Suche um deinetwillen.
(…)
O Seele, erhebe dein Haupt
In diesem Haus, das voll ist von (Trauer).
… Dämonen,
… der Räuber.
O Seele, vergiss dich nicht!
Denn sie stellen dir alle nach.
Es stellen dir alle nach,
Die Jäger des Todes.

Sie fangen die Vögel
Und sie … ihre …
Sie (brechen) ihre Flügel,
Damit sie nicht in ihre Nester fliegen können.
O Seele, erhebe dich
Und geh in deine Heimat!
Du bist deiner Verwandtschaft fremd.
(Geh in das Haus) voll von Freude.
Du … Licht
Von Ewigkeit zu Ewigkeit.
(…)“

Da nach der Vorstellung der Manichäer auch im Körper der Tiere göttliche Lichtpartikel eingeschlossen sind, dürfen Tiere weder getötet noch gegessen werden, wodurch ja göttliche Lichtsubstanz, Seelensubstanz, in ihnen gequält und geschändet würde. Selbstverständlich ist auch jedes Quälen und Töten von Menschen aus demselben Grund streng untersagt. Hingegen soll man Pflanzen, die besonders viele Lichtpartikel eingeschlossen halten, essen und das in ihnen enthaltene Licht „aufschließen“ und der eigenen Lichtseele hinzufügen: so sammelt man verstreutes Licht und kann es mit dem eigenen zusammen erlösen. Strengem Verbot unterliegt die Fortpflanzung: dadurch werden ja Seelen-, Lichtteile der Eltern in neue Leiber gebunden,[40] zerstreut, statt eingesammelt und befreit. Für einen klösterlich lebenden inneren Kreis von „Auserwählten“ (*electi* und *electae*: also Männer *und* Frauen!) gelten daher die drei Siegel (*signacula*) des Mundes, der Hand, des Schoßes (Vegetarismus, Pazifismus, Sexualabstinenz). Stirbt ein (männlicher oder weiblicher) Auserwählter, so geht seine Lichtseele (und das, was er in ihr durch Pflanzenkost an Licht angereichert hat) in die Fülle göttlichen Lichts, ins himmlische *Plērōma* ein und bleibt dort. Wer nicht in der Lage ist, die dreifache Versiegelung auf sich zu nehmen, aber als „Hörer“ (*auditor*) die manichäische Gemeinschaft und den klösterlichen Kern finanziell unterstützt und trägt und von den Auserwählten Lehre annimmt, strenge Einehe hält, zwar Fleisch isst, aber nicht tötet – dessen Seele geht nach seinem Tod in einen zukünftigen Auserwählten (oder in eine Pflanze, die von einem solchen verzehrt wird) und wird mit dem Tod dieses Auserwählten – durch die Seelenwanderung (iranisch *zādmurd*) „phasenverschoben“ – frei und steigt ins Pleroma auf.

Was der Manichäismus anstrebt, ist eine „Minimalisierung aller Lebensbeziehungen“ (Rudolph 1977, 363: H. Jonas) zu dieser Welt – letztlich eine religiöse Totalverweigerung: ein Ausstieg, der (später bei den Katharern) bis zur freiwilligen Verweigerung jeglicher Nahrungsaufnahme mit Todesfolge (*endura*) gehen kann. Der (männliche oder weibliche) Totalverweigerer wird zum „vollkommenen Menschen“, zum „Urmenschen“ (s. o. S. 86), Emanation aus dem Wesen Zurvāns, in dem weder Zweiheit als Geschlechtlichkeit (Trennung in Mann und Frau) noch als Aggressivität („Zwietracht“) noch als Lüge („Zwiespältigkeit“) ist. Die Auseinandersetzung mit dem Manichäismus hat im Christentum asketische Unterströmungen (vgl. 1Kor 7,1–9.25–40; hier allerdings apokalyptisch motiviert: VV. 29–31) verstärkt, die Bildung klösterlicher Lebensgemeinschaften befördert, später die Bettelorden salonfähig gemacht. Und wenn das Christentum in der Auseinandersetzung mit der Gnosis sich auch eine Portion Leib- und Weltfeindlichkeit eingehandelt hat, mit der es sich heute noch schwer tut, so hat es damit andrerseits ein Stück kritischer Distanz zu dieser Welt und ihren Strukturen dazugewonnen, auf die es nicht vorschnell und leichtfertig verzichten sollte (Hasenfratz 1992, 57).

Bleiben wir beim Christentum und bei den Gnostikern. Der Kirchenvater Epiphanius weiß im 4. Jh. in seinem *Panarion* (Brotkörbchen) über gnostische Gruppen Folgendes zu berichten (26,4,1–5,6.9,4 f.; nach dem gekürzten Text bei Hasenfratz 1986, 72 ff., in der Übersetzung von W. Foerster):

„Zuerst haben sie ihre Frauen gemeinsam. Wenn ein Gast, der ihrer Lehre ist, kommt, so haben sie ein Zeichen, die Männer den Frauen, die Frauen den Männern gegenüber: Bei dem Handreichen, nämlich zum Gruß, berühren sie die Handfläche von unten her kitzelnd, dadurch tun sie kund, dass der Angekommene zu ihrer Richtung gehört. Nachdem sie sich so erkannt haben, gehen sie sogleich zum Mahl über. Sie setzen reichlich die Gerichte von Fleisch und Wein vor, selbst wenn sie arm sein sollten. Dann, wenn sie gespeist und sozusagen die Adern zum Überfluss gefüllt haben, geben sie ihrer Leidenschaft nach. Denn der Mann zieht sich von seiner Frau zurück und sagt zu ihr: Steh auf, feiere die Agape (das Liebesmahl, das Abendmahl) mit dem Bruder … Wenn sie aus der Leidenschaft der Hurerei Verkehr gehabt haben, dann strecken dazu die Frau und der Mann ihre eigene Schande zum Himmel, sie nehmen den

Ausfluss des Mannes in ihre eigenen Hände und stehen da, zum Himmel blickend. Sie haben in ihren Händen die Unreinigkeit und beten, die sogenannten Stratiotiker und Gnostiker, indem sie dem, der von Natur Vater des Alls ist, das, was in ihren Händen ist, darbringen und sagen: ‚Wir bringen dir diese Gabe, den Leib des Christus.' Und so essen sie es, indem sie ihre eigene Schande genießen und sagen: ‚Dies ist der Leib Christi und dies ist das Passa, um deswillen unsere Leiber leiden und gezwungen werden, das Leiden Christi zu bekennen.' Ebenso auch das, was von der Frau kommt, wenn sie ihre Regel hat: Sie nehmen das Monatsblut ihrer Unreinheit, sammeln es, nehmen es und essen es gemeinsam und sagen: ‚Das ist das Blut Christi.' … Wenn sie so Verkehr miteinander haben, verbieten sie, Kinder zu zeugen. Denn diese Schande wird bei ihnen nicht zum Zwecke der Kinderzeugung so eifrig betrieben, sondern um der Lust willen … Wenn aber einer von ihnen ertappt wird, den natürlichen Ausfluss auszusäen und die Frau schwanger wird, dann vernimm, was sie an noch Schlimmerem wagen. Sie reißen den Embryo zu einer Zeit, wo sie ihn fassen können, heraus, nehmen das fehlgeborene Kind und stoßen es in dem Mörser mit einer Keule, mischen Honig und Pfeffer und einige andere Gewürze und Myrrhen dahinein, um sich nicht zu erbrechen, kommen alle zusammen, und (dann) nehmen alle Mitglieder der Herde von Schweinen und Hunden, jeder mit dem Finger, von dem zerstoßenen Kind. Und wenn sie so mit dem Menschenfraß fertig sind, beten sie zu Gott und sagen: ‚Wir sind nicht von dem Archon der Begierde (dunkle, widergöttliche Potenz) getäuscht, sondern haben den Fehltritt des Bruders eingesammelt.' Und das halten sie für das vollkommene Passa …

Die Kraft in der monatlichen Regel und im Samen, sagen sie, sei die Seele (*psychē*), welche wir sammeln und essen. Und was wir essen, Fleisch, Gemüse, Brot oder etwas anderes, damit erweisen wir den Geschöpfen eine Wohltat, indem wir von allem die Seele sammeln und sie mit uns in das Himmlische tragen. Darum essen sie alles Fleisch und sagen, (sie tun das) damit wir uns unserer Art erbarmen. Sie sagen aber, es sei dieselbe Seele in die Lebewesen, wilden Tiere, Fische, Schlangen und Menschen hineingesät wie in Gemüse, Bäume und Gewächse."

Diese gnostischen Gruppen, wenn es sie denn wirklich gab, sind mit den Manichäern der Meinung, dass in den Körpern der Tiere und der Pflanzen göttliche Geistpartikel, Funken göttlicher Lichtsubstanz, eingeschlossen sind. Es scheint ihnen aber nicht einzuleuchten, warum durch Essen von Tieren dieses Licht gequält, durch das Essen von Pflanzen aber im Gnostiker gesammelt und zusammen mit seiner eigenen Lichtsubstanz, seiner Seele, befreit werde – was auch wirklich nicht logisch ist. Vielmehr genießen sie (neben Pflanzenkost) gerade Fleisch, um an den Tierleib gebundene Lichtteile (Seelen) mit ihren eigenen zu vereinigen und gemeinsam zu befreien. Sie sind gewissermaßen das soteriologische Ende der Nahrungskette; und so wird ihnen jede Mahlzeit – ob vegetarisch oder tierisch – zum sakramentalen Sammeln von Lichtelementen. Diese Gruppen würden mit den Manichäern auch darin übereinstimmen, dass Fortpflanzung weiteres Zerstreuen von Lichtelementen in materielle Leiber bewirkt und damit dem Prozess ihrer Sammlung und Rückführung ins göttliche Licht, der Erlösung, kontraproduktiv entgegenwirkt. Aber daraus folgern sie kein Gebot sexueller Abstinenz. Die Kraft im Sperma (vgl. Anm. 40) und im Monatsblut gilt ihnen als Seele (*psychē*), göttliche Lichtsubstanz; und das wiederum ist nur gnostische Abwandlung einer verbreiteten Auffassung, der Blut (s. o. S. 71) und Sperma (s. o. S. 56 f.) Seelenträger, Seelensubstanz sind (vgl. Hasenfratz 2002, 91 f., 94). Diese Seelensubstanz verleiben sie sich bei ihren sexuellen Praktiken wieder ein, damit sie nicht verloren geht, und führen sie so ihrer Lichtseele (wieder) zu. Damit wird auch sexuelle Betätigung zum sakramentalen Akt der Lichtsammlung, ja zum „Liebes-", zum Abendmahl, wo das in die Materie verstreute und an sie gebundene und an ihr leidende göttliche Licht – *Jesus patibilis* (s. o.) – „unter beiderlei Gestalt" von Samen und Menstrualblut als „Leib und Blut Christi" von den Kultteilnehmern genossen wird. Tritt (entgegen geübter Praxis) eine Schwangerschaft ein, so wird die Leibesfrucht als „Passamahl" (vgl. Mk 14,12 ff.; Ex 12) von der Gemeinde verzehrt, die an einen neuen Leib gebundene Lichtseele wieder eingesammelt, die Zerstreuung (und die Sünde des Bruders!) wieder rückgängig gemacht.

Haben solche Gnostiker wirklich existiert? In der Welt der Religion hat man sich an skurrile Vorstellungen und Rituale zu gewöhnen – und das haben wir ja im Verlauf unserer Streifzüge durch die religiöse Welt der Antike (in den Abschnitten über Zauber, Magie und Mysterienkulte) wahrlich auch geleistet. Stutzig macht allerdings schon der Anfang unseres Berichts: das geheime Erkennungszeichen, der „Freimaurergruß" (Peuckert 1987, 36) – ein Wandermotiv zur Diffamierung missliebiger

Menschengruppen, denen man verschwörerisches Wesen nachsagt. Dann der zeitliche Rahmen: wir befinden uns im 4. Jh., Jahrhundert, in dem das Christentum schließlich Staatsreligion wurde. Und da ist der Verdacht nicht ganz von der Hand zu weisen, dass das Christentum im Aufwind sich aus derselben Verleumdungs-Trickkiste bediente, deren Dreckskram vor ihm anderen und dann ihm selbst von anderen angehängt wurde und den es jetzt selbst wiederum anderen anhängte (s. o. S. 33). Es ist der Lauf der Welt, dass „siegreiche" Religionen denen schlecht danken, denen sie viel verdanken.[41]

III. „Die neue Heimat" – das Christentum?

Hier soll es weniger darum gehen, was das Christentum von den religiösen Formen und Inhalten seiner antiken Umwelt unterscheidet und zur Weltreligion werden ließ, als darum, was das Christentum seiner antiken religiösen Umwelt *verdankt*, so dass aus einer innerjüdischen konfessionellen Parteiung eine antike Universalreligion und dadurch Weltreligion werden konnte. Also um die religiösen Formen und Inhalte antiker Lebenswirklichkeit, die es dem Christentum erst erlaubten, seine Botschaft so herüberzubringen, dass sie in der ganzen Oikoumene verstanden wurde und zu „ökumenischer" Geltung gelangte. Dabei interessiert uns mehr, was an vorgegebenen religiösen Mustern und Paradigmen übernommen, als wie sie vom Christentum transformiert wurden (das gehört in eine spezielle Geschichte des Christentums und seiner Theologie: vgl. Hasenfratz 1992), auch wenn hier gelegentliche Hinweise darauf nicht fehlen durften: etwa bei der Gattung *euangelion* oder beim *kyrios*-Titel (s.o. S. 44), bei Magie und Zauber (s.o. S. 69), bei der Gestalt der Maria (s.o. S. 89 u. S. 91), der Geschlechtsaskese (s.o. S. 86 u. S. 103)[41]. Uns interessiert auch weniger die Frage, was nun an religiösen Formen und Inhalten auf Jesus selbst zurückgehe (etwa beim Herrenmahl; s.o. S. 71), als der Sachverhalt, dass christliche Überlieferung sozusagen die antike Koine der Magie und Zauberei spricht und deren Grammatik beherrscht. Diese methodologischen Prämissen vorgegeben, soll das Wichtigste (aber lange nicht alles) aus unsern Erörterungen resümiert, manchmal auch einiges ergänzt werden.

Da, wo die Christen ihren Kultgott als erwarteten Heils- und Friedenskönig verkündigten, titulierten sie ihn mit dem Namen des antiken Gottkönigs als *kyrios* und stylten seine wunderbare Zeugung, Geburt, Bedrohung, Entrückung nach der traditionellen Kaiservita. Wo sie ihn als göttlichen Menschen, Guru, Wundermann verkündigten, bedienten sie sich der volkstümlichen Biographie des *theios anēr*. Mit der an die Geburt des göttlichen Kaisers geknüpften Heils- und Freudenbotschaft, *euangelion*, verbanden sie das Kerygma von Tod und Auferstehung Jesu und die Heilsbedeutung seiner ganzen Biographie. Magische und zauberische

Elemente vermitteln die Kommunikation mit dem Kultgott Jesus Christus: durch rituelle Teilhabe an seinem Geschick (Tod und Auferstehung) in der Taufe, durch sakramentale Einverleibung seiner göttlichen Substanz (Leib, Blut) im Herrenmahl, durch magische Wiederholung seines einmaligen blutigen Opfers (Menschenopfer!) und Aneignung von dessen Verdienst in der Messfeier[42]. Der Kommunikation dient die besondere Organisation nach dem Vorbild der Mysterienzirkel mit ihrer sozialen und sexuellen Durchlässigkeit (Sklave, Freier, Mann, Frau): enthusiastische Phänomene in ihrem gottesdienstlichen Rahmen beflügeln als Früchte des Geistes (Gal 5,22 f.) eine Moral, an der ein Kaiser Augustus mit seinen Ehe- und Sittlichkeitsgesetzen (lex Iulia de adulteriis, lex Iulia de maritandis ordinibus, lex Iulia et Papia Poppaea) seine helle Freude gehabt hätte (s. o. S. 30); aber auch ein Virginitätsideal, das seine metaphysische (nicht mehr apokalyptische; s. o. S. 103) Begründung der gnostischen Konkurrenz schuldet. Die diesen Mysterienzirkeln verweigerte staatliche Anerkennung zwingt sie (im Interesse purer Selbstbehauptung) zu überregionalen Organisationsformen und „imperialen" Vernetzungen, die den Zusammenbruch der Institutionen des Imperiums als einzige funktionstüchtig, ja gestärkt überleben. So werden durch das Christentum die verschiedensten religiösen Wege aus der Unbehaustheit (Kaiserkult, Magie, Zauber, Mysterienfrömmigkeit, Gnosis) einheimisch gemacht, indigenisiert; es selbst wird zur „neuen Heimat" für alle Unbehausten im ehemals heidnischen Römischen Reich. Inwieweit das Christentum heute als (immer noch) größte unter den Weltreligionen – zu der sich nominell „zwei Milliarden Menschen bekennen" (Antes 1998, 10) – den total Unbehausten einer globalisierten Zeit und Welt „Beheimatung" zu bieten in der Lage ist, stehe auf einem andern Blatt!

Anmerkungen

[1] Letztlich ist es aus dem Stoff einer Vorlesung zum Thema im Rahmen des religionswissenschaftlichen Curriculums an der Ruhr-Universität Bochum hervorgegangen. Eine kurze Zusammenfassung in Aufsatzform Hasenfratz 1997.

[2] So lautet der Titel des in den Nachkriegsjahren (1951–1955) erschienenen Essaybandes von Holthusen 1964.

[3] Klassische Darstellung Sohm 1949, 166 ff. Die wichtigsten römischen Rechtstexte sind übersetzt bei Huchthausen 1983, hier durch ein sehr ausführliches Register leicht zu erschließen. – Der Kürze und Lesbarkeit halber steht im Folgenden das männliche Geschlecht, wo das weibliche sinnvoller Weise mit gemeint ist; andernfalls werden die Geschlechter eigens bezeichnet.

[4] Der umgekehrte Sachverhalt (er Freier – sie fremde Sklavin) begründet keine Unfreiheit. Wohl aber im mittelalterlichen deutschen Recht; hier gilt: „Trittst du mein Huhn, wirst du mein Hahn!"

[5] In konstantinischer Zeit hatte auch eine Freilassung in der Kirche vor Bischof und versammelter Gemeinde (*manumissio in ecclesia*) Rechtskraft. Es existieren noch andere Freilassungsarten, die wir hier jedoch vernachlässigen können.

[6] Die Ausnahme ist quellenmäßig umstritten.

[7] Verschiedene Formen von Halbfreiheit, die das römische Recht auch kannte, kommen zum oben bereits Gesagten noch hinzu.

[8] Zu Religion und ihrer Verortung in Kultur Hasenfratz 2002 (9: Definition von Religion).

[9] Der Mythus ist auch im Alten Indien, Iran, Griechenland (Hesiod) und, durch iranische Vermittlung, im Danielbuch (2,31 ff.) literarisch bezeugt. Dazu Hasenfratz 1994, 19 f.

[10] So die Ethnologin Goodman 1994, 31. Das klingt terminologisch noch nach in Gen 1,28: der Mensch soll sich die Erde „untertan machen" – zu zahme Wiedergabe des hebräischen Ausdrucks *kābaš* (vergewaltigen)!

[11] Ein von der Forschung m. E. zu wenig gewürdigter Aspekt der ihr immer noch als „rätselhaft" geltenden Verbannung.

[12] Abgrenzung gegen dionysische Kultpraxis dürfte der eigentliche Grund sein, warum der Apostel Paulus (1Kor 11, 2–16) den Frauen verbietet, im christlichen Gottesdienst mit unverhülltem Haupt (mit gelöstem Haar also) zu beten oder aus Eingebung zu reden (s. u. S. 83).

[13] Thyestes soll seine eigenen Kinder verspeist, also Menschenfleisch und -blut gegessen und getrunken haben, was auf eine „Fehlinterpretation" des Herrenmahls hindeuten könnte. Hinter dem Vorwurf inzestuöser (oidipodeischer) Ver-

mischungen steckt als wahrer Kern die Tatsache geschwisterlichen und ungezwungenen Umgangs der Gemeindeglieder, die sich untereinander als Bruder und Schwester anredeten. – Die Nivellierung von sozialem Status und Geschlecht machte Mysterienvereine gegenüber dem offiziellen Kult attraktiv und empfahl sie vielen als modernere Form religiöser Selbstverwirklichung.

14 In V. 17b habe ich geändert: „mit der Väter Kraft" (*patriis virtutibus*) für „mit des Vaters Kraft". VV. 13 u. 14 sind in der Übersetzung von Götte 1981, 25, wiedergegeben.

15 Wunder, die die Geburt begleiten; die Gefährdung des Königskindes: bei der Geburt der Könige der 5. Dynastie im Papyrus Westcar aus dem Ende des Mittleren Reiches (Brunner-Traut 1983, 19ff., 256). Vgl. die Motive im „Trug des Nektanebos" (a. a. O. 157ff., 292ff.).

16 Die beiden voranstehenden Worte fehlen infolge einer Lücke, sind aber aus dem Zusammenhang, gestützt durch ähnliche Inschriften (Ephesos, Halikarnassos), zu ergänzen (vgl. Leipoldt 1970, Nr. 129 u. 131). Schon die Ptolemäer führten den Titel *theos sōtēr* (rettender Gott) als Bestandteil des offiziellen Königsnamens (vgl. Foerster 1966, 1010,1 ff.).

17 Immer noch lesenswert Bickermann 1929. Zum hellenistischen Motiv der Entrückung Verstorbener in den Himmel Lohfink 1971, 32ff.; zu den Auferstehungsgeschichten im NT Hasenfratz 1975, 66f., 104f., 160ff.

18 Die ciceronianisch-augustinisch-thomistischen Kriterien eines gerechten Krieges (*bellum iustum*), nämlich gerechte Ursache (*causa iusta*), rechte Absicht (*recta intentio*), angemessene Art und Weise (*debitus modus*), legitime Staatsgewalt (*legitima potestas*), sind ebenso auslegungsbedürftig wie der Begriff selbst.

19 Dazu kurz, aber informativ Geist 1969, 126f.

20 Zum Folgenden: Stemplinger 1948; Böcher 1970; Luck 1990; Hasenfratz 2002, Kap. III (Unterscheidung von Magie und Zauber und ihre Beziehungen zu Religion).

21 Über den Welthandel in der Antike und bes. in römischer Zeit informiert Heimberg 1981.

22 Zu „Jesus dem Magier" Smith 1981. Smith als Althistoriker ist von der „zünftigen" Jesus-Forschung nie so recht ernst genommen worden. Seine Arbeit hat das Jesusbild aber um wichtige Züge bereichert und schärfer konturiert.

23 Alles Wichtige über Apollonios, seinen Biographen Philostrat und dessen Quellen samt einschlägiger Literatur bei Mumprecht 1983, 973ff. Vgl. auch Luck 1990, Quellenregister und Personen- und Sachregister s.vv. Philostrat und Apollonios von Tyana. Zur theios-aner-Konzeption vgl. Geerlings 2003.

24 Zu den Mysterien und ihrer Deutung: Pettazzoni 1997 (Klassiker); Grenier 1948, 204ff.; Leipoldt 1967 (Bildmaterial); Eliade 1984, 239ff.; Graf 1996, 89ff.; Berner 1998 (Definitionen); Kloft 1999 (mit wichtigster Literatur).

25 Das Goldene Zeitalter und sein dionysisches Induktionsmittel: Casadio 1998 u. ders. 1999, bes. 9–43. Zum Gott und seinen Mysterien auch Bremmer 1996, 24ff., 97ff.

[26] Vgl. Daszewski 1985, Tf. 2, 17, 18. Kurze Zusammenfassung und Beschreibung der Bildfelder mit Abbildungen Rahms 1985/1986 (auf der Titelseite das zur Diskussion stehende Bildfeld).

[27] Noch immer brauchbare Zusammenfassung (mit Bildmaterial) Vermaseren 1979.

[28] Tages-Anzeiger (Zürich) 86/287 (9.Dez.) 1978, 14,1–3: die Rekonstruktion ihres Bildnisses durch den Basler Archäologen Gérard Seiterle. Wissenschaftliche Publikation ders. 1979, 8 Abb. 13 u. 14. Vgl. Leipoldt 1967, 27, der fragt, ob die Vielbrüstigkeit vielleicht auf einem „Missverständnis späterer Verehrer" beruht haben könnte.

[29] Zu „göttlicher Androgynie" und „menschlicher Zweigeschlechtigkeit" Eliade 1954, 476 ff. – *Androgynie* und *Asexualität* sind nicht klar voneinander zu scheiden, weil beide Signatur der Vollkommenheit, Einheit. Den Indern gilt der Gott *Śiva* als mann-weiblich (*ardhanārī*: Halbfrau): bisexuell – und als Erzyogin (*bhikṣāṭana*: Bettelasket): asexuell (vgl. Zimmer 1951, 140, 240, 129, 186).

[30] Selbst der Macho-Gott des Alten Testaments zeigt androgyne Züge: er schuf den Menschen „nach seinem Bilde" – männlich und weiblich (Gen 1,27), und er tröstet sein Volk, „wie einen seine Mutter tröstet"(Jes 66,13; im Brahms-Requiem so anrührend vertont); eine seiner und Allāhs Haupteigenschaften, die Barmherzigkeit, leitet sich vom Wort für Mutterleib (*räḥäm, riḥm*) her; und seine Weisheit sucht immer wieder, die abtrünnigen Kinder Jerusalems zusammenzuholen „wie eine Henne ihre Küchlein unter ihre Flügel" (Lk 13,34 f.: das Jerusalem-Wort).

[31] Mt 27,25 mit dem Vorgang des Tauroboliums in Verbindung zu bringen (vgl. Kloft 1999, 61) empfiehlt sich nicht; dazu liegen alttestamentliche Parallelen näher (z.B. 2Sam 1,16).

[32] Die *Eleusinischen* Mysterien werden hier nicht behandelt: sie bringen für unsre Zwecke keine neuen Gesichtspunkte ein. Vegetationszyklus, Mutter-Kind-Beziehung kamen schon oder kommen noch zu Sprache. Für mehr sei auf die oben Anm. 24 aufgeführte Literatur verwiesen. In 1Kor 15,36; Joh 12,24 (wenn das Weizenkorn nicht in die Erde fällt und stirbt, wird es nicht leben und Frucht tragen) hat man eleusinische Mysterienideologie sehen wollen. „Der Fakt", dass sich rabbinische Parallelen dazu beibringen lassen (vgl. Lietzmann 1949, 83/84), entkräftet die Annahme nicht. Wieso sollen Rabbinen solche spirituellen Gemeinplätze nicht auch kennen oder selber generieren? – Zu *Isis* und *Osiris*: die einschlägigen mythologischen Texte bei Kees 1928, 15 ff., 28 ff., und Roeder 1978, 15 ff. (auch hier Plutarch, De Iside et Osiride 12–20). Zu den beiden Göttergestalten, ihren Mythen und Mythologemen Lurker 1974, Register s.vv. Isis und Osiris (das Register der erweiterten Neuauflage, zuletzt 2002, ist durch das Fehlen von Unterstichworten weniger aufschlussreich).

[33] Hilfreich: Widengren 1965, 222 ff.; Colpe 1986, 163ff u. 393 ff.; Turcan 1993 (mit Bibliographie und Bildmaterial im Anhang); Weiss 1994. Die *astrologisch-*

astronomische Deutung der Mithras-Mysterien (die Stiertötung durch den solaren Gott Mithras als astrales Geschehen: die Präzession der Äquinoktien vom Sternbild des Stiers zu dem des Widders) hinterlässt bei aller zugegebenen Mehrdeutigkeit (s. o. S. 83) allen Mysterienwesens doch weit mehr neue Fragen als sie alte Geheimnisse entschleiert.

[34] Von da her ließe sich das Epitheton des Urstiers (*aēvō.dāta*) auch als „ewig gegeben" (indoiranisch **aiwa-*: „ewig") deuten!

[35] So zu Recht Turcan 1993, 102, auch 109 ff. (gegen Merkelbach 1984, 233, freilich ohne ihn namhaft zu machen).

[36] Über Gnosis im Allgemeinen: Foerster 1969 (Einführung und Quellentexte: Kirchenväterzeugnisse); Rudolph 1977 (Gesamtdarstellung); Casadio 1997 (Einzelprobleme).

[37] Hierzu mehr und ausführlicher: Hasenfratz 1983; Casadio 2000.

[38] Zum Manichäismus: Widengren 1965, 299 ff.; Böhlig 1980 (Einführung und Quellentexte); Merkelbach 1986; Casadio 2000. Zur Ausbreitung nach Osten: Klimkeit 1989 (Einführung und Quellentexte); ders., 1990, 87 ff. u. passim (s. Register). Zur Symbolik (Bildersprache) des Manichäismus Arnold-Döben 1978. Zu den mittelalterlichen Katharern: Borst 1996 (immer noch der „Klassiker", jedoch nicht frei von Wertungen); Werner 1986, 70 ff., 315 ff.

[39] Zur *Lichtmetaphorik* vgl. 1Joh 1,5; 1Tim 6,16; Joh 1,4 f.; 8,12, womit nicht gesagt sein soll, die Lichtmetapher sei gnostisch, jedoch, dass beide, Gnosis und Bibel, sich ihrer bedienen. Vgl. Wengst 2000, 49 ff., 312 f. (biblisch-jüdischer Hintergrund); Hasenfratz 1983, 36, 38 (indo-iranischer Hintergrund). Vgl. aber auch das Höhlengleichnis bei Platon (s. o. S. 95): dunkle Höhle der trügerischen Welt – himmlische Lichtsphäre der ewigen Ideen.

[40] Nach iranischer Vorstellung besitzt der Same (altiranisch *čithra*, mitteliranisch *čihr*; s. o. S. 40) Licht-, Feuernatur (altindisch *citra*: licht, hell, klar), ist also in manichäischer Interpretation besonders licht-, seelenhaltig. Vgl. Widengren 1961, 67 u. 70 (Bundahišn 1).

[41] Der Apostel Paulus habe vorpaulinische gnostisierende Mythologie (das Urmenschen-Schema Röm 5,12 ff.) oder mysterienhafte Sakramentsideologie (die Tauftradition Röm 6,3 ff.) korrigiert: voreilige präsentische Eschatologie unter „eschatologischen Vorbehalt" gestellt (Röm 5,17: jetzt schon – noch nicht) und sakramentalen Automatismus in die ethische Pflicht genommen (Röm 6,4: neues Leben – neuer Wandel). Als ob Gnosis und Mysterienfrömmigkeit eschatologische Perspektiven und moralischer Ernst fremd gewesen wären! Die neutestamentliche Wissenschaft (stellvertretend: Bultmann 1965, 143, 348/349; Schulz 1987, 370 ff.) scheint hier den antiken Diffamierungsmythus gegen Mysten und Gnostiker (s. o. S. 106) für sich internalisiert zu haben.

[42] Dogmatisch korrekt formuliert: „Reale Repräsentation" „des blutigen Kreuzesopfers" Christi, welche „die Früchte dieses einmaligen blutigen Opfers" den Gläubigen „appliziert". Loofs 1902, 329/330.

Literatur

Zur Zitierweise in diesem Buch: Konsequenz bei der Benutzung bestimmter oder neuester *Auflagen* ist nur dort angestrebt, wo Abweichungen gegenüber anderen Auflagen für unsere Ausführungen relevant sind. Bei zwei oder mehr durch *Schrägstrich* (/) getrennte Verfasser- (oder Herausgeber-)Namen wird im Text jeweils nur der *erste* angeführt, wenn der Titel durch die angefügte Jahreszahl eindeutig identifizierbar ist.

Angenendt, Arnold: Heilige und Reliquien. Die Geschichte ihres Kultes vom frühen Christentum bis zur Gegenwart, München 1994.

Antes, Peter: Jesus. Zur Einführung, Hamburg [1]1998.

Arnold-Döben, Victoria: Die Bildersprache des Manichäismus (AMRG 3), Köln 1978.

Bachofen, Johann Jakob: Mutterrecht und Urreligion. Eine Auswahl (KTA 52), erw. Ausg. Stuttgart 1954.

Back, Michael: Die sassanidischen Staatsinschriften (Acta Iranica 18), Leiden und Téhéran/Liège 1978.

Bellen, Heinz: Metus Gallicus – Metus Punicus. Zum Furchtmotiv in der römischen Republik (AAWLM.G 3), Mainz 1985.

Berner, Ulrich: Art. Mysterien/Mysterienreligion, HRWG IV, Stuttgart 1998, 169–173.

Bickermann, Elias: Die römische Kaiserapotheose, in: ARW 27 (1929) 1–34.

Binder, Edith u. Gerhard: P. Vergilius Maro, Aeneis, 5. und 6. Buch, Lateinisch/Deutsch, übers. u. hrsg., Stuttgart 1998.

Binder, Gerhard: Die römische Bukolik, in: Effe, Bernd/Binder, Gerhard: Die antike Bukolik. Eine Einführung, München 1989.

Ders.: Der brauchbare Held: Aeneas. Stationen der Funktionalisierung eines Ursprungsmythos, in: Horn, Hans-Jürgen/Walter, Hermann (Hrsg.): Die Allegorese des antiken Mythos (Wolfenbütteler Forschungen 75), Wiesbaden 1997, 311–330.

Ders.: Der Kalender des Filocalus. Eine illustrierte Ausgabe des römischen Festkalenders aus dem 4. Jahrhundert n. Chr., in: Geerlings, Wilhelm (Hrsg.): Der Kalender. Aspekte seiner Geschichte, Paderborn/München/Wien/Zürich 2002, 61–95.

Böcher, Otto: Dämonenfurcht und Dämonenabwehr. Ein Beitrag zur Vorgeschichte der christlichen Taufe (BWANT 90), Stuttgart 1970.

Böhlig, Alexander: Die Gnosis III. Der Manichäismus, eingel., übers. u. erl. (BAW.AC), Zürich/München 1980.

Boehm, Fritz: Art. Hydromantie, HWDA IV, Nachdr. Berlin/New York 1987, 548–574.

Bonnet, Hans: Reallexikon der ägyptischen Religionsgeschichte, Berlin/New York ^{2}1971.

Borst, Arno: Die Katharer, Freiburg i. Br. ^{4}1996.

Brandt, Edward/Ehlers, Wilhelm: Apuleius, Der goldene Esel. Metamorphosen, lateinisch und deutsch, hrsg. u. übers., Darmstadt u. München 1989.

Bremmer, Jan N.: Götter, Mythen und Heiligtümer im antiken Griechenland, Übers. v. Kai Brodersen, Darmstadt 1996.

Brunner-Traut, Emma: Altägyptische Märchen, übertr. u. bearb., Köln ^{6}1983.

Bultmann, Rudolf: Theologie des Neuen Testaments (NTG), 5. erw. Aufl. Tübingen 1965.

Casadio, Giovanni: Vie gnostiche all'immortalità, Brescia ^{1}1997.

Ders.: I paradisi della Sibilla, in: Chirassi Colombo, Ileana/Seppilli, Tullio (Ed.), Sibille e linguaggi oracolari. Mito, storia, tradizione, Macerata 1998, 411–425.

Ders.: Il vino dell'anima (Biblioteca di storia delle religioni 1), Roma 1999.

Ders.: Abenteuer des Dualismus auf der Seidenstraße, in: Emmerick, Ronald E./Sundermann, Werner u. a. (Hrsg.), Studia Manichaica. IV. Internationaler Kongress zum Manichäismus, Berlin, 14.–18. Juli 1997, Berlin 2000, 55–82.

Chantraine, Pierre: Dictionnaire étymologique de la langue grecque. Histoire des mots, Paris 1968.

Colpe, Carsten/Dumézil, Georges u. a.: Götter und Mythen der kaukasischen und iranischen Völker (WM IV), Stuttgart 1986.

Daszewski, Wiktor A.: Dionysos der Erlöser. Griechische Mythen im spätantiken Cypern (Trierer Beitr. z. Altertumskunde 2), Mainz 1985.

David, M./Groningen, B. A. van/Oven, J. C. van (Ed.): The Warren Papyri (P. Warren) (PLB 1), Lugduni Batavorum (Leiden) 1941.

Dittenberger, Wilhelm (Hrsg.): OGIS I, Leipzig 1903.

Düll, Rudolf: Das Zwölftafelgesetz. Texte, Übers. u. Erläuterungen, München ^{3}1959.

Eck, Werner/Heinrichs, Johannes: Sklaven und Freigelassene in der Gesellschaft der römischen Kaiserzeit, Textausw. u. Übers. (TzF 61), Darmstadt 1993.

Eliade, Mircea: Die Religionen und das Heilige. Elemente der Religionsgeschichte, Übers. aus dem Französischen v. M. Rassem/I. Köck, Salzburg u. Darmstadt 1954.

Ders.: Geschichte der religiösen Ideen II, Übers. aus dem Französischen v. Adelheid Müller-Lissner u. Werner Müller, Freiburg i. Br. ^{3}1984.

Färber, Hans/Schöne, Wilhelm: Horaz, Sämtliche Werke, lateinisch und deutsch, hrsg., übers. u. bearb., München ^{9}1982.

Farner, Konrad: Christentum und Eigentum. Bis Thomas von Aquin, Bern 1947.

Faulkner, Raymond O.: The Ancient Egyptian Pyramid Texts, translated into English, Oxford 1969.
Foerster, Werner: Art. *sōtēr* (A), ThWNT VII, Stuttgart 1966, 1005–1012.
Ders.: Art. *kyrios* (A, B), ThWNT III, Stuttgart 1967, 1039–1056.
Ders.: Die Gnosis I. Zeugnisse der Kirchenväter, eingel., übers. u. erl. (BAW.AC), Zürich 1969.
Frye, Richard N.: The Heritage of Persia, corrected, 2nd ed. London 1976.
Gayer, Roland: Die Stellung des Sklaven in den paulinischen Gemeinden und bei Paulus. Zugleich ein sozialgeschichtlich vergleichender Beitrag zur Wertung des Sklaven in der Antike, Diss. Zürich 1975 (EHS.T 78), Bern u. Frankfurt a. M. 1976.
Geerlings, Wilhelm: Die theios-aner-Vorstellung in der „Religionsgeschichtlichen Schule" und ihre Kritik, in: Binder, Gerhard/Effe, Bernd/Glei, Reinhold F. (Hrsg.): Gottmenschen. Konzepte existentieller Grenzüberschreitung im Altertum (BAC 55), Trier 2003, 121–131.
Geist, Hieronymus/Pfohl, Gerhard: Römische Grabinschriften, ges. u. ins Deutsche übertr., München [1]1969.
Goodman, Felicitas D.: Die andere Wirklichkeit. Über das Religiöse in den Kulturen der Welt, Übers. aus dem Amer., München 1994.
Götte, Johannes u. Maria/Beyer, Karl (Hrsg.): Vergil, Landleben/Vergil-Viten, lateinisch und deutsch, München [4]1981.
Graf, Fritz: Gottesnähe und Schadenzauber. Die Magie in der griechisch-römischen Antike, München 1996.
Grenier, Albert: Les religions étrusque et romaine (Collection „mana" 2/III), Paris 1948.
Hasenfratz, Hans-Peter: Die Rede von der Auferstehung Jesu Christi, Diss. Zürich 1974 (FThL 10), Bonn 1975.
Ders.: Die toten Lebenden. Eine religionsphänomenologische Studie zum sozialen Tod in archaischen Gesellschaften (BZRGG 24), Leiden 1982.
Ders.: Iran und der Dualismus, in: Numen 30 (1983) 35–52.
Ders.: Die Seele. Einführung in ein religiöses Grundphänomen, Zürich 1986.
Ders.: Das Christentum. Eine kleine „Problemgeschichte". Mit ausgewählten Texten, Zürich 1992.
Ders.: Der indische Weg. Die Spiritualität eines Kontinents entdecken, Freiburg i. Br. 1994.
Ders.: Das religiöse Umfeld des Christentums in der antiken Welt, in: Evangelisch-Theologische Fakultät der Ruhr-Universität Bochum (Hrsg.), Was ist Christentum? Versuche einer kritischen Annäherung, Waltrop 1997, 89–101.
Ders.: Leben mit den Toten. Eine Kultur- und Religionsgeschichte der anderen Art, Freiburg i. Br. 1998.
Ders.: Die religiöse Welt der Germanen. Ritual, Magie, Kult, Mythus, Freiburg i. Br. [4]1999.

Hasenfratz, Hans-Peter: Zarathustra, in: Antes, Peter (Hrsg.): Große Religionsstifter, Augsburg ²2001, 9–31, 209–212.
Ders.: Religion – was ist das? Lebensorientierung und Andere Wirklichkeit, Freiburg i. Br. 2002.
Heimberg, Ursula: Gewürze, Weihrauch, Seide. Welthandel in der Antike, Waiblingen 1981.
Hengstl, Johannes (Hrsg.): Griechische Papyri aus Ägypten als Zeugnisse des öffentlichen und privaten Lebens, griechisch-deutsch, Darmstadt u. München 1978.
Hennecke, Edgar/Schneemelcher, Wilhelm (Hrsg.): Neutestamentliche Apokryphen in deutscher Übersetzung I, Tübingen ⁴1968.
Holthusen, Hans E.: Der unbehauste Mensch. Motive und Probleme der modernen Literatur, gekürzte Neuausg., München 1964.
Huchthausen, Liselot (Hrsg.): Römisches Recht in einem Band (Bibliothek der Antike, Römische Reihe), Berlin/Weimar ²1983.
Kees, Hermann: Ägypten (RGL 10),Tübingen ²1928.
Kent, Roland G.: Old Persian. Grammar – Texts – Lexicon (AOS 33), 2nd ed. revised, Repr., New Haven, Conn. 1961.
Klimkeit, Hans-Joachim: Hymnen und Gebete der Religion des Lichts. Iranische und türkische liturgische Texte der Manichäer Zentralasiens, eingel. u. übers. (ARWAW 79), Opladen 1989.
Ders.: Die Seidenstraße. Handelsweg und Kulturbrücke zwischen Morgen- und Abendland, Köln ²1990.
Kloft, Hans: Mysterienkulte der Antike. Götter – Menschen – Rituale, München 1999.
Karin Kramer Verlag (Hrsg.): Das sechste und siebente Buch Mosis, Berlin ²1984.
Latte, Kurt: Die Religion der Römer und der Synkretismus der Kaiserzeit (RGL 5), Tübingen ²1927.
Ders.: Römische Religionsgeschichte (HAW V,4), München ²1976.
Leipoldt, Johannes: Umwelt des Urchristentums III. Bilder zum neutestamentlichen Zeitalter, ausgew. u. erl., Berlin ²1967.
Leipoldt, Johannes/Grundmann, Walter (Hrsg.): Umwelt des Urchristentums I. Darstellung des neutestamentlichen Zeitalters, Berlin ²1967.
Dies. (Hrsg.): Umwelt des Urchristentums II. Texte zum neutestamentlichen Zeitalter, Berlin ²1970.
Lietzmann, Hans/Kümmel, Werner Georg: An die Korinther I/II (HNT 9), 4. erg. Aufl. 1949.
Lohfink, Gerhard: Die Himmelfahrt Jesu. Untersuchungen zu den Himmelfahrts- und Erhöhungstexten bei Lukas (StANT 26), München 1971.
Loofs, Friedrich: Symbolik oder christliche Konfessionskunde (I) (GThW IV,4), Tübingen/Leipzig 1902.
Luck, Georg: Hexen und Zauberei in der römischen Dichtung, Zürich 1962.

Ders.: Magie und andere Geheimlehren in der Antike. Mit 112 neu übersetzten und einzeln kommentierten Quellentexten (KTA 489), Stuttgart 1990.
Lurker, Manfred: Götter und Symbole der alten Ägypter. Einführung und kleines Lexikon, 2. überarb. u. erw. Aufl. München 1974.
Ders. (Hrsg.): Wörterbuch der Symbolik (KTA 464), Stuttgart [3]1985.
Medicus, Dieter: Art. Ager publicus, KP I, München 1979, 125/126.
Merkelbach, Reinhold: Mithras, Königstein i.T. 1984.
Ders.: Mani und sein Religionssystem (RhWAW.G, Vortr. G. 281), Opladen 1986.
Mommsen, Theodor: Römische Geschichte I, Berlin 1907, II, Berlin 1908.
Morenz, Siegfried: Ägyptische Religion (RM 8), Stuttgart [2]1977.
Müller, Klaus E.: Der gesprungene Ring. Wie man die Seele gewinnt und verliert, Frankfurt a.M. 1997.
Ders.: Die gespenstische Ordnung, Frankfurt a.M. 2002.
Ders.: Nektar und Ambrosia. Kleine Ethnologie des Essens und Trinkens, München 2003.
Mumprecht, Vroni: Philostrat, Das Leben des Apollonios von Tyana, Griechisch-Deutsch, hrsg., übers. u. erl., München 1983.
Niederberger, Hanspeter/Hirtler, Christof: Geister, Bann und Herrgottswinkel, Kriens 2000.
Ogilvie, Robert M.: ... und bauten die Tempel wieder auf. Die Römer und ihre Götter im Zeitalter des Augustus, Übers. aus dem Engl. v. Florian Weidenfels, München 1984.
Pettazzoni, Raffaele: I Misteri. Saggio di una teoria storico-religiosa, Ried. Cosenza 1997.
Peuckert, Will-Erich: Art. Freimaurer, HWDA III, Nachdr. Berlin/New York 1987, 23–44.
Pfohl, Gerhard (Hrsg.): Griechische Inschriften als Zeugnisse des privaten und öffentlichen Lebens, griechisch-deutsch, München o.J.
Rahms, Helene: Dionysos – der Heiden Heiland. Ein wiederentdecktes Mosaik in Paphos auf Zypern, in: Zaberns Archäologischer Kurier (Mainz) Nr. 13 (Winter) 1985/1986, 1–3.
Roeder, Günther (Hrsg.): Urkunden zur Religion des Alten Ägypten, übers. u. eingel., Nachdr. Düsseldorf/Köln 1978.
Rohde, Erwin: Psyche. Seelencult und Unsterblichkeitsglaube der Griechen, zwei Bände in einem Band, Nachdr. d. 2. Aufl. Darmstadt 1980.
Rösch, Erich: Publius Ovidius Naso, Metamorphosen, in deutsche Hexameter übertr. u. hrsg., Darmstadt u. München [12]1990.
Rudolph, Kurt: Die Gnosis. Wesen und Geschichte einer spätantiken Religion, Leipzig [1]1977.
Schillinger-Häfele, Ute: Lateinische Inschriften, Quellen für die Geschichte des römischen Reiches, Waiblingen 1982.

Schreiber, Hermann: Die Zehn Gebote. Der Mensch und sein Recht, Wien/Düsseldorf [1]1962.
Schulz, Siegfried: Die Stunde der Botschaft. Einführung in die Theologie der vier Evangelisten, Hamburg 1967.
Ders.: Neutestamentliche Ethik (ZGB), Zürich 1987.
Schweizer, Eduard: Der Brief an die Kolosser (EKK), Zürich/Einsiedeln/Köln/Neukirchen-Vluyn 1976.
Seiterle, Gérard: Artemis – Die Große Göttin von Ephesos, in: AW 10/3 (1979) 3–16.
Smith, Morton: Jesus the Magician, San Francisco [2]1981.
Sohm, Rudolph/Mitteis, Ludwig/Wenger, Leopold: Institutionen, Geschichte und System des römischen Privatrechts, 17. bearb. Aufl. Berlin 1949.
Stemplinger, Eduard: Antiker Volksglaube, Stuttgart 1948.
Stützer, Herbert Alexander: Die Etrusker und ihre Welt, Köln [2]1980.
Tanner-Herter, Ursi: Michael und Justitia – himmlische und irdische Gerechtigkeit ..., in: Richner, Felix/Mörgeli, Christoph u.a. (Hrsg.): Vom Luxus des Geistes, FS f. Bruno Schmid z. 60. Geburtstag, Zürich 1994, 11–33.
Till, Rudolf: Res Publica. Texte zur Krise der frührömischen Tradition, Lateinisch/Griechisch und Deutsch, ausgew., übers. u. erl. (BAW.SA), Zürich/München 1976.
Turcan, Robert: Mithra et le mithracisme, Paris 1993.
Vermaseren, Maarten J.: Art. Mithras, [3]RGG IV, Tübingen 1960, 1020–1022.
Ders.: Der Kult der Kybele und des Attis im römischen Germanien, Stuttgart 1979.
Vretska, Helmuth: Art. Triumphus, KP V, München 1979, 973–975.
Weiss, Maria: Die Stiertötungsszene der römischen Mithrasaltäre. Schöpfung, Endzeitakt, Heilstat oder Sternkarte, Osterburken 1994.
Wengst, Klaus: Jesus zwischen Juden und Christen, Stuttgart 1999.
Ders.: Das Johannesevangelium II (Theol. Komm. z. NT IV,2), Stuttgart 2001.
Werner, Ernst/Erbstösser, Martin: Ketzer und Heilige. Das religiöse Leben im Hochmittelalter, Berlin [1]1986.
Wettstein, Jacobus: Novum Testamentum Graecum I, Nachdr. Graz 1962.
Widengren, Geo: Iranische Geisteswelt. Von den Anfängen bis zum Islam, Baden-Baden 1961
Ders.: Die Religionen Irans (RM 14), Stuttgart 1965.
Ders.: Der Feudalismus im alten Iran. Männerbund – Gefolgswesen – Feudalismus in der iranischen Gesellschaft im Hinblick auf die indogermanischen Verhältnisse (WAAFLNW 40), Köln/Opladen 1969.
Wünsch, Richard: Antike Fluchttafeln, hrsg. u. erkl. (KlT 20), Bonn [2]1912.
Zimmer, Heinrich: Mythen und Symbole in indischer Kunst und Kultur, Ges. Werke I, Zürich 1951.

Bibelstellenregister

Ma

Salzkristall-Lampen

**Raumlufterfrischer und natürliche Heiler
für Körper, Geist und Seele**

Gesund, Fit und wie Neugeboren durch Luftvitamine

Salzkristall-Lampen
im Zusammenhang mit:

Salzkristall-Heilbädern, Feng-Shui, Reiki,
Ayurweda, Elektrosmog, Ätherischen Ölen,
Kräutern & Tees

Mit Allergie-Ratgeber

Gedruckt auf chlorfrei gebleichtem, säurefreiem Papier

ISBN 3-9806192-8-1

Die Autorin

Die Therapeutin und Naturmedizinerin Marianne Rinneberg hat ihr Leben und ihr Herz den sanften Heilkräften von Heilsteinen, Feng-Shui-Glücksbringern, Salzkristall-Lampen und ätherischen Ölen verschrieben. Bevor Marianne Rinneberg heiratete war sie über viele Jahre bei den Naturvölkern Zuhause, um deren Bräuche und Kenntnisse über bisher unentdeckte Naturheilmittel zu erlernen. Die Autorin verbindet heute, so erfolgreich wie kaum eine andere Naturtherapeutin, althergebrachtes Heilwissen mit den Ursachen und Leiden moderner Krankheitsbilder. In jahrelangen Studien hat Marianne Rinneberg herausgefunden, daß sich in der Atemluft Mineralsalze und andere Energieträger befinden, die in diesem Buch erstmals als das bezeichnet werden was sie eigentlich sind: **Luftvitamine**. Diese Erkenntnis scheint nicht nur für die Naturheilkunde ein Quantensprung zu sein, sondern auch für die moderne Medizin. Denn in der Atemluft befindliche Luftvitamine scheinen wesentlich wichtiger für die Gesundheit aller Menschen zu sein als bisher angenommen wurde. Wahrscheinlich liegt in den von Marianne Rinneberg beschriebenen Luftvitaminen der Schlüssel für die Gesundheit des neuen Jahrtausends verborgen.

Wichtiger Hinweis:

Die in diesem Buch beschriebenen Eigenschaften über Salzkristall-Lampen und Luftvitamine weichen teilweise von den Erkenntnissen der allgemein anerkannten Schulmedizin ab. Obwohl die beschriebenen Erfahrungen von der Autorin sorgfältig recherchiert und von unzähligen Geheilten am eigenen Körper erfahren wurden, ist jeder Leser trotzdem dazu aufgefordert in eigener Verantwortung zu entscheiden, ob und in wieweit, die in diesem Buch beschriebenen Naturheilverfahren, für ihn eine Alternative zur Schulmedizin sein können. Wenden Sie sich bei unklarer Diagnose oder ausbleibendem therapeutischen Erfolg immer auch an einen Arzt oder Heilpraktiker Ihres Vertrauens.

Vorwort:

In vielen Milliarden Entwicklungsjahren hat die Natur auf der Erde viel Großartiges entstehen lassen. Doch alles Große beruht letztendlich auf großer Stabilität im Kleinen und hierbei scheinen die Luftvitamine im Stoffwechsel der Körperzellen aller Pflanzen, Tiere und Menschen großartiges zu vollbringen. In diesem Buch erfahren Sie, daß in der Atemluft vorhandene Mineralsalze durchaus mit Vitaminen vergleichbar sind. Sie setzen, jedes für sich, in den vielen Milliarden Körperzellen zur richtigen Zeit und am richtigen Ort, Stoffwechselvorgänge in Gang, die das gesamte körperliche, geistige und seelische Befinden steuern und regulieren. Hierfür sind nicht etwa große Mengen erforderlich, sondern bereits die ausgeschiedenen Luftvitamine einer einzigen Salzkristall-Lampe oder die nur in Spuren vorhandenen Mineralsalze in der Nordseeluft, reichen aus, um zu heilen und den Luftvitaminbedarf eines ganzen Tages zu decken. Luftvitamine bestehen überwiegend aus Mineralsalzen. Sie müssen dem Körper von außen zugeführt werden, weil sie, wie zahlreiche andere Vitamine auch, nicht vom Körper gebildet werden können. Luftvitamine können von den Körperzellen nur kurze Zeit gespeichert werden, meist werden sie jedoch sofort in Wachstum, Stoffwechselvorgänge, Wärme und emotionale Energien umgesetzt. Deshalb ist eine luftvitaminreiche Atemluft genauso wichtig, wie eine tägliche ausgewogene, abwechslungsreiche, gesunde Ernährung.

Luftvitamine:

- produzieren Glückshormone
- stärken das Immunsystem und die Zellatmung
- vertreiben Müdigkeit, Depressionen, Ängste
- steigern Kreativität und Lebensfreude
- halten jung, fit und gesund
- bremsen den Zellverfall, bzw. Zelltod und beugen somit vorzeitige Alterserscheinungen vor.

Luftvitamine sind wichtig für:

- feste Knochen, gesunde Zähne, schnelle Heilung, schöne Haut, kräftiges Bindegewebe, Durchblutung, gute Sexualfunktionen, Streßbewältigung, gesunden Schlaf, starke Nerven, gesunde Muskel- Herz- und Kreislauftätigkeit, Optimismus und Euphorie uvm.

Inhalt:

Salze

Lebensnotwendige Mineralstoffe für die Gesundheit

Kleine Salzgeschichte

Obwohl erst vor ca 150 Jahren wissenschaftlich nachgewiesen wurde, daß Salze lebenswichtig für den Organismus sind, wußten die Menschen natürlich schon viel früher, daß Salz ein ganz besonderer Heilstein ist. Archäologische Funde belegen, daß Salze schon vor über 15.000 Jahren von den Menschen bewußt als Gewürz und Heilmittel genutzt wurden. Orte an denen Wasser und Salz in natürlichen Vorkommen zur Verfügung stand, waren die ersten Plätze wo Menschen seßhaft wurden und ihre Siedlungen errichteten.

Solequellen wurden schon in der Antike als natürliche Salzbäder, Jungbrunnen und Heilquellen geschätzt

In der Antike wurde Salz hauptsächlich aus Salzquellen, sogenannten Solen, und durch das Anlegen von Salzgärten und Salinen durch Verdunstung aus dem Meerwasser gewonnen. Doch bereits schon viele 1000 Jahre v. Chr. entdeckten vor allem keltische Bergleute zahlreiche unterirdische Lagerstätten, deren Salzkristalle viel wohltuender, gesünder, heilsamer und atmungsaktiver waren als jene, die durch Verdunstung gewonnen wurden. Das weiße Gold, wie es im Mittelalter genannt wurde, ist Mitbegründer der ersten Handelswege, die sich als sogenannte Salzstraßen quer durch Europa zogen. Denn Salze gehörten damals zu den wertvollsten Handelsgütern, die zeitweise sogar mit Gold aufgewogen wurden. Der griechische Name für Salz »Hals« hat sich über das römische Reich in ganz Europa verbreitet. Ortsnamen, die mit Hall beginnen oder enden, wie z. B. Reichenhall, Friedrichshall, Hallstadt, oder Halle gehen auf die historische Bedeutsamkeit ihrer Steinsalzlagerstätten zurück.

Weißes Gold

Der Name des Salzes

Was sind Salze?

Salze sind chemische Verbindungen die durch ihre spezifischen Eigenschaften bestimmte Abläufe im Organismus steuern. Mineralsalze sind, genauso wie Mineralien und Spurenelemente auch, natürliche Lebensbausteine, die nicht im Körper gebildet werden können, sondern mit der Nahrung und durch die Atmung von außen aufgenommen werden müssen. Alle Salze bestehen aus sogenannten positiv und negativ geladenen Ionen, die auch als Elektrolyte oder Luftvitamine bezeichnet werden. Im allgemeinen Sprachgebrauch bringen wir Salz überwiegend nur mit Kochsalz in Verbindung. Neben Kochsalz bestimmen jedoch noch 6 weitere Mineralsalze, auch als Mineralstoffe bekannt, Gesundheit und Wohlbefinden.

Luftvitamine, Ionen & Elektrolyte

Was bewirken Salze im Körper?

Die verschiedenen Mineralsalze regulieren durch positiv und negativ geladene Energieteilchen, die auch als Ionen und Elektrolyte bezeichnet werden, sämtliche Abläufe im Organismus.

Gerät der innere Salzhaushalt aus dem Gleichgewicht, dann trocknen nicht nur die Körperzellen aus, oder ertrinken in Flüssigkeit, sondern können ihre lebenswichtigen Funktionen nur noch sehr eingeschränkt oder überhaupt nicht mehr wahrnehmen. Dies kann je nach Beeinträchtigung zu Mangelerscheinungen, körperlichen Leiden, Allergien oder sogar zum vorzeitigen Tod führen, weil die Informationen aus Seele und Psyche nicht mehr fehlerlos an Körper und Gehirn weitergegeben werden können, und umgekehrt. Wasser und Salze übernehmen im Körper unzählige lebenswichtige Funktionen, die von einem harmonischen Gleichgewicht abhängig sind. Denn Mineralsalze können ihre lebensnotwendigen Aufgaben für Körper, Geist und Seele nur dann erfüllen, wenn der Wasserhaushalt stimmt und umgekehrt kann der Wasserhaushalt nur dann stimmen, wenn der Salzhaushalt ausgeglichen ist.

Allergien

Luftvitamine (Mineralsalze) halten nicht nur Leib und Seele zusammen

Die 7 Mineralsalze:

Kalzium

Phosphor

Kalium

Natrium

Chlor

Schwefel

Magnesium

Salze verfeinern nicht nur den Geschmack vom Essen, sondern sind in Form zahlreicher Mineralstoffe, wovon die wichtigsten als sogenannte Mineralsalze in unserem Organismus enthalten sind, maßgeblich für das körperliche Befinden und die Gesundheit verantwortlich. Unser ganzer Körper besteht neben Wasser und den Mineralstoffen, Sauerstoff, Kohlenstoff, Wasserstoff und Stickstoff, die Eiweiße, Fett und Kohlenhydrate bilden, überwiegend aus den 7 Mineralsalzen: **Kalzium, Phosphor, Kalium, Natrium, Chlor, Schwefel und Magnesium**. Sie halten nicht nur Leib und Seele zusammen, sondern sind z. B. am Bau der Knochen und Organe beteiligt, regulieren Blutdruck und Verdauungssäfte, verleihen dem Skelett und den Zähnen Struktur und Festigkeit, steuern die Funktion der Nieren, sorgen für die Körperwärme und regulieren den Hormonhaushalt aller Zellen und Drüsen. Mineralsalze sorgen für die Geschmeidigkeit der Haut, Knorpel und Bindegewebe, regulieren den Stoffwechsel und die Verdauung, stärken das Immunsystem, Herz und Kreislauf, und regulieren den Wasserhaushalt. Salze bestimmen wie kräftig ihre Muskeln sind, ob sie frösteln und wie stark sie nervlich belastbar sind. Sie sind für die Zusammensetzung der Magensäure verantwortlich und bestimmen, ob Sie fröhlich, glücklich und zufrieden sind oder nicht.

Die Nieren können das Blut nicht mehr ordentlich reinigen. Gefährlich, wenn Sie z. B. regelmäßig Medikamente einnehmen

Obwohl der tägliche Salzbedarf von vielen Faktoren abhängig ist, ist unser Organismus auf eine harmonische Versorgung mit **allen** Mineralsalzen angewiesen. Und genau dies scheint zu einem der größten Probleme unserer modernen Zeit geworden zu sein. Einerseits befinden sich in unseren überwiegend künstlich und chemisch hergestellten Lebensmitteln, zu hohe Kochsalzanteile, dic cs unserem Organismus sichtlich erschweren sich von den vielen zusätzlichen chemischen Geschmacksverstärkern, Glutamaten und Pökelsalzen, die ebenfalls zu über 95%

aus Kochsalz bestehen, entgiften zu können. Dies kann für Sie besonders dann sogar lebensbedrohlich werden, wenn Sie regelmäßig chemische Nahrungsergänzungspräparate, Vitamintabletten oder Medikamente schlucken, weil sich deren Inhaltsstoffe im Körper konzentrieren. Starke Nebenwirkungen bzw. Vergiftungserscheinungen wie z. B. Verdauungsstörungen, Schwindelanfälle, Verwirrtheit, Waden- und Zehenkrämpfe, Herzrhythmusstörungen und Magen-Darmprobleme sind typische Folgen. Andererseits kommen die anderen lebenswichtigen Salze, bedingt durch moderne Ernährungsgewohnheiten, viel zu kurz. Das führt entweder zu Vergiftungen oder zu Mangelerscheinungen. Verdauungsstörungen, Stoffwechselprobleme, Magendruck, Völlegefühle, Allergien, Herz- und Kreislauferkrankungen und Sodbrennen sind die bekanntesten Anzeichen dafür.

Darüber hinaus geht unserem Organismus zunehmend eine wichtige Salzquelle verloren, die ebenso maßgeblich für die Gesundheit ist, wie das tägliche Salz in der Suppe auch. Nämlich die Aufnahme lebenswichtiger Mineralsalze aus der Atemluft über die Lungen und die Haut. Elektrosmog, Umweltverschmutzung, Verbrennungsanlagen, Zigarettenqualm, chemische Ausdünstungen von Teppichen, Möbeln, Farben, Lacken, Industrieabgase und ein Heer von elektronischen Kleingeräten, Computern, Fernsehern und Microwellenherden reduzieren den natürlichen Mineralsalzgehalt in der Atemluft oft so sehr, daß sie vielerorts, ähnlich wie destilliertes Wasser, zu einer ausgelaugten, toten Materie wird. Leider gleicht ein einseitiges Überangebot an Kochsalz im Essen den zunehmenden Mangel an anderen lebensnotwendigen Mineralsalzen nicht aus. Denn unser Körper ist dringend auch darauf angewiesen, seinen Bedarf an den Salzen zu decken, die überwiegend in der Atemluft in Form lebensnotwendiger Luftvitamine vorhanden sind, und nur durch die Lungen und die Haut aufgenommen werden können. Versiegt diese Quelle, dann gerät das empfindliche Gleichgewicht in unserem Organismus aus

Wofür Luftvitamine wichtig sind:

Feste Knochen

Gesunde Zähne

Schnelle Heilung

Schöne Haut

Feste Nägel

Durchblutung

Immunsystem

Gesunder Schlaf

Zellatmung

Junges Aussehen

Geistig fit

uvm.

dem Lot. In unserem Inneren geschieht dann im Kleinen nichts anderes, als was die maßlose Umweltzerstörung im Großen bewirkt. Wir werden krank, brennen aus und sterben vorzeitig!

Nur Kochsalz?

Kochsalz: NaCl

Natrium & Chlorid

Wenn von Salz die Rede ist, denken viele automatisch nur an Kochsalz und vergessen dabei, daß es noch andere wichtige Mineral-Salze gibt, die für unsere Gesundheit maßgeblich sind. Allerdings stehen alle Salze in unserem Körper in einem sensiblen Gleichgewicht zueinander, was wir an folgendem Beispiel mit Kochsalz und Kaliumsalz erläutern möchten. An diesem Beispiel wird Ihnen vielleicht bewußter, wie wichtig es ist sich über eine gesunde Atemluft genausoviel Sorgen zu machen, wie über eine gesunde Ernährung.

Tagesbedarf: ca 5-6gr.

Unsere Lebensmittel sind heute maßlos mit Kochsalz versalzen. Allen voran verstecken sich in Backwaren, Konserven, Fertig- und Fast-Foodgerichten, Fleischerzeugnissen und Wurstwaren oft die mehrfachen Tagesmengen eines Erwachsenen von ca 5-6gr. Diese kochsalzreichen Lebensmittel sind andererseits wiederum besonders arm an Kaliumsalz, was in unserem Inneren ein lebensbedrohliches Ungleichgewicht auslöst. Während das eine Salz (Kochsalz) unter anderem dafür verantwortlich ist, daß der Wasserhaushalt um die Zellen herum, nämlich in den Geweben und Drüsen, konstant bleibt, ist das Kaliumsalz dafür verantwortlich, daß Wasser und Feuchtigkeit ins Innere der Körperzellen gelangt. Kalium sorgt zusätzlich dafür, daß die Körperzellen gereinigt werden und Abfallstoffe heraustransportiert werden. Nur dann, wenn die Körperzellen in einem ausreichenden Feuchtigkeitsbett schwimmen, und gleichzeitig auch innerlich mit genügend Flüssigkeit versorgt und gereinigt werden, können sie Ihren Beitrag zu Wohlbefinden und Gesundheit leisten. Gerät diese Harmonie aus dem Gleichgewicht, was augenblicklich in unserer modernen Gesellschaft ein vielverbreitetes Leid ist, weil unsere Nieren wie verrückt versuchen das überschüssige Kochsalz los zu werden, entstehen typischen Mangelerscheinungen. Denn Kochsalz kann nur in Verbindung mit Wasser ausgeschieden werden. Und mit diesem Wasser wird leider auch das wichtige Kaliumsalz ausgeschwemmt, was zur Auszehrung und zur Austrocknung der Körperzellen und Schleimhäute führt. Konzentrationsstörungen, Verwirrtheit, Schwindelanfälle, Krämpfe in Waden und Zehen, Darmträgheit, Verstopfung, Herzrhythmusstörungen und Magen-Darmprobleme sind typische Folgen, die sich schon nach kurzer Zeit deutlich bemerkbar machen. Zahlreichen Wissenschaftlern zufolge liegt in diesem Ungleichgewicht des Salzhaushaltes sogar ein Hauptübel unserer modernen Zeit verborgen. Nicht nur das gesamte körperliche und geistige Wohlbefinden, sondern auch die meisten Allergien, Krebs, Herz- und Kreislauferkrankungen, Alzheimer, Leukämie, vorzeitiges Altern, Ängste, Depressionen und der vorzeitige Tod finden ihre Ursachen in mangelnder Zellatmung und in zu trockenen, verunreinigten Körperzellen.

Übersicht der wichtigsten Funktionen lebensnotwendiger Luftvitamine (Mineralsalze)

Luftvitamin (Mineralsalz)	Die wichtigsten funktionellen Bedeutungen	Typische Leiden bei Über- bzw. Unterversorgung
Kalzium Baustoff für Knochen und Zähne	Zahn- und Knochenaufbau, Beweglichkeit & Geschmeidigkeit der Muskeln, Nerven und Knorpel, Blutgerinnung	Muskelkrämpfe, Taubheitsgefühle in Armen und Beinen, Gelenkschmerzen, Schlafstörungen, Zahnverfall, Lähmungserscheinungen, Muskelzittern, Wachstumsstörungen, Ängste und Schweißausbrüche
Phosphor In jeder Köperzelle Zuhause	Macht glücklich, intelligent und bildet eine streßreduzierende Schutzschicht um die Nerven und um die Gehirnzellen. Dient als Transporteur aller Mineralien und Spurenelemente zu den Zellen. Sorgt für gesunde Nerven, reguliert Zellwachstum und Zellerneuerung, fördert Fettverdauung und den Kohlenhydrat- und Eiweißstoffwechsel	Knochensprödigkeit, Gelenkschmerzen, Appetitmangel, Wachstumsstörungen, starke Nervosität, Gereiztheit, unregelmäßige Atmung, sporadische Gewichtsverluste oder Gewichtszunahme, Arthritis
Magnesium Fleißiges Lieschen des Stoffwechsels	Spielt in allen Lebensprozessen eine übergeordnete Rolle, weil es über 300 lebenswichtige Enzyme steuert und funktionsfähig macht. Magnesium reguliert fast alle chem. Abläufe in unserem Organismus und ist für die Produktion von Hormonen verantwortlich, ohne die wir nicht lebensfähig wären. Darüber hinaus reguliert Magnesium maßgeblich den Fett-, Kohlenhydrat und Eiweißstoffwechsel, stärkt die Herzmuskulatur, kontrolliert Herztätigkeit, Herzschlag und stärkt die Streßabwehr.	Herzrhythmusstörungen, Herz-Kreislaufschwäche, Gereiztheit, Nerven scheinen blank zu liegen, Muskelkater, Muskelzittern, knirschige und empfindliche Zähne, hormonell bedingte Störungen und Stimmungsschwankungen. Anfällig für Erkältungen, Zerrungen, Heuschnupfen, Hautausschläge und typische Wadenkrämpfe
Natrium Salz in der Suppe?	Natriumsalz reguliert den Wasserhaushalt in den Körperflüssigkeiten und im Blut. Es verhindert vorzeitiges Altern, reguliert die Blutfilterung durch die Nieren, koordiniert alle Muskelbewegungen, den Blutdruck und steuert das Säure-, Basengleichgewicht (pH-Wert) im Blut und in der Magensäure.	Erhöhter Blutdruck & Cholesterinwerte. Nierenbeschwerden, Leberleiden, ständige Niedergeschlagenheit, Unlustgefühle, Müdigkeit, zu niedriger Blutzuckerspiegel, unregelmäßiger Puls, Gefäßkrankheiten und Zuckerkrankheit. Vorzeitige Alterserscheinungen der Haut durch Faltenbildung, Lederhaut.

Übersicht der wichtigsten Funktionen lebensnotwendiger Luftvitamine (Mineralsalze)

Luftvitamin (Mineralsalz)	Die wichtigsten funktionellen Bedeutungen	Typische Leiden bei Über- bzw. Unterversorgung
Kalium Jung, Fit & Schön	Kalium versorgt alle Zellen mit ausreichend Feuchtigkeit und transportiert lästige Abfallstoffe aus dem Organismus. Ein Mangel an Kalium bewirkt den schleichenden Tod unzähliger Körperzellen und somit vorzeitiges Altern und den vorzeitigen Tod. Reguliert Gefühle und Emotionen. Hilft Streß abbauen und bewirkt, daß Körperzellen und Gehirnzellen ausreichend mit Nährstoffen versorgt werden.	Herzrhythmusstörungen, Konzentrationsschwäche, Leistungsabfall, starke Stimmungsschwankungen, Burn-Out, Neurodermitis, Neuralgien, sporadische Muskelkrämpfe und Muskelzittern, Unterversorgung des Gehirns mit Sauerstoff, Nierenfunktionsstörungen, mangelnde Wundheilung, trockene, faltige, empfindliche Haut
Chlor Ohne Chlor keine Verdauung	Chloride übernehmen in unserem Körper viele wichtige Funktionen. Z. B. in Verbindung mit Natrium als Kochsalz. Es spült frische Nährstoffe in die Zellen und transportiert verbrauchten Zellmüll aus dem Gewebe. Überwiegend bildet Kochsalz die lebensnotwendige Magensäure, reguliert den Säure-/Basenwert des Blutes und ist unerläßlich für die Verdauung und Aufnahme von Eiweißen und Spurenelementen. Es stärkt das Immunsystem, tötet Bakterien und Parasiten im Dünndarm ab und sorgt für einen harmonischen Stoffwechsel im Magen-Darmtrakt.	Magenübersäuerung, Blähungen, Durchfall, häufiges Erbrechen, starkes Schwitzen, Sodbrennen, häufiges Aufstoßen, Magen-Schleimhautentzündungen, Magengeschwüre, Über- bzw. Untersäuerung von Blut und Magensäure. Allergien, Neuralgien und Hautkrankheiten.
Schwefel Tanzt aus der Reihe	Genau genommen ist Schwefel kein mineralisches Salz, sondern nimmt eine Zwischenrolle im Stoffwechsel von Eiweiß, Mineralsalzen und Vitaminen ein. Verschönert Haut und Haare, macht gesunde Fingernägel und elastische Gelenke. Beschützt vor Krankheitserregern, reguliert die Durchblutung, die Zellatmung, den Fettstoffwechsel und aktiviert die Heilung kranker Zellen. Schwefel gibt Zellschutz und hält Knorpel und Gelenke geschmeidig. Stärkt das Immunsystem. Festigt und strafft die Haut, und versorgt die Hautzellen mit ausreichend Kollagen und Feuchtigkeit, um sie bis ins hohe Alter faltenfrei, jugendlich und elastisch zu halten.	Schmerzende Gelenke und Degenerationserscheinungen von Knorpeln und Bindegeweben. Bandscheibenleiden, Arterienverkalkung, Haarausfall, Schuppenflechte, Haarsprödigkeit, Durchblutungsstörungen, brüchige Fingernägel, fahle, unreine, strapazierte Haut, schlaffes Bindegewebe, starke Hautfaltenbildung und Tränensäcke, Gicht, Leberfunktionsstörungen, Durchblutungsstörungen, Sehstörungen & Grauer Star, Ängste, Angstschweiß und Schlafstörungen

Salzkristall-Lampen im Alltag und in der Medizin

Vitamine in der Atemluft

Die Krankenkassen bezahlen Salzkuren in Luftkurorten, weil sie wissenschaftlich anerakannt sind

Genauso wie unser gesamter Organismus zusätzlich zu den Lungen auch die Haut benötigt wodurch er atmet, reicht das tägliche »Salz der Suppe« nicht aus, um den Körper mit ausreichend Salz-Ionen, Elektrolyten und anderen Luftvitaminen versorgen zu können. Die in der Nahrung befindlichen Mineralsalze decken lediglich einen geringen Teil des täglichen Bedarfes. Deshalb sind wir, um gesund und fit bleiben zu können, zusätzlich auch auf die Mineralsalze angewiesen, die mit jedem Atemzug durch unsere Lungen hindurch in unser Innerstes gelangen. Das machen sich beispielsweise Asthmatiker und Allergiker durch einen Kuraufenthalt in salz- und jodhaltiger Luft am Meer, insbesondere Nord- und Ostsee oder in einem der zahlreichen, ***auch von den Krankenkassen bezahlten Kuren***, in Salzstollen und Solebädern zu eigen.

Das Wesen der Atmung ist ebenso wie alle anderen natürlichen Lebensvorgänge ein mystisches Phänomen, dem die Urvölker viel mehr Bedeutung und Respekt beimessen als wir dies heute tun. Denn atmen bedeutet nicht nur Luft einatmen, sondern ist die Grundvoraussetzung für einen wunderbaren Stoffwechsel wodurch sämtliche Lebensvorgänge unseres Körpers überhaupt erst möglich werden. Durch das Atmen wird unserem Organismus nicht nur Sauerstoff zugeführt sondern zusätzlich gelangen wertvolle Energieteilchen, wie z. B. Ionen, Elektrolyte, Düfte, Salze und andere lebensnotwendige Luftvitamine in unseren Organismus. Leider ist unsere Atemluft heutzutage so stark mit chemischen Schadstoffen, Allergenen und Schwermetallen belastet, daß es unseren Lungen ohne zusätzliche Hilfe kaum noch möglich ist, die eingeatmete Luft reinigen zu können. Schadstoffe gelangen somit ungefiltert ins Blut und in unser gesamtes

Kreislaufsystem. Darüber hinaus fehlen unserer Atemluft zunehmend die lebensnotwendigen Luftvitamine und Ionen, die unter anderem auch dafür verantwortlich sind, daß das Immunsystem gestärkt wird und schädliche Umweltgifte wieder aus den Zellen heraustransportiert werden können.

Luftvitamine sind maßgeblich für Wohlbefinden und Gesundheit

Positiv und negativ geladene Luftvitamine

Unsere Atemluft ist elektrisch geladen. Sie besteht im Prinzip, wie unser Körper auch, aus Zellen die bei Luft als positiv oder negativ geladene Ionen bezeichnet werden. Beide, positiv geladene und negativ geladene Ionen, die auch als Luftvitamine bezeichnet werden, sind in einer gesunden Atemluft normalerweise zu gleichen Anteilen vorhanden. Sie sind im Prinzip mit den Vitaminen im Essen vergleichbar und regulieren das gesamte körperliche Befinden. Leider wird das empfindliche Gleichgewicht an Luftvitaminen, durch Umweltverschmutzung, elektronische Haushaltstechnisierung, Zigarettenqualm, Auto- und Industrieabgase, Elektrosmog, Müllverbrennung und Restemissionen durch Atomkraftwerke immer mehr gestört. Hinzu kommt, daß unsere Atemluft nicht gleichmäßig ausgelaugt wird, sondern daß die lebensnotwendigen, sogenannten linksdrehenden Luftvitamine, auch negativ geladene Ionen genannt, davon viel stärker betroffen sind, als die positiv geladenen Teilchen. Daraus folgt, daß unsere Atemluft überwiegend von rechtsdrehenden, sogenannten positiv geladenen Ionen, beherrscht wird. Dies hat auf unseren Organismus genauso schädliche Auswirkungen, wie eine zu hohe Ozonbelastung, oder wie der saure Regen auf die Bäume. Wissenschaftliche Studien belegen, daß eine Raumluft, die überwiegend von positiv geladenen Ionen gebildet wird, schwächende und sogar schädliche Wirkungen auf den Körper und den Stoffwechsel hat. Wird darüber hinaus die gesunde Ionendichte der Atemluft von mehreren 1.000 Ionen pro cm^3 Luft durch typische Ionenfresser auf

Ionendichte einer gesunden Raumluft

wenige 100 Ionen pro cm^3 Luft ausgelaugt, dann machen sich sehr schnell die typischen nachstehenden Leiden bemerkbar: Abgeschlagenheit, Konzentrationsstörungen, Kopf- und Gliederschmerzen, Migräne, Schlafstörungen, Herzrhythmusstörungen, Reizhusten, Asthma, starke Wetterfühligkeit, Allergien, eine erhöhte Anfälligkeit für Erkältungen, Heuschnupfen, Infektionen, Akneschübe und Depressionen.

Wissenschaftliche Messungen bestätigen

● Wissenschaftliche Messungen mit Ionenmetern haben sogar ergeben, daß Menschen, die sich überwiegend in Räumen mit einer schlechten Atemluft aufhalten (zu viele Plus-Ionen bei zu geringer Gesamtionendichte) viel nervöser, kranker, empfindlicher, allergischer und anfälliger auf Allergene, Viren, körperliche Krankheiten und seelische Leiden sind als jene, die Ihre Atemluft regelmäßig durch die Spender lebenswichtiger Luftvitamine erfrischen. Eingeschaltete Salzkristall-Lampen, Salztempel und Teelichter können die Atemluftqualität Ihrer Wohnräume und am Arbeitsplatz um das 15 bis 20 fache verbessern.

Baubiologische Richtwerte

● Baubiologische Richtwerte über die Ionendichte im Schlaf- oder Kinderzimmer weisen sogar auf eine kritischere Auswahl von Baustoffen in Hinsicht auf ihre biologische Atmungsaktivität hin. Nicht nur aus der Tatsache heraus, daß es wichtig ist, stets eine gesunde, frische und gehaltvolle Luft zu atmen, die aus gleichen Anteilen von positiv und negativ geladenen Luftvitaminen (Ionen) besteht, sondern auch deshalb, weil die Mindestionendichte von ca 1.000 Ionen pro cm^3 Atemluft nicht unterschritten werden sollte. Konzentrationen darunter werden nicht nur als bedenklich eingestuft, sondern können sogar zu nachhaltigen Mangelerscheinungen, Entwicklungsstörungen, Ängsten, Depressionen und zu seelischen Blockaden führen.

Typische Raumluftverbesserer und Minus-Ionenspender zugleich sind:

Gesunde Atemluft

- Salzkristall-Lampen
- Salzkristall-Tempel
- Salzkristall-Teelichter
- Zimmerbrunnen
- echte Pflanzen
- Kerzenlicht
- Die Luft nach Regenschauern und Gewittern ist besonders reich an frischen Luftvitaminen. Es empfiehlt sich daher nach jedem Regen kurz zu lüften.

Typische Raumluftverschlechterer, weil sie zum einen zu viele Plus-Ionen produzieren, die auf unseren Körper eher schwächende Wirkungen haben und weil sie zum anderen wahre Ionenfresser sind, sind:

Schlechte Luft

- elektronische Haushaltsgeräte, die auf stand-by gehalten werden und schnurlose Telefone
- Fernsehgeräte, Computer, Microwellengeräte
- Kunststoffe und Lacke
- Öl- und Gasheizungen mit Befeuerung im Wohnraum
- Neonbeleuchtung, Zigarettenrauch, Abgase, Elektrosmog
- chemisches Raumluftparfüm aus Spray-Dosen etc.

Ionenmessungen beweisen

Eine wissenschaftliche Studie mit Ionenmessungen beschreibt z. B., daß die Atemluftqualität in einem Raum durch das Einschalten von Fernsehern oder Computern binnen weniger Sekunden in eine so schlechte Qualität verwandelt wird, als ob sie tagelang nicht gelüftet hätten. Allerdings kann dieser empfindliche Atemluftqualitätsverlust durch das gleichzeitige Einschalten von Salzkristall-Lampen ausgeglichen und deutlich verbessert werden.

Saubere Luft, unser wichtigstes Lebensmittel!

Wir Menschen können zwar bis zu 5 Wochen ohne Nahrung auskommen und bis zu 5 Tage ohne Wasser überleben. Ohne Luft wird es jedoch für die meisten unter uns schon nach wenigen Minuten sehr unangenehm. Deshalb sollten wir noch viel mehr darüber nachdenken, was wir einatmen. Denn bis zur nächsten Mahlzeit bleibt Ihnen genügend Zeit, um sich über eine gesunde Kost Gedanken zu machen. Der nächste Atemzug ist jetzt, und deshalb lohnt es sich für Sie die Atemluft zumindest Zuhause und am Arbeitsplatz durch das Aufstellen einer Salzkristall-Lampe zum Kurort zu machen.

Luft ist nicht nur Sauerstoff

Unsere Luft besteht zwar größtenteils aus Stickstoff, Sauerstoff und sogenannten Edelgasen, dennoch sind es die vielen, Mineralsalze und andere bisher kaum erforschte Luftvitamine, die durch eine gesunde Luftionisierung maßgeblich an allen Stoffwechselvorgängen und an der Immunisierung gegen eine schlechte, allergenbelastete Atemluft beteiligt sind. Nur oberflächlich betrachtet besteht Luft, genauso wie das lebenswichtige Wasser, aus dem, was wir mit Hilfe unserer Sinne riechen, sehen und fühlen können oder daraus, was sich mittels aufwendiger Labortests nachweisen läßt. Genauer betrachtet befinden sich im Huckepack unserer Atemluft unzählige Luftvitamine in Form von Mineralsalzen, die durch die Atmung der Lunge und durch die Poren der Haut in unser Inneres gelangen. Ein Phänomen, das beispielsweise am Meer oder in unterirdischen Salzstollen besonders deutlich ist. Fehlen der Luft diese Vitamine, dann geschieht mit uns Menschen die an, und von der Luft leben, im Prinzip nichts anderes als mit Fischen in einem mit destilliertem Wasser gefüllten Aquarium auch. Sie leiden und gehen ein! Glücklicherweise ist unsere Atemluft noch nicht so sehr verschmutzt, daß wir in dieser Situation leben müssen, dennoch machen sich bei uns allen, ebenso wie in der Natur, deutliche Anzeichen dafür bemerkbar.

Krankheiten, Allergien, Stoffwechselstörungen und Krebs - Folgen von schlechter Luft?

Abgeschlagenheit, typische Spannungskopfschmerzen, Gereiztheit, Gliederschmerzen, Reißen in Händen, Rücken und Beinen, Schlaflosigkeit, Muskelkrämpfe, Konzentrationsstörungen, Bluthochdruck, Depressionen, Lustlosigkeit, sexuelle Unlust, Orgasmus- und Errektionsstörungen, Asthma, Heuschnupfen, Atemwegs-Allergien, Haut-Allergien, chronische Atemwegs-, Infektions- und Kreislauferkrankungen, Neurodermitis, sowie vorzeitige Alterserscheinungen, insbesondere der Haut oder Magenbeschwerden und Nierenentzündungen sind nur einige wenige Anzeichen, die sich im Besonderen auch auf eine ausgelaugte, verschmutzte, salzarme und ionenarme, ungesunde Atemluft zurückführen lassen.

Keine Schmerzen in der Lunge

Keine Schmerzen in der Lunge

Während wir Menschen im Magen und bei der Verdauung recht schnell spüren können, daß bestimmte Lebensmittel für uns eher ungeeignet oder sogar giftig sind, sind wir bei der Atmung darauf angewiesen, daß die Atemluft von Natur aus sauber ist, weil unsere Lungen keine Nerven haben. Weil unsere Lungen bei schlechter Luftqualität nicht schmerzen, wie unser Magen nach einem verdorbenen Essen, heißt das jedoch noch lange nicht, daß sich die Folgen einer schlechten Atemluft nicht anderswo bemerkbar machen können. Es empfiehlt sich daher, täglich durch das Aufstellen von Salzkristall-Lampen entschieden zur Verbesserung der eigenen Atemluft im Wohnbereich, Schlaf- und Kinderzimmer und am Arbeitsplatz beizutragen.

Allergie-Ratgeber

Jeder 2. Bundesbürger leidet unter Allergien

Weltweite Studien beweisen, daß Allergien längst zu den verbreitetsten Volkskrankheiten gehören, wovon jeder 2. Bundesbürger direkt oder indirekt betroffen ist. Asthma z. B. ist bei Kindern sogar die häufigste chronische Erkrankung überhaupt. Namhafte Wissenschaftler behaupten sogar, daß fast alle Krankheiten, neben seelischen Leiden, zu 90% von einer verschmutzten, luftvitaminarmen Atemluft, ausgelöst werden. Der Grund hierfür scheint einerseits darin zu liegen, daß die Lungen, wie bereits erwähnt, keine Nerven haben, die bei beißender Atemluftverschmutzung Schmerzen hervor rufen. Andererseits fehlen unserer Atemluft zunehmend wichtige Luftvitamine, womit die Schleimhäute stabil, abwehrstark und feucht gehalten werden. Alle inneren Organoberflächen, auch die Bronchien, Lungen, Nasenräume, Rachen, Kehlkopf, Luftröhre und alle anderen Atemwege sind mit Schleimhäuten überzogen, die beschützende, filternde, reinigende, desinfizierende und immunisierende Aufgaben haben. Die Oberfläche, der mit feinen Schleimhäuten überzogenen Lungenbläschen, eines Erwachsenen ist ca. 70-100m² groß. Die eingeatmete Atemluft gelangt über die Atemwege in die Lungenbläschen, in denen der Gasaustausch stattfindet. Die Schleimhäute sorgen auch dafür, daß Staubpartikel und andere Schadstoffe, die mit dem Atem in die Lungen gelangen, wieder hinausbefördert werden.

Kinder sind besonders betroffen

Trockene, kranke Schleimhäute - Eingang,stor für Allergene

Werden die Schleimhäute zu trocken, oder zu mineralsalzarm, dann verlieren Sie nicht nur Ihre desinfizierenden und immunisierenden Eigenschaften, sondern können die von der Außenluft durch die Atemwege zugeführten Schadstoffe nicht mehr ausreichend filtern und hinausbefördern. Je nach dem, wie stark Ihre Schleimhäute schon geschädigt sind, können nun unzählige Fremdstoffe in Ihr Inneres gelangen. Unternehmen sie nichts dagegen, indem Sie sich um eine bessere Raumluft bemühen, dann trocknen binnen kurzer Zeit größere Schleimhautflächen aus, sterben ab oder ziehen sich aufgrund irgendwelcher Störungen ruckartig zusammen. Die hierbei entstehenden Erkrankungen werden meist als Allergien, chronischer Husten, Asthma, Atemnot, Nasenlaufen, starke Juckreize, juckende Hautflechten, Kontaktekzeme, Nesselsucht, nässende Ödeme, Schuppenflechte und Heuschnupfen empfunden. Sterben diese Schleimhäute nicht in den Atemwegen, sondern tiefer in unserem Inneren, im Magen, Darm, unter der Haut oder gar in den Chakras ab, dann machen sich neben Magenschleimhaut- Dünn- und Dickdarmentzündungen, Völlegefühlen, Magendruck und Stoffwechselstörungen auch unangenehme Allergien bemerkbar, die oft gar nicht als solche erkannt werden, sondern als psychosomatische Leiden abgetan werden. Die Neurodermitis und sogenannte Lebensmittelallergien zählen hierbei sicherlich zu den unangenehmsten allergischen Abwehrreaktionen von Körper und Seele.

Fehlende Luftvitamine und schlechte Luft

Die Zusammenhänge zwischen Allergien, Luftverschmutzung, fehlenden Luftvitaminen und akuten körperlichen oder chronischen Krankheiten sind wissenschaftlich unbestritten. Längst ist auch bekannt, daß das Hauptproblem der Luftverschmutzung nicht etwa an vielbefahrenen Straßen zu suchen ist, sondern in den Innenräumen Ihrer Wohnung. Die Innenraumluft ist meist viel schlechter als Sie glauben, weil sie zum einen meist viel mehr mit Staub, Ruß, Bakterien, Milbenkot, Asbest und Elektrosmog belastet ist als die Außenluft und zum anderen weil sie zusätzlich viel ärmer an genau jenen Mineralien und Luftvitaminen ist, die unsere Schleimhäute benötigen, um feucht, gesund und geschmeidig zu bleiben. Dieses Problem wird zusätzlich durch die moderne Raumluftisolierung, chemische Baukunststoffe, Klimaanlagen, Neonlicht, Stickoxide, Dioxine und Zigarettenqualm verschärft.

Menschen, die bereits jetzt schon an allergischen Reaktionen der Haut, Atemwege oder Schleimhäute leiden, sollten die Atemluftionisierung und die zusätzliche Anreicherung Ihrer Raumluft mit Luftvitaminen genauso ernsthaft betreiben, wie die Säuberung der Innenraumluft auch. Kinder sind gegen eine ausgelaugte, luftvitaminarme, ionenarme Atemluft besonders anfällig, weil Ihre biologischen Abwehrmechanismen in den Schleimhäuten noch unterentwickelt sind.

Allergene

Aktive Allergene

Substanzen, die von Ihren Schleimhäuten oder vom Immunsystem nicht mehr aufgehalten werden können und deshalb allergische Reaktionen auslösen, werden als aktive Allergene bezeichnet. Hierunter fallen vor allem Ruß, Staub, Abgase, Schimmelpilzsporen, Bakterien, Pestizide, Nitrate im Trinkwasser, chemische Dämpfe von Farben, Lacken, Klebstoffen, Spraydosen, Milbenkot, chemische Textilfasern, Pflanzendünger, Wasch- und Spülmittel und genmanipulierte Lebensmittel.

Passive Allergene

Von passiven Allergenen ist die Rede, wenn bestimmte Stoffe den Ionen- bzw. Luftvitaminengehalt Ihrer Atemluft aufspalten, auslaugen oder zerstören. Denn eine mineralsalzarme Luft kann den Zellbedarf an Luftvitaminen nicht mehr decken. Die Zellen der Schleimhäute trocknen ein, werden schwach und sterben ab. Egal, welche Partikel nun durch die Atmung auf die geschwächten Schleimhäute treffen, sie werden typische Abwehrreaktionen wie z. B. Hautkrankheiten, Tierhaarallergien, Akne, Heuschnupfen, Neurodermitis, Asthma, Atemnot, Lebensmittelallergien oder Milchschorf bei Kindern, was letztendlich nichts anderes ist als ein großflächiger Herd abgestorbener Schleimhautzellen, auslösen.

Nicht Tierhaare und Pollen sind Schuld, sondern schlechte Luft und kranke Schleimhäute

Allerdings ist klar zu bemerken, daß Allergien und andere Krankheiten nur dann ausgelöst werden, wenn die Schutzfunktion der Schleimhautzellen geschwächt oder zerstört ist, oder wenn Sie sich über einen längeren Zeitraum in Räumen mit kranker, luftvitaminarmer, zu schadstoffbelasteter Atemluft aufhalten. Salzkristall-Lampen lindern beides. Sie regulieren den Mineralsalzhaushalt und somit auch die Leitfähigkeit der Nerven, den Wasserhaushalt und das Säuren-Basen-Gleichgewicht **(pH-Wert)** in den Körperzellen, was eine weitere Grundvoraussetzung für Immunität und Gesundheit ist. Darüber hinaus verbessern Salzkristall-Lampen die Atemluftqualität. Sie tragen entschieden zur Ionisierung, Reinigung und Luftvitaminversorgung bei.

pH-Wert

Heuschnupfen

Zahlreiche Untersuchungen haben ergeben, daß die Raumluftionisierung mit Luftvitaminen maßgeblich zur Linderung von Heuschnupfen und anderen allergischen Atemwegserkrankungen beitragen kann.

Heuschnupfen

Was können Sie tun?

Der Schlüssel zu mehr Gesundheit und weniger Allergiebereitschaft des Körpers liegt eindeutig in 2 wichtigen Aspekten verborgen. Zum einen benötigen die Zellen der Schleimhäute ausreichend Feuchtigkeit, die wiederum durch eingeatmete Luftvitamine reguliert wird. Darüber hinaus muß der Mineralsalzhaushalt im Körper stimmen, damit die Zellen ihre abwehrenden, schützenden und immunisierenden Wirkungen für den Körper erfüllen können. Mit Salzkristall-Lampen können Sie entschieden zur Raumluftverbesserung beitragen. Ihre feine Dosierung mit Luftvitaminen stärkt und beschützt nicht nur die Schleimhäute der Atemwege, sondern wirkt sich auch sehr lindernd auf Allergien aller Art aus. Die Mineralsalze, Elektrolyte und Ionen, die auch als Luftvitamine bezeichnet werden, dringen bis ins Innere der Zellen vor, um Sie in Ihrer antiallergischen Abwehrhaltung zu stärken. Reizstoffe, auf die Sie zuvor allergisch reagierten, können nun von den Schleimhäuten besser abgetötet, neutralisiert, gefiltert und mühelos heraustransportiert werden. Das Immunsystem ist nicht mehr überlastet und Allergene können nicht mehr durch die Schleimhäute hindurch ins Lymph- bzw. Kreislaufsystem eindringen. Sie bleiben gesund und Allergien lassen spürbar nach.

Salzkristall-Lampen zum Lindern von Allergien

Allergene brauchen eine statisch geladene Luft um sich ankleben zu können

Neuesten Erkenntnissen zufolge tragen Salzkristall-Lampen durch die Raumluftionisierung mit Luftvitaminen auch zu einer antistatischeren Raumluft bei. Dies wirkt sich nicht nur reduzierend auf elektronische Überspannungen der Raumluft aus, sondern bewirkt auch, daß sich krankmachende Umweltgifte nicht mehr so einfach an Pollen und anderen Luftbestandteilen der Atemluft festsetzen können. Diese Schadstoffe gelangen mit einer ausgelaugten, statisch überladenen Atemluft, quasi Huckepack, leichter in Ihr Inneres. Meist sind diese giftigen Luftbestandteile die eigentlichen Auslöser von allergischen Reaktionen und nicht die Blütenpollen selbst. Denn Blütenpollen sind natürliche Botenstoffe der Natur. Kein Lebewesen ist in Wirklichkeit gegen die Natur, von der wir alle leben und abstammen, allergisch. Schädlich sind nur die vielen Giftstoffe, die an den Pollen kleben. Die Luftvitamine von Salzkristall-Lampen setzen die statische Spannung der Atemluft herab. Das bewirkt, daß schädliche Allergene nicht mehr, wie der Staub am Fernseher, kleben bleiben, sondern abfallen. Von einem Augenblick zum nächsten können Sie hierdurch allergiefrei werden, was zahlreiche Untersuchungen bei Heuschnupfenpatienten, gezeigt haben.

Behandlung und Vorbeugung allergischer Krankheiten

Das Hauptaugenmerk dieses Buches liegt auf den praktischen Möglichkeiten zur Selbsthilfe bei Allergien und anderen Krankheiten. Dieses Buch beschreibt die Erfahrungen unzähliger Therapeuten und Patienten, denen mit Salzkristall-Lampen und Mineral-Salzbädern schon nach kurzer Zeit wesentlich besser geholfen wurde als durch jahrelange Therapien mit chemischen Medikamenten. Dieses Buch soll Ihnen vor Augen führen, wieviel Sie wirklich für sich tun können, wenn Sie wissen, wie Mineralsalzkristalle wirken. Sicherlich gibt es noch viele weitere natürliche Heiler, wie z. B. Heilsteine, ätherische Öle oder Kräuter. Dennoch spielen Salzkristall-Lampen in der Naturheilkunde gegen Allergien wegen ihrer komplexen Heilungsmöglichkeiten eine übergeordnete Rolle. Sie helfen die Ursachen von Beschwerden lindern, wirken vorbeugend und ganzheitlich heilend. Salzkristall-

Lampen haben keine Nebenwirkungen und können deshalb von jedem Allergiegefährdeten oder Allergiker ohne großen Aufwand verwendet werden. Salzkristall-Lampen sollten immer auch gleichzeitig zu anderen medizinischen Maßnahmen, besonders bei Kindern, zum Einsatz kommen. Auch wenn der wissenschaftliche Nachweis ihrer Wirksamkeit noch in den Kinderschuhen steckt, beweisen unzählige Erfahrungsberichte, daß Salzkristall-Lampen viel mehr sind als nur die Spender von Luftvitaminen. Und: Sie haben keine Nebenwirkungen!

Salzkristalle in der Medizin

15fache Luftverbesserung

Wie bereits erwähnt, wirken sich zuviele positiv geladene Ionen und eine zu geringe Ionendichte in der Atemluft sehr negativ auf den Organismus, Stoffwechsel, Gesundheit und das seelische Befinden aus. Salzkristall-Lampen können ganz entschieden zur Raumluftverbesserung und somit zur Gesundheit beitragen. Salzkuren, Mineralsalzbäder und Luftkuren in mineralsalzhaltiger Luft gehören zu den wichtigsten therapeutischen Maßnahmen zum lindern und heilen vieler Krankheiten. Je nach Anzahl von »Ionenfressern« in Ihrer Wohnung und am Arbeitsplatz können Sie die Atemluft innerhalb von wenigen Stunden durch Ionisierung und Mineralisierung um das 15fache verbessern. Geben Sie Ihrer Raumluft die Qualität einer gesunden Bergluft zurück.

Atmung
Bronchien
Lunge

Salzkristalle unterstützen die Heilung bei Atemwegserkrankungen, lindern chronischen Katarrhe der Luftwege und Bronchien, asthmatische und chronische Bronchitis, Nasennebenhöhlenentzündungen und Asthma. Salzkristall-Lampen wirken sehr lindernd bei Heuschnupfen und Allergien aller Art.

Schnupfen
Husten
Heiserkeit

Die sekretionslösende, entzündungshemmende und heilungsunterstützende Wirkung der Lampe kann zusätzlich durch Einträufeln von Salzkristall-Essenz direkt in die Nase unterstützt werden. Hierdurch lassen sich auch lästige Neben- und Stirnhöhlenentzündungen lindern, die sich nicht selten auch durch starke Schmerzen in den Wangen und der Stirn, in Verbindung mit Kopfschmerzen und Beklemmungen bemerkbar machen, wobei jede Kopfbewegung zur Qual werden kann. Ziehen Sie die Essenz durch ein Nasenloch ein und schnäuzen Sie anschließend. Verfahren Sie mehrmals täglich auf diese Weise abwechselnd mit beiden Nasenlöchern. Diese Therapie läßt sich auch sehr wohltuend bei ständigem Frösteln, Schnupfen, Husten und Heiserkeit anwenden.

Zeitschrift für praktische Medizin:

Aus der Medizin

Untersuchungen über Asthma und Heuschnupfen, die teilweise auch in der Zeitschrift für praktische Medizin veröffentlicht wurden, belegen, daß fast 60% aller Patienten nach 6 monatiger Behandlung mit Salzkristall-Lampen und Mineralsalzbädern nicht nur starke gesundheitliche Verbesserungen erfahren haben, sondern teilweise auch komplett geheilt wurden.

Muskeln Knochen Gelenke

Salzkristalle geben neben den anderen, wertvollen Mineralsalzen auch Schwefel an die Raumluft ab. Dieser ist völlig geruchlos, und nur in geringsten Spuren vorhanden. Durch die Haut und die Lungen aufgenommen stärkt er in Verbindung mit Kalzium, Magnesium und Phosphor, Muskeln, Knochen, Knorpel- und Bindegewebe.

Ischias HWS Osteoporose Rheuma Bandscheiben Gicht Krämpfe

Durch das Aufstellen von Salzkristall-Lampen und durch Salzbäder lassen sich nicht nur Muskelfunktionsstörungen, Waden- und Zehenkrämpfe, Verspannungen und Ischiasbeschwerden lindern, sondern auch Gelenk- und Wirbelsäulenerkrankungen, HWS und LWS, Osteoporose, Rheuma, Gicht, Bandscheibenvorfälle und Unfallfolgen nach Aufprall- und Sportverletzungen. Darüber hinaus wirken Salzbäder auch entzündungshemmend bei degenerativen Leiden und beugen einer starken unschönen Narbenbildung vor. Geben Sie dem Vollbad regelmäßig schon während des Einlaufens eine große Handvoll Mineral-Badesalze hinzu.

Salzkristalle regen den Hautstoffwechsel an und wirken somit tiefenreinigend und durchblutungsfördernd bis in tiefergelegene Bindegewebsschichten. Dies lindert nicht nur Pickel, Hautunreinheiten, unangenehmes Jucken, Hautreizungen, Rötungen und Sprödigkeit, sondern eignet sich auch sehr gut zum lindern von Schuppenflechten, starken Ekzemen, Neurodermitis und Allergien. Die Wirkungen können zusätzlich nach Rücksprache mit einem Arzt durch Salzkristall-Essenzen verstärkt werden. Dies trifft auch auf hartnäckig juckende Geschwüre und Abszesse, Wasseransammlungen (Ödeme), Dehnungsstreifen, Schwangerschaftsstreifen, Zellulitis und unschöne Narben zu. Massieren Sie die Essenz direkt in die betroffenen Hautregionen ein, oder legen Sie feuchte Salzwasserumschläge auf. Dies lindert den Juckreiz und verhindert ständiges Aufkratzen.

Haut
Schuppenflechte
Neurodermitis

Ödeme
Zellulitis
Allergien

Salzkristalle und Badesalze wirken sich auch deshalb so lindernd bei Schuppenflechten und anderen Ekzemen aus, weil sie die Schuppen auf der Hautschicht ablösen und somit das Vordringen von heilenden Wirkstoffen von außen durch das Wasser, die Raumluft und von Innen heraus ermöglichen. Ohne Nebenwirkungen können Sie hiermit entschieden zur Besserung beitragen.

Schuppenflechte

Neuesten Erkenntnissen zufolge lassen sich pfeifende Ohrengeräusche, Gehörsturz und akuter Gehörverlust nicht nur durch Mineralsalzinjektionen lindern, sondern auch durch das Aufstellen von Salzkristall-Lampen. Durch Gurgeln und Mundspülungen mit der Essenz können lästige Bläschen an Lippen, Zunge und Gaumen, bakterielle Nebenhöhlen- und Halsentzündungen, Mundschleimhaut- und Zahnfleischentzündungen, sowie Schluckbeschwerden gelindert werden.

Hals
Nasen
Ohren

Eine Handvoll Mineralsalz in ein Baumwollsäckchen gefüllt und im Backofen erhitzt kann Wunder bewirken. Legen Sie sich mit dem schmerzenden Ohr auf das Säckchen. Die Wärme reguliert den Innenohrdruck auf das Trommelfell. Schmerzen klingen bald ab.

Ohrenschmerzen

Unterleib
Menstruation
Prostata
Wechseljahre

Zusätzlich zur Salzkristall-Lampe können Salzbäder sehr heilungsfördernd nach Unterleibsoperationen, Blasenentzündungen, Blasenschwäche, Reizblase, Eierstock- und Gebärmutterentzündungen, Hoden- und Prostata-Entzündungen, Menstruationsstörungen und Wechseljahrbeschwerden sein. Hinzu kommt, daß Salzbäder entzündungshemmend im Genitalbereich wirken können und sehr entspannend auf die Muskelpartien im Beckenbereich sind, was sich besonders bei Blasenschwäche als sehr angenehm erweist.

Weißfluß
(Fluor)

Waschungen mit Mineralsalzwasser, das mit Kräuterextrakten aus Kamille, weißer Taubnessel, Frauenmantel oder Thymian vermischt wurde, können sehr heilende Wirkungen auf den Genitalbereich haben. Hierzu nimmt man jeweils einen gehäuften Esslöffel des jeweiligen Krautes, übergießt es mit 1 Liter kochendem Mineralsalzwasser, läßt es 10 Minuten ziehen und seiht es dann ab. Nach dem Abkühlen wäscht man sich den Intimbereich damit aus.

Verdauung
Stoffwechsel
Blähungen
Sodbrennen

Hierfür kann das Aufstellen einer oder mehrerer Lampen nicht nur für Erwachsene, sondern vor allem auch bei Kindern, Wunder wirken. Salzkristalle können chronische Durchfallerkrankungen, Appetitlosigkeit und unklare funktionelle Störungen der Verdauung in Magen und Darm lindern. Vor oder nach dem Essen eingenommen, können Salzkristall-Essenzen die Verdauung ankurbeln und Völlegefühle, Blähungen, Sodbrennen und lästiges Aufstoßen vermindern. Vor dem Essen eingenommen reguliert die Essenz die Magensäure und sorgt für ein deutlicheres Sättigungsgefühl.

Kreislauf
Blutdruck

Durch Salzkristall-Lampen und Salzkristall-Bäder kann der Kreislauf sehr wohltuend reguliert werden. Denn der vorzeitige Tod durch Herz- und Kreislaufbeschwerden wird nicht selten durch überhöhten Blutdruck, Herzrhythmusstörungen und einen Schlaganfall ausgelöst. Deshalb ist es für Gefährdete besonders wichtig sich zusätzlich zur ärztlichen Medizin mit natürlichen Heilern vertraut zu machen. Salzkristalle können durch die Verbesserung der Atemluft den Blutdruck dauerhaft senken. Dennoch sollten sich Betroffene unbedingt über eine kochsalzärmere Ernährung Gedanken machen und auf das Einnehmen von salzhaltigen Präparaten verzichten.

Falsche Ernährung

Falsche Ernährung, Fast-Food, Streß, Alkohol, Rauchen, viel Kaffee und eine ungesunde Lebensweise begünstigen die Ansammlung von Giftstoffen in den Körperzellen. So lange der Mineralsalzhaushalt stimmt können diese Giftstoffe vom Körper recht gut durch das Lymphsystem abtransportiert werden. Sobald die körpereigenen Entgiftungsmechanismen durch Unausgewogenheiten im Wasser-Salzhaushalt bzw. durch seelische Spannungen gestört werden, was sich häufig schon um die 30 bemerkbar macht, kommt es zu typischen Verkalkungen, Ablagerungen, Wasseransammlungen und Stoffwechelstörungen. Genau an dieser Stelle greift die Wirksamkeit einer Salzkristall-Lampe unterstützend und heilungsfördernd ein. Die Funktion elektrisch beleuchteter und erwärmter Salzlampen beschleunigt die Atemluftionisierung. Hierdurch werden vom Salzkristall vermehrt linksdrehende Luftvitamine, sogenannte negativ geladene Ionen gebildet, und in der Atemluft angereichert. Positiv geladene Ionen, die sich auf die Gesundheit eher hemmend auswirken, werden neutralisiert und reduziert. Negativ und Positiv haben in diesem Zusammenhang nichts mit »gut« oder »schlecht« gemeinsam sondern beziehen sich auf die elektrische Ladung dieser Energieträger. Allerdings sind wir modernen Menschen in Wirklichkeit, bedingt durch zunehmende Umweltverschmutzung, tatsächlich schon viel mehr auf die Einnahme von sogenannten negativ geladenen Luftvitaminen angewiesen. Sie werden nicht nur dazu benötigt, um das innere Gleichgewicht aller Mineralsalze im Körper wieder herzustellen, sondern tragen auch dazu bei, daß eingelagerte Giftstoffe besser ausgeschieden werden. Unser Körper erfährt hierdurch eine längst überfällige, bestmögliche Reinigungskur, Gewebepflege und Entschlackung von

Alkohol Fast-Food und Streß

Verkalkungen Stoffwechselstöungen

Links drehende Luftvitamine

Haut, Knochen und Bindegeweben, die sogar verjüngende Wirkungen hat.

Blähungen Reizmagen Sodbrennen

Blähungen, Völlegefühle, Schluckauf, Reizmagen und Sodbrennen können durch Salzkristall-Lampen gut gelindert werden. Lösen Sie einen Teelöffel mit Kristallsalz in einem Glas Wasser auf, um es zu trinken. Diese Eigenschaften können zusätzlich mit Anis, Fenchel und Kümmel verstärkt werden.

Darmträgheit

Ein Teelöffel Mineralsalz in einem Glas warmen Wasser aufgelöst und morgens auf nüchternen Magen getrunken lindert Darmträgheit, reinigt, entschlackt und spornt die Verdauung und den Stoffwechsel an.

Salzkristall-Lampen heilen

Die heilenden Wirkungen von Salzkristallen sind keine Entdeckungen unserer Zeit, sondern ruhen auf Jahrtausende langer Tradition. Allerdings wird die luftvitaminionisierende Funktion durch die erwärmende, elektrische Beleuchtung um ein vielfaches verstärkt. Immer mehr Menschen spüren intuitiv, daß Sie sich mit einer Salzkristall-Lampe nicht nur einen Raumlufterfrischer in die Wohnung geholt haben, sondern auch einen energetischen Helfer und wohltuenden natürlichen Heiler für Körper, Geist und Seele.

Was haben Lampen, Tempel und Teelichter aus Salzkristall mit der Gesundheit zu tun?

Diese Frage läßt sich andersherum viel eher mit der Frage darüber beantworten, ob es etwas gibt, woran Mineralsalze keine Ursache haben. Denn Magnesium-, Kalzium-, Natrium- und Kaliumsalze sind nicht nur in der wertvollen Krume aller Böden eingelagert, woraus alles lebendige erwächst, sondern auch im Trinkwasser, in der Atemluft und in jeder Zelle unseres Körpers.

Salzkristall-Lampen verbessern die Atemluft in der Wohnung und am Arbeitsplatz und versorgen Sie zusätzlich mit lebensnotwendigen Ionen, Elektrolyten und anderen Luftvitaminen. Hierdurch entsteht im Kleinen in Ihrer Wohnung und am Arbeitsplatz nichts anderes, als im Großen an der Nordsee oder in bekannten Kurorten und Salzstöcken auch.

● Ihre Atemluft wird genau mit den Mineralsalzen versorgt, die Ihr Organismus braucht. Stellen Sie Ihre Lampe überall dort auf, wo Sie sich längere Zeit aufhalten oder schlafen.

Machen Sie Ihre Atemluft zum Kurort

● Salzkristalle wirken auch im ausgeschalteten Zustand, allerdings verstärkt sich die Wirkung je mehr sich die Lampe erwärmt. Denn um so mehr sich der Salzkristall erwärmt, um so besser ist die Raumlufterfrischung mit Luftvitaminen, was zur Folge hat, daß schädliche Positiv-Ionen absorbiert werden, und in für unseren Körper gesündere, linksdrehende Luftvitamine, sogenannte negativ geladene Ionen (Elektrolyte), umgewandelt werden. Dies steigert nicht nur Ihre Gesundheit, sondern macht die Atemluft in Ihrer Wohnung und am Arbeitsplatz zum Kurort.

Staub Milbenkot Zigarettenqualm

● Salzkristalle filtern und neutralisieren krankmachenden Staub und Zigarettenqualm. Sie können die Population und die Ausbreitung von Milben hemmen und schädliche Schimmelpilzsporen, Keime und andere Allergene aus dem Hausstaub abtöten und filtern.

Häuslicher Elektrosmog

● Salzkristall-Lampen senken den Spannungswiderstand in der Atemluft, der durch elektrische Geräte, wie z. B. Fernseher, Computer, Microwellengeräte, Stand-By-Schaltungen, synthetische Geruchsverstärker und chemische Weichmacher in Möbeln, Tapeten und Teppichen aufgebaut wird. Dieser häusliche Elektrosmog kann durch Salzkristall-Lampen um ein vielfaches gefiltert und reduziert werden. Aus diesem Grund werden verbrauchte Brennelemente aus Kraftwerken auch in Salzstöcken endgelagert.

Lagerfeuer-Romantik pur

Das romantische Licht einer Salzkristall-Lampe erinnert an die Glut eines Lagerfeuers, worum sich alle Menschen liebend gerne versammeln. Leuchtende Salzkristalle vermitteln Ruhe, Wohlbefinden und Geborgenheit und sind deshalb auch am Krankenbett, in Praxen und Wartezimmern geschätzte Heiler, Licht- und Energiebringer. Im Schlafzimmer sorgen Salzkristall-Lampen für eine gesunde Raumluft und für einen wohltuenden erholsamen tiefen Schlaf.

Salzkristall-Lampen, auch ein Beziehungskatalysator?

Eine gespannte Atmosphäre

Ja, denn Salzkristalle verbessern nicht nur das Raumklima, sondern auch das zwischenmenschliche Klima unter Partnern, Familienangehörigen und Kollegen. Sie lindern beispielsweise das, was wir als eine belastete, aufgeladene und drückende Atmosphäre empfinden. Salzkristall-Lampen tragen somit zu mehr Offenheit, Verständnis, Liebe, Ehrlichkeit und Mitgefühl unter Paaren und Anwesenden bei. Sie filtern jene Kräfte, die Auslöser plötzlicher Streitereien, Gereiztheiten und negativer Stimmungsschwankungen ohne erkennbare Ursachen sind und die sich schädlich auf das Gemüt anwesender auswirken, heraus. Über 60% aller Streitigkeiten lassen sich letztendlich auf eine schlechte Raumluftqualität zurückführen. Lassen Sie es nicht soweit kommen, sondern schützen Sie sich und Ihre Angehörigen mit einer Salzkristall-Lampe vor Aggressionen, Mobbing und typischen Trennungsmechanismen. Denn Salzkristall-Lampen spenden nicht nur mehr Wohlbefinden und Gesundheit, sondern tragen auch zur seelischen Erfüllung bei.

Mobbing

Farbtherapie mit Salzkristall-Lampen

Salzkristall-Lampen

Schon die Hochkulturen der Antike, die Griechen, Ägypter und Römer, erkannten die heilenden Energien des Lichts. Farbtherapie war daher nicht nur den großen Ärzten der Vergangenheit sehr geläufig, sondern wird auch heute noch gezielt gegen Krankheiten und seelische Leiden eingesetzt. Farbtherapie ist, wie die Steinheilkunde auch, eine ganzheitliche Therapieform, die nicht erst im Krankheitsfall beginnt, sondern uns täglich, wenn auch unterbewußt, in allen Lebensbereichen begleitet. Denn alles im Leben ist farbig und farbige Lichtenergien wirken nicht nur heilend auf den Körper, sondern regen auch die Lebensenergien an. Wer sich ein wenig mehr mit den folgenden Heilkräften von Lichtern und Farben befaßt, kann sein Umfeld mit Hilfe von Salzkristall-Lampen, Salztempeln und Teelichtern viel positiver gestalten.

Licht und Farben

Salzkristall-Lampen sind Spender heilender Lichtquellen

Licht und Farben lösen nicht nur innere Blockaden und helfen Ihnen die eigene Persönlichkeit zu entdecken, sondern tragen genauso zur Gesundheit und zum Wohlbefinden bei, wie Mineralien und Heilsteine auch. Und dies gilt natürlich auch für Salzkristall-Lampen. Sie bieten sich als ideale Energiespender heilender Lichtquellen für die Farbtherapie an und gehören daher zu den gebräuchlichsten therapeutischen Naturheilmitteln. Lichtenergien dringen weniger durch die Lungen oder die Verdauung in uns ein, sondern wählen den direkten Weg durch die Sinne, Haut und die Chakras.

Farben heilen

rot, orange, gelb

Genauso wie die verschiedenen Mineralsalze eigene Bezeichnungen haben, werden Lichtenergien in Farben untergliedert. Jede Farbe löst in unseren Chakras, und somit auch in Geist, Körper und Seele, bestimmte Reaktionen aus. Rot, Orange und Gelb zählen hierbei zu den wachstumsfördenden heilenden, vitalisierenden und energiebringenden Lichtenergiequellen. Deshalb decken Salzkristall-Lampen durch ihr vielfältiges Farbspektrum viele Bereiche ab. Sie werden deshalb nicht nur im chinesischen Feng-Shui, Reiki, Ayurweda und Aura-Soma verwendet, sondern auch von namhaften westlichen Ärzten, Heilpraktikern und Wissenschaftlern zur körperlichen Heilung und zur Seelentherapie eingesetzt.

Kleine Chakra-Lehre

Kleine Chakra-Lehre

Chakras sind Energiezentren im Inneren unseres Körpers, worin sich schöpferische und kosmische Kräfte treffen, die dann von den Chakras zu geistigen, körperlichen und seelischen Impulsen umgewandelt werden. Insgesamt gibt es unzählige Chakras und Energiezentren, wobei die 7 Hauptchakras eine übergeordnete Rolle spielen. Das Wort Chakra stammt aus weisheitlichen Überlieferungen urvölklicher Sprachgebräuche. Es bedeutet soviel wie Energiewirbel, die schöpferische Kräfte in lebensnotwendige und spirituelle Empfinden, Emotionen und Gefühle umwandeln. Nur so umgewandelte Impulse können von allen Körperzellen, Geist und Seele in Form von Liebe, Gesundheit und Glück gleichermaßen aufgenommen und wiedergespiegelt werden. Der Gesundheitszustand eines Menschen läßt sich deshalb auch direkt mit dem seelischen Befinden und somit mit der Harmonie in seinen Chakras in Verbindung bringen. Denn um so mehr Blockaden sich in Ihren Chakras festsetzen, um so schleppender wird der kosmisch-seelische Energieaustausch, was typische psychische Leiden, psychosomatische Störungen und letztendlich schwerwiegende körperliche Krankheiten, leider oft auch den vorzeitigen Tod, zur Folge hat. Die 7 Hauptchakras übernehmen für unser Gesamtbefinden übergeordnete Funktionen. Hierbei spielen Lichtenergien eine große Rolle. Die beste Möglichkeit um sich von negativen Blockaden befreien zu können bieten meiner Meinung nach ausgesuchte, nach persönlichen Belangen angefertigte, Chakra-Ketten aus Heilsteinen. Salzkristall-Lampen tragen durch ihr vielfältiges Lichtspektrum ebenfalls sehr gut zur Chakra-Pflege bei.

Lichtenergien aus weißen Salzkristall-Lampen

Weißes Licht

Weiße Lichtenergien dringen gleichmäßig in alle Chakras ein. Hierin verwandeln sie nicht nur schöpferische und seelische Energien in körperliche und geistige Empfinden sondern lindern Blockaden und reinigen Aura und Seele von verbrauchten Emotionen. Weiße Lichtenergien dringen tief ins Gemüt ein, und befreien von negativen Blockaden. Alleine hierdurch läßt sich schon mehr Liebe, Heilung, Zufriedenheit und Gesundheit erreichen. Weiße Lichtenergien vermitteln Klarheit, Reinheit und Erleuchtung. Weiß steht für Wahrheit, Aufrichtigkeit, Unberührtheit und Unschuld und taucht deshalb in der fortgeschrittenen Seelenheilung aller religiösen, therapeutischen und weißmagischen Hexen auf. Die Farbe in Krankenhäusern und Arztpraxen ist deshalb auch heute noch überwiegend in Weiß gehalten. Weiß verhilft zur Klärung ungelöster Fragen, steigert die Konzentration und aktiviert die Inneren Selbstheilungskräfte. Weiße Lichtenergien vermitteln Selbsterkenntnis, und tragen zur Selbstverwirklichung bei. Weiße Salzkristalle sind besonders bei reinen Verstandsmenschen sehr hilfreich um mehr Gefühle zeigen zu können. Sie tragen zur Reinigung und zur Öffnung der Chakras bei und erleichtern während der Meditation den Zugang zu höheren Bewußtseinsebenen. Weiße Lichtenergien sind allgemein sehr heilend, gesundheitsfördernd und reinigend. Sie helfen chronische Beschwerden lindern und geben ausreichend Energie um Stauungen und Blockaden zu lösen, die an vielerlei körperlichen und psychosomatischen Leiden Schuld tragen.

Heilsteine und Essenzen

Die Lichtenergien weißer Salzkristalle lassen sich zusätzlich sehr gut durch Heilsteine, Chakra-Essenzen und Heilstein-Essenzen weißer und klarer Heilsteine verstärken. Ich empfehle Ihnen hierfür: ***Bergkristall, Schneequarz, Edeltopas, Diamant***.

Lichtenergien aus gelben Salzkristall-Lampen

Gelbes Licht

Gelbe Lichtenergien dringen durch das 3. Chakra, das auch als Sonnengeflechtschakra oder Solar-Plexus-Chakra bezeichnet wird, am besten in uns ein. Sie verwandeln Sonnenlicht in Vitalität und andere positive Energieströme, wovon die gesamte Persönlichkeit abhängig ist. In diesem Chakra wird größtenteils die Persönlichkeit gebildet und mit Identität, Individualität, Selbstwertgefühlen, Selbstvertrauen und mit Selbstverantwortung versehen. Gelbe Lichtenergien sind nicht nur für die Selbstverwirklichung mitverantwortlich, sondern auch für Glücksgefühle, Heiterkeit, Zufriedenheit, Frohsinn, Selbstbewußtsein, Durchsetzungsvermögen, Spontaneität, Spiritualität, Fröhlichkeit, Humor, Weitsichtigkeit, Intuition, Hoffnung, Glauben und Aufrichtigkeit. Die Lichtenergien gelber Salzkristall-Lampen steigern die Vitalität, erheitern das Gemüt, vermitteln Offenheit und spenden Optimismus und Lebensfreude. Sie erleichtern die Wahrheitsfindung, lassen gerechter urteilen, stärken die Kreativität und lindern Neid, Eifersucht, Minderwertigkeitsgefühle und übersteigerte Wünsche nach Anerkennung. Darüber hinaus lindern sie allgemeine Ängste, besonders bei Kindern, und verschaffen Klarheit in Partnerschaftsfragen und Liebesangelegenheiten. Gelbe Lichtenergien fördern eine aktive Teilnahme an der Gegenwart und lindern Teilnahmslosigkeit, Lebensüberdruß, Niedergeschlagenheit, Melancholie, Depressionen aller Art, Einsamkeit, Introvertiertheit, Wertlosigkeit, Hemmungen, Hoffnungslosigkeit und die Unfähigkeit sich selbst Achten und Lieben zu können. Gelbe Salzkristalle können Wunder für kranke, schwache und vom Schicksal schwer getroffene Menschen bewirken, die Hoffnung und Glauben verloren haben.

Heilkräfte gelber Lichtenergien

3. Chakra

Das 3. Chakra ist nach vorne geöffnet und direkt mit den Inselzellen der Bauchspeicheldrüse verbunden. Es liegt über dem Bauchnabel, zwischen den Rippenenden, direkt über dem Solar-Plexus. Durch dieses Chakra wird der gesamte Zucker-Kohlenhydrat-Stoffwechsel in unserem Körper durch Ausscheiden der Hormone Insulin und Glukagon reguliert. Zuckerkrankheit, Unterfunktionen der Stoffwechselorgane, Niedergeschlagenheit, Unwohlbefinden und Lustlosigkeit können durch die Lichtenergien gelber Salzkristalle über das 3. Chakra gelindert und geheilt werden. Dieses Chakra ist auch für das gesamte Verdauungssystem zuständig. Es mündet direkt im vegetativen Nervensystem und stärkt die Knochen und die Muskulatur des Rückens. Die Lichtenergien gelblicher Salzkristall-Lampen harmonisieren und heilen das vegetative Nervensystem, Milz, Magen, Darm, Leber, Bauchspeicheldrüse, Nieren, Bauchhöhle und Blase. Das 3. Chakra ist der Sonne zugeordnet und hat die Farbe goldgelb und gelb.

Heilsteine und Essenzen für das 3. Chakra

Die Lichtenergien gelblicher Salzkristalle lassen sich zusätzlich sehr gut durch Heilsteine, Chakra-Essenzen und Heilstein-Essenzen gelber und goldgelber Heilsteine verstärken. Ich empfehle Ihnen hierfür: ***Pyritsonne, Goldtopas gelb, Apachengold, Sonnenstein, Bernstein, gelben Fluorit und Schwefel***.

Lichtenergien aus orange farbenen Salzkristall-Lampen

Oranges Licht

Orange Lichtenergien dringen am besten durch das 2. Chakra, das auch als Milz-, Sakral- oder Kreuzchakra bezeichnet wird, in uns ein. Das 2. Chakra liegt unmittelbar unter dem Bauchnabel. Hierin entwickeln die Lichtenergien oranger Salzkristall-Lampen eine Vielzahl von subjektiven, höheren Gefühlen, Emotionen, Bedürfnissen und Wünschen, die sich durch positive und negative Empfinden, wie z. B. auf rosa Wolken schwebend, Völlegefühle, Verdauungsstörungen, Schmetterlinge oder rostige Nägel im Bauch, bemerkbar machen. Im Gegensatz zu roten Lichtenergien, die überwiegend für die sexuelle Triebhaftigkeit und die sexuelle Begierde verantwortlich sind, werden durch orange Salzkristall-Lampen im 2. Chakra sexuelle Phantasien und Erotik erzeugt. Vertrauen zum Partner, der Wunsch nach Geborgenheit, menschlicher Nähe und Partnerschaft, und auch die partnerschaftliche Liebe selbst, die sich während der Pubertät aus der mütterlichen oder familiären Liebe herauslöst und zur stärksten Emotion aller Menschen wird, wird durch die Lichtenergien oranger Salzkristall-Lampen im 2. Chakra erzeugt. Deshalb empfinden verlassene oder betrogene Menschen den Schmerz von Liebeskummer oder Eifersucht zunächst meist immer erst als kratzende, zermürbende und unangenehme Gefühle im Bauch und im Unterleib. Die Freude vor einem guten Essen, Ehrgeiz, Erfolg und Spaß machen sich in diesem Chakra durch ein flaues Gefühl im Magen oder ein Kribbeln im Bauch bemerkbar. Dieses Chakra vermittelt schöpferische Eigenschaften und ist auch für das Erwachsenwerden mitverantwortlich. Lichtenergien oranger Salzkristall-Lampen stärken das Selbstwertgefühl, stärken das Zusammengehörigkeitsgefühl, vermitteln liebevolle Herzlichkeit und Fürsorglichkeit in der Familie und in der Partnerschaft. Sie lindern Melancholie, Haß, Wut, ständiges Mißtrauen, Eifersucht, Depressionen, Ängste, unbegründete Stimmungsschwankungen, Traurigkeit und Schlafstörungen. Sie spenden Sanftmut, Liebe, Zu-

Mehr Harmonie und Gesundheit für die ganze Familie

friedenheit, Verständnis, Treue, Vertrauen und Geborgenheit. Orange farbene Salzkristall-Lampen stärken die Entscheidungsfähigkeit, machen entschlossener und sorgen für mehr Lebendigkeit, Lebenslust und Wissensdurst. Darüber hinaus heben sie das Bedürfnis zur Pflege äußerer, kollegialer und sozialer Kontakte und lindern übersteigerte Besitzwünsche, Verwirrung und Ziellosigkeit. Sie regulieren in der Küche den Appetit und verhelfen im Schlafzimmer zu kribbelnder Erotik, leidenschaftlicher Liebesfähigkeit und zu Stehvermögen. Unter Familienangehörigen sorgen orange farbene Salzkristall-Lampen für mehr Toleranz, Verständnis, Nachgiebigkeit und Geduld. Sie vermitteln mehr Harmonie und allgemeine Gesundheit für die ganze Familie. Dies trifft insbesondere auch für Kinder und Jugendliche zu, die sich in der Pubertät befinden. Orange Lichtenergien stärken das geistige Wachstum und führen Heranwachsende auf den richtigen Weg. Hierdurch können extreme Triebhaftigkeit, zu starkes sexuelles Verlangen, Wut gegen die Eltern und extreme Neigungen gezügelt werden. Hauptsächlich ist dieses Chakra mit den Drüsen des Nebennierenmarks verbunden.

Heilkräfte oranger Lichtenergien

2. Chakra

Sie stärken das Nebennierenmark, regulieren Adrenalinhaushalt und Blutzucker und bewahren die Leber vor Unterversorgung mit Hormonen und Mineralien. Orange Lichtenergien regulieren den Blutdruck, den Herzrhythmus, stärken Herz und Kreislauf und wirken sich sehr heilend auf den Unterleibsbereich aus. Hierdurch lassen sich Verdauungsstörungen, Unterleibskoliken, Magenschmerzen, Stoffwechselstörungen, Lebensmittelallergien, Probleme im Wasser- bzw. Hormonhaushalt, Über- bzw. Unterfunktion der Bauchspeicheldrüse, Zuckerkrankheit, zu hohe bzw. zu niedrige Blutzucker- und Blutfettwerte, Gries- und Steinbildung, Heißhungeranfälle, Darmkrämpfe, Bulimie und Magersüchtigkeit lindern.

Ungewollt Kinderlos?

Darüber hinaus können durch die Lichtenergien orangen farbener Salzkristall-Lampen auch Menstruationsstörungen, Pilleunverträglichkeit, PMS, Regelbeschwerden, Zysten, Frauenleiden, Periodenschmerzen, Wechseljahrbeschwerden und typische Männerleiden, wie z.B. nachlassende Sexualkraft oder Prostatabeschwerden gelindert werden. Orange farbene Lichtenergien lindern Schwangerschaftsprobleme, ungewollte Kinderlosigkeit, Figurprobleme nach der Geburt und sind sehr hilfreich, heilsam und beschützend für die werdende Mutter und das ungeborene Kind.

Heilsteine und Essenzen für das 2. Chakra

Die Lichtenergien orange farbener Salzkristalle lassen sich zusätzlich sehr gut durch orange Heilsteine, Chakra-Essenzen und Heilstein-Essenzen oranger Heilsteine verstärken. Ich empfehle Ihnen hierfür: ***Orange Carneole, Orangencalcit, Aprikosenachat, Orange Goldtopase, Orange Feueropale, Opalit und Natur-Citrin***.

Lichtenergien aus roten Salzkristall-Lampen

Rotes Licht

Rote Lichtenergien dringen am besten durch das 1. Chakra in unseren Körper ein. Dieses Chakra wird auch als 1. Chakra, Wurzelchakra, Sexualchakra oder Basiszentrum bezeichnet. Es erdet uns mit den irdischen Elementen der Natur, *Wasser, Luft, Feuer und Erde* und projiziert die Art von Energie, die wir täglich benötigen, um das Überleben und das allmorgendliche Erwachen bewerkstelligen zu können. Rote Lichtenergien steuern, in Abstimmung mit den kosmischen Kräften, die Phasen der einzelnen Lebensabschnitte von der Geburt über das Trotzalter, die Pubertät, Wechseljahre bis hin zum Tod. Rote Lichtenergien regulieren die beiden verschiedenen kosmischen Energieanteile männlicher und weiblicher Kräfte und sind somit nicht nur für die Hormone des eigenen Geschlechts mitverantwortlich, sondern auch für die Ausgewogenheit der Population an männlichen und weiblichen Lebewesen auf der Erde. Rote Lichtenergien wecken die Lebensgeister und heben den Drang zur Fortpflanzung, Familienplanung und Treue. Sie regulieren die instinktiven Grundbedürfnisse eines jeden Menschen, wie z. B. das Urvertrauen, Urängste, Existenzängste (Angst vor Feuer, Hunger, Gefahr oder dem Tod), Gemeinsamkeit, familiären Zusammenhalt und die rein mütterliche bzw. geschwisterliche Liebe. Das erste Chakra ist mit allen anderen Chakras sehr stark verbunden und das ist auch der Grund dafür, weshalb sich Unausgewogenheiten und Blockaden anderer Chakras, meist immer auch im 1. Chakra, durch sexuelle Unlust, Unfruchtbarkeit, Errektionsstörungen, Orgasmusschwierigkeiten, Unterleibsbeschwerden, Durchblutungsstörungen, und Verdauungsbeschwerden bemerkbar machen. Dieses Chakra liegt im Gesäßbereich und ist nach vorne und unten geöffnet.

Heilkräfte roter Lichtenergien

1. Chakra

Das 1. Chakra ist direkt mit der Nebennierenrinde und den Keimdrüsen (Eierstöcke und Hoden) verbunden. Über dieses Chakra wird die Ausbildung und Funktion der Geschlechtsorgane gesteuert. Regelstörungen, Fehlgeburten, vorzeitige Pubertät, Unterleibserkrankungen, Periodenschmerzen, Wechseljahrbeschwerden und Geschlechtskrankheiten können durch die heilenden Lichtenergien roter Salzkristalle nachhaltig vorgebeugt, gelindert und geheilt werden. Über die Nebennierenrinde wird das Hormon Cortison gebildet und somit wird der Natrium- und Kaliumstoffwechsel sowie der Eiweißstoffwechsel und der Wasser-Kohlehydrat-Haushalt durch die Lichtenergien roter Salzkristalle besser gesteuert und reguliert. Das Cortison ist Gegenspieler des Insulins. Es wirkt entzündungshemmend und antiallergisch. Überhöhter Blutdruck, zu hoher Blutzuckerspiegel und Fettleibigkeit bei schlankbleibenden Armen und Beinen (Cushingsches Syndrom) kann gelindert und geheilt werden. Sie können durch das Aufstellen roter Salzkristall-Lampen Gewebe und die Funktionen folgender Organe heilen: Dickdarm, Mastdarm, der untere Teil vom Dünndarm, Enddarm, Prostata, Eierstöcke, Hoden, Harnleiter, Harnblase, Gebärmutter, das Becken, Steißbein, Blut und Zellaufbau. In der Schwangerschaft unterliegen Fruchthalter, Eiblase, Mutterkuchen, Nabelschnur und das ungeborene Kind ebenfalls diesem 1. Chakra.

Liebe und Erotik

Liebe ist die stärkste Quelle unserer Lebensenergie. Sie versorgt uns mit Freude, Zufriedenheit, Gesundheit und Glück und ist die Energie worum sich in unserem Leben letztendlich alles dreht. Rot ist die Farbe der Liebe, der Erotik und des Blutes. Rote Lichtenergien spenden Vitalität, Selbstwertgefühl, Immunität, Erotik und Sexualität. Rote Salzkristall-Lampen spenden Kraft, stärken das Selbstbewußtsein, heben die Selbstwertgefühle, machen Erfolgreich und für das andere Geschlecht begehrt. Sie lindern Orgasmusschwierigkeiten, Errektionsstörungen und stärken die Liebeskräfte. Menschen die bedingt durch Blockaden überwiegend Verstandsgesteuert, Aggressiv, kämpferisch und streitlustig sind, oder über zu hohen Blutdruck und Verspannungen des Rückens klagen, können durch rote Salzkristall-Lampen besänftigt und geheilt werden.

Rote Lichtenergien stabilisieren das emotionale Gleichgewicht, geben Schutz vor metaphysischen Angriffen, bösen Geistern, bösem Blick und schwarzer Magie.

Sie beschleunigen und harmonisieren den Geburtsvorgang und helfen in der Schwangerschaft das ungeborene Leben vor emotionalen Belastungen, wie z. B. Scheidung, Ehestreit, etc. zu beschützen.

Heilsteine und Essenzen für das 3. Chakra

Die Lichtenergien roter Salzkristalle lassen sich zusätzlich sehr gut durch rote Heilsteine, Chakra-Essenzen und Heilstein-Essenzen verstärken. Ich empfehle Ihnen hierfür: ***Blutachat, Rote Carneole, Rote Turmaline, Granat, Rubin, Roter Jaspis, Rote Koralle, Versteinertes Mammutholz, Katzenauge und Feueropal.***

Lichtenergien aus orange-roten Salzkristall-Lampen

Orange-rotes Licht

Orange-rotes Licht verleiht den Gedanken und Emotionen Herzlichkeit, Offenheit, Fürsorglichkeit, Mitgefühl, Sanftmut und Nächstenliebe. Sie lindern überbetonte Gefühlsduselei, starke Sentimentalität, Naivität und die Neigung alles durch die berühmte rosa Brille zu sehen. In der Partnerschaft stärken die Lichtenergien oranger Salzkristalle die Wir-Gefühle, Zusammengehörigkeitsgefühle und heben den Wunsch nach einer gemeinsamen Zukunft. Sie lindern Trennungsängste, Bindungsängste, Verlassenheitsgefühle, starke Eifersucht und unbegründetes Mißtrauen. Orange-rote Salzkristall-Lampen bewirken, daß der Kontakt unter Paaren nicht abreißt, sich beide Partner immer etwas zu erzählen haben, einander achten, respektieren und wirklich gut verstehen.

Dringen bis tief zum Herzen vor

Liebe und Geborgenheit

Orange-Rote Lampen lindern Hartherzigkeit, Angstzustände, Weinanfälle, Durchblutungsstörungen, Herzflimmern, Herzrhythmusstörungen, innere Leere, Schwächeanfälle, Schwindelgefühle, rissige Lippen, nachlassendes Haarwachstum, plötzliches Erröten, unschöne faltige Haut und spröde Haare und Fingernägel die aus Unterversorgung mit Hormonen, Kollagen, Östrogen und Luftvitaminen resultieren. Orange-rote Lichtenergien regulieren den Blutdruck und können degenerierte Funktionsstörungen des Organismus wiederbeleben. Sie regen die Lebertätigkeit an, aktivieren die Hautatmung, lindern Hautröte, Pickel, Ekzeme, Quaddeln, Schuppenflechte und Neurodermitis. Dieses Licht trägt zur Entschlackung von Giftstoffen bei, reinigt die Hautporen und lindert Arthritis, Lumbago, Orangenhaut, Gefäßverengungen und sexuelle Unlust. Orange-rote Lichtenergien steigern Phantasie und Sinnlichkeit. Sie haben aphrodisierende Wirkungen, stärken die Fortpflanzungsorgane bis in das fortgeschrittene Alter und lindern Menstruationsstörungen, PMS und Periodenschmerzen.

Salzkristall-Lampen in Ihrer Wohnung, Büro und Praxis

Da die meisten Menschen einen Großteil des Tages in geschlossenen Räumen verbringen, ist die zusätzliche Schaffung eines gesunden Raumklimas unerläßlich. In Ballungszentren müssen viele sogar ganz aktiv an der Atemluftqualität Zuhause mitwirken, um den vielen Formen von Umweltverschmutzung durch Synthetisierung, Smog, Elektrosmog und Luftverschmutzung entgegen zu wirken. Aber täuschen Sie sich nicht! Wissenschaftliche Untersuchungen belegen, daß die Raumluft Zuhause und am Arbeitsplatz nachweislich oft viel ausgelaugter und schlechter ist als die Außenluft in den meisten Großstädten. Eine gesunde Raumluft zeichnet sich allerdings nicht nur durch ein ausgewogenes Verhältnis an Mineralsalzen, Sauerstoff und Luftvitaminen aus, sondern sollte auch möglichst frei von Hausstaub, Schimmelpilzsporen, Keimen, Kunststoffpartikeln, Chemiefasern, Formaldehyd, Allergenen und Milbenkot sein. Denn diese Partikel gelangen überwiegend mit den eher schädlichen, positiv geladenen, Ionen in den Körper und lösen zusätzlich zur schlechten Atemluft weitere Gesundheitsstörungen und Allergien aus. Sie zerstören nicht nur das energetische Gleichgewicht zwischen positiv und negativ geladenen Luftvitaminen, sondern nehmen der Luft zusätzlich den Selbstreinigungsmechanismus. Die Luft in Ihren Räumen wirkt abgestanden, verbraucht und erzeugt eine ungute, bedrückende und spannungsgeladene, ungemütliche Atmosphäre, die nicht nur Leistungsabfall, Kopfschmerzen, Nervosität, Konzentrationsstörungen, Schlafstörungen, Ängste, Beklemmungsgefühle, Migräne und partnerschaftliche Aggressionen hervorrufen kann, sondern auch unzählige Krankheiten und Leiden. Hinzu kommt, daß eine schlechte Atemluft noch anfälliger für Infektionen, Atemwegserkrankungen, Asthma, Allergien, Krebsgeschwüre, Blutdruck- und Stoffwechselleiden macht, was sich leider bei Kindern besonders stark auswirken kann.

Was Sie beim Kauf beachten sollten

● **Die richtige Lampengröße für Ihre Wohnung**

Die richtige Größe

Achten Sie beim Kauf Ihrer Lampe auf den Wirkungsbereich im Verhältnis zur Raumgröße, wenn Sie eine optimale Raumluftverbesserung und Atemluftionisierung wünschen. Richtwerte hierfür sind:

Lampengröße	Wirkungsbereich
S: ca 4-5 kg	**ca 10-15m²**
M: ca 5-6kg	**ca 15-20m²**
L: ca 6-8kg	**ca 20-25m²**
XL: über 8kg	**ca 25-30m²**

Furchen im Salzkristall

● Salzkristall-Lampen sind Naturprodukte und daher jede für sich ein Unikat. Sichtbare Furchen im Kristall sind keine Qualitätsmängel, sondern von Natur aus entstandene Wachstumsblasen, wodurch die Luftvitamine in der Erde ebenso zirkulieren konnten, wie die Atemluft durch unsere Lungen. Die Atmungsaktivität von rissigen Salzkristallen ist oft um ein vielfaches höher.

Wichtig: Handarbeit

● Achten Sie beim Kauf Ihrer Lampen auch darauf, daß die verwendeten Salzkristalle wirklich einem der wenigen über 260 Millionen Jahre alten Salzstöcke in Handarbeit, ohne Sprengung, entnommen wurden. So bleibt gewährleistet, daß das für die Gesundheit und für Ihr Wohlbefinden so wertvolle Salzkristall-Gitter unbeschädigt ist.

Mehrere Lampen?

Zu kleine Lampen?

Sie können in Ihrer Wohnung so viele Lampen aufstellen wie Sie wollen. Die Kräfte von Salzkristallen heben sich untereinander nicht auf und gegen eine frische, gesunde Atemluft läßt sich nichts einwenden. Wenn Sie Lampen unter 3kg verwenden, dann sollten Sie unbedingt mehrere davon aufstellen, weil die Atmungsaktivität eines Salzkristalls erst so richtig ab ca 4-5kg beginnt. 2-3 kleine Lampen bewirken die selbe Raumluftionisierung wie eine Große. Bei Teelichtern die kleiner sind hebt sich diese Unterfunktion durch die offene, heiße Flamme als zusätzlicher Ionenspender auf.

Der richtige Standort für Ihre Lampe

Der richtige Platz

Jeder Platz an dem Sie Ihre Lampe für schön und wünschenswert halten ist natürlich auch der richtige Platz. Dennoch übernehmen Salzkristall-Lampen in einzelnen Räumen weitaus höhere Funktionen, wenn sie nach bestimmten Kriterien aufgestellt werden. Dies wird im folgenden Kapitel über Feng-Shui mit Salzkristall-Lampen noch deutlicher. Vergessen Sie jedoch nicht, daß Salze nicht nur wasserlöslich sind, sondern auch Wasser anziehen. Vermeiden Sie es daher Ihre Lampe dauerhaft im Badezimmer, im Freien oder in feuchten Räumen zu plazieren. Dem Entstauben mit einem feuchten Tuch steht natürlich nichts im Wege. Im Gegenteil, es ist hin und wieder sogar ratsam, weil sich auf Ihrer Lampe in kürzester Zeit unzählige negative Partikel aus Staub, Zigarettenqualm und anderen Luftverunreinigungen ansammeln, die Sie normalerweise eingeatmet hätten. Wischen Sie Ihre Lampe einfach mit einem feuchten Tuch ab. Allerdings sollten Sie Ihre Lampe danach mehrere Stunden lang eingeschaltet lassen.

nicht in feuchten Räumen

Diele Eingang

Hier wirken Salzkristall-Lampen einladend, häuslich und gemütlich. Sie signalisieren Gastfreundschaft, Großzügigkeit und vermitteln jedem, der über Ihre Schwelle tritt, das Gefühl herzlich willkommen zu sein. Gleichzeitig bilden Salzkristall-Lampen einen energetischen Staubfänger im Eingangsbereich, der von außen, durch die Tür, eindringenden Staub und andere Verschmutzungen filtert. Keltischen Bräuchen zufolge wehrten Salzkristalle, direkt hinter der Eingangstür, in der Diele aufgestellt, unliebsame Gäste, Dämonen und böse Geister ab.

Ein uralter Brauch zum Schutz vor bösen Geistern

Schon in der Antike wurden Salzkristalle ausgehöhlt und mit glühenden Kohlen oder Kerzen beleuchtet, um böse Geister abzuwehren. Das beweist, daß Salzkristall-Lampen schon immer starke Kräfte gegen schwarze Magie,

Krankheiten und bösen Geistern zugeschrieben wurden. Deshalb werden Salzkristall-Lampen auch noch heute von Therapeuten gezielt gegen Ängste, Schlafstörungen, nervöse Unruhe, Depressionen und typische Winterlustlosigkeit eingesetzt. Salzkristall-Lampen wirken Stimmungsfördernd auf die Botenstoffe des Körpers, die durch die fehlende Sonne in der Herbst- und Winterzeit nicht mehr ausreichend produziert werden. Sie sind daher ein gutes Mittel gegen ständige Müdigkeit, Leistungsabfall, Melancholie und Winterlustlosigkeit, sozusagen **Sonne für die Seele**.

Sonne für die Seele

Wohnzimmer

Im Wohnzimmer setzen Salzkristall-Lampen, Teelichter und Salztempel einen erwärmenden, gemütlichen, lebensfrohen und erdverbundenen Akzent. Dies trifft besonders auf orange-rote Lampen zu. Ihr heimeliges Licht versprüht Geborgenheit, Optimismus und Lebensfreude. Es erinnert an die Glut eines gemütlichen Lagerfeuers, worum sich alle Familienangehörigen liebend gerne zum Gedankenaustausch, Plaudern, Entspannen, Meditieren oder zum geselligen Beisammensein versammeln.

Reiki
Feng-Shui
Tibeter
Meditation
Farbtherapie
Ayurweda
Aura-Soma
Yoga

Egal wo Sie sich entspannen oder meditieren möchten, Salzkristall-Lampen versprühen ein beruhigendes und entspannendes Licht, das Sie innerlich besser zur Ruhe kommen läßt. Sie erleichtern Ihnen beim Reiki, Ayurweda, Aura-Soma, Yoga, tibetischen Übungen und für die Meditation, den Zugang zu höheren Dimensionen, um die kosmischen Energien universaler Lebenskräfte für die Heilung und die Selbstheilung besser nutzen zu können. Unterbewußt sind jedem Menschen die Kenntnisse über Salzkristall-Lampen, Feng-Shui, Farbtherapie, Aura-Soma oder Reiki von Natur aus gegeben. Allerdings muß er sie auch anwenden, um die Wirkungen zu erfahren. Um Reiki und Feng-Shui für sich oder andere anzuwenden bedarf es der Öffnung ganz bestimmter Bereiche in unserem Körper, der Seele und in unserem unmittelbaren Umfeld. Salzkristall-Lampen übernehmen diese Funktionen. Sie öffnen und reinigen die Chakras, erleuchten Ihnen den Weg zum höheren Selbst, verstärken die Wirkung von Orakeln, Zaubern, Gebeten, Ritualen und beschützen Ihre eigene Aura während der Meditation und beim Handauflegen.

Küche
Eßzimmer
Eßecke

Die wohltuenden Energien orange-roter Salzkristalle regulieren den Appetit und regen die Verdauung an. Dies trägt zu einer gesünderen Lebensweise bei, unterstützt Ihre Diät und beschützt vor dem lästigen Jo-Jo-Effekt. Denn Salzkristall-Lampen stecken voller Luftvitamine und in diesen scheint wiederum der Schlüssel zu Jugendlichkeit, Gesundheit, Schlankheit und Schönheit verborgen zu liegen. Denn Mineralsalze, insbesondere das Na-

Diät

triumchlorid, bilden nicht nur die Magensäure, sondern sind auch echte Fettspalter, die die Fettverdauung anregen. Magen und Darm tun sich ebenfalls leichter. Hierdurch können nicht nur Blähungen, Völlegefühle, Sodbrennen und Magendruck gelindert werden, sondern auch Herz und Kreislauf werden spürbar entlastet. Darüber hinaus vermitteln Salzkristall-Lampen dort wo Sie essen mehr Zusammengehörigkeit und eine gutgelaunte, liebevolle und offenherzigere Atmosphäre zwischen allen Anwesenden. So manches Problem läßt sich beim Essen unter dem Schein einer Salzkristall-Lampe viel verständnisvoller besprechen und lösen. Nicht umsonst werden Geschäfte, Probleme und Erfolge in Asien immer beim Essen besprochen.

● Übrigens bleiben Ihre Lebensmittel in der Küche viel länger frisch, feucht und haltbar, wenn Sie eine Salzkristall-Lampe aufgestellt haben. Genmanipulierte und radioaktiv bestrahlte Lebensmittel können durch die positiven Lichtenergien von Salzkristall-Lampen entstrahlt und verbessert werden.

Hier einige Tips wie Sie sich gesünder und Kochsalzärmer ernähren können:

Salzkristall-Lampen harmonisieren zwar den Salzgehalt in der Atemluft und in Ihrem Organismus, allerdings sind sie keine Wundermittel. Zum Reduzieren des mittlerweile weitverbreiteten übermäßigen Kochsalzkonsums müssen Sie selbst etwas beitragen.

kochsalzarme Ernährung

● Verringern Sie den Verbrauch von Fertiggerichten, von Backwaren (auch die Zutaten für das Brot vom Bäcker um die Ecke stammen aus industrieller chemischer Einheitsfertigung), Konserven, Fast-Food, Wurst- und Fleischwaren. Bedenken Sie, daß diese Produkte meist bereits schon in kleinen Mengen ein vielfaches des Tagesbedarfes beinhalten und gewöhnen Sie sich das Nachsalzen ab.

Salzfalle Mineralwasser

● Überprüfen Sie verschiedene Sorten von Sprudel- und Mineralwässern auf ihren Natriumgehalt (Kochsalzanteil). Sie schwanken von wenigen Milligramm (mg) bis über 1000mg pro Liter.

Z. B.:

Überkinger:	**1090,0mg Natrium/Liter**
Krumbach:	**nur 7,8mg Natrium/Liter**

Alle Angaben gemäß Etikett.

● Um 1gr Kochsalz aus dem Körper herauszuschwemmen müssen Sie ca. 100ml Flüssigkeit zu sich nehmen. Bei einer Überbelastung von durchschnittlich ca 15gr/Tag müßten Sie demnach mindestens 1,5-2 Liter Wasser mehr trinken, um Ihren Körper zu entgiften.

So reduzieren Sie Ihren Kochsalzkonsum

Tips zum Salzsparen ohne daß Sie es merken

●Kochen, dämpfen und garen Sie aromaschonend. Das hebt den Eigengeschmack der Speisen und bewirkt, daß Sie nicht zusätzlich nachsalzen müssen. ●Greifen Sie möglichst auf frische unverarbeitete Lebensmittel zurück. Sie sind von Natur aus salzarm. ●Versuchen Sie Kochsalz durch Küchenkräuter und andere Gewürze zu ersetzen. ●Meiden Sie geräucherte und gepökelte Speisen, weil sie durch Unmengen von Salz haltbar gemacht werden. ●Achten Sie beim Kauf darauf, daß Ihre Lebensmittel möglichst ohne Konservierungsstoffe, Geschmacksverstärker, Glutamate und Nitritpökelsalze sind. ●Nach ca. 14 Tagen gewöhnt sich Ihre Körper und

Ihr Geschmack an die salzärmere Ernährung. Das heißt, daß kochsalzarme Speisen für Sie nicht mehr fad schmecken. Tun Sie sich diesen Gefallen.

Im Schlafzimmer

Im Schlafbereich können Salzkristall-Lampen wahre Wunder vollbringen. Deshalb sollten sie wirklich in keinem Schlafzimmer fehlen. Denn im Bett suchen wir nicht nur nach einem erholsamen Schlaf, sondern tauschen auch liebend gerne Zärtlichkeiten mit unserem Partner aus. Gesundheit, Erholung, Geborgenheit und Erotik liegen nirgendwo so nahe beieinander, wie im Schlafzimmer. Orange-rote Salzkristall-Lampen entfalten hier ihr gesamtes Können. Sie sorgen für eine gesunde Raumluft und für ein gutes Klima zum Schlafen und Kuscheln. Salzkristalle beschützen im Schlaf vor bösen Einflüssen und bilden ein schützendes Energiefeld um Geist, Körper, Seele und Aura. Bei seelischen Leiden und körperlichen Krankheiten empfiehlt es sich, die Lampe bereits mehrere Stunden vor dem Schlafengehen einzuschalten und die ganze Nacht hindurch leuchten zu lassen, damit die ionisierende Raumluftverbesserung nicht unterbrochen wird. Orange-rote Salzkristalle tragen auch dazu bei kreisende Zwangsgedanken zu reduzieren, Pessimismus, Angstzustände, Alpträume, Mondsüchtigkeit und nervöse Störungen zu stoppen. Im Schlafzimmer verhelfen Salzkristall-Lampen dazu, alltägliche Belastungen, auch solche aus der Kindheit, in nächtlichen Träumen besser aufarbeiten zu können. Salzkristall-Lampen sorgen für einen ruhigen, angenehmen, tiefen erholsamen Schlaf und lindern durch ihre Luftvitamine nächtliche Beklemmungsgefühle und starkes Schnarchen.

Schnarchen

Im Kinderzimmer Kindergarten

Für Kinder wird ihr Zimmer durch das Aufstellen von Salzkristall-Lampen zur heilen Welt. Denn ein Kinderzimmer ist Schlaf-, Spiel- und Arbeitszimmer zugleich. Deshalb sollte eine Salzkristall-Lampe für das Kinderzimmer genauso wichtig sein, wie für Ihr eigenes Schlafzimmer auch. Hinzu kommt, daß Kinder, viel mehr als

Erwachsene, auf natürlichen und emotionalen Schutz angewiesen sind, weil ihre Aura noch in der Entwicklung ist. Darüber hinaus nehmen orange-rote Lampen Kindern die Angst vor Dunkelheit, vor dem Alleinsein und vor »Monstern und bösen Geistern«. Sie lindern Alpträume, Bettnässen, Wachstumsstörungen, allgemeine Kinderängste und Lernschwierigkeiten. Orange-rote Salzkristall-Lampen erleichtern Kindern nachts das Aufstehen um zur Toilette zu gehen und tragen entschieden zum Wohlbefinden der kindlichen Seele und zur Gesundheit bei. Ein empfehlenswertes Geschenk von Verwandten zur Geburt oder zum Geburtstag, für das ganze Leben.

Angst vor Dunkelheit und Geistern

Pubertät

In der Pubertät können Salzkristall-Lampen besonders hilfreich sein. Denn besonders in dieser Zeit sind Jugendliche auf spirituelle Helfer angewiesen, die ihr inneres Gleichgewicht harmonisieren. Kinder die in die Pubertät kommen unterliegen einem ständigen inneren Wandel zwischen Nähe, Geborgenheit und Abkapselung vom Elternhaus. Dies drückt sich häufig in starken Wut- und Haßausbrüchen gegen die Eltern aus, was eigentlich genau das signalisiert, was Ihr Kind innerlich durchmacht. Ein Patentrezept gibt es leider nicht, und meist ist es die Mutter, die mit ihren Sorgen völlig überlastet und alleine dasteht. Salzkristall-Lampen haben harmonisierende Wirkungen auf die Nervenbelastungsgrenze aller Beteiligten. Sie lindern seelischen Streß und häufig daraus resultierende Schlafstörungen, Kopf- und Magenschmerzen, innere Unruhe und Nervosität. Innerlich können die wohltuenden Lichtenergien Ihrer Lampen dazu beitragen, daß sie sich festigen und sammeln können um zu erkennen, daß die, aus Ihrer Sicht, mißliche Zeit ein ganz natürlicher Lebensabschnitt ist.

Arbeitszimmer Büro Arbeitsplatz

Diese Räume sind meist nicht nur mit Computern, Klimaanlagen und anderen elektrischen Geräten auf engstem Raum übersät, sondern beinhalten oft auch Möbel, Teppiche und andere Materialien, die nicht gerade nach gesundheitlichen Gesichtspunkten ausgesucht wurden. Deshalb sind Salzkristall-Lampen in Büroräumen, Ar-

beitsräumen und auch im Arbeitszimmer Zuhause wichtige Gesundheitsbringer um die Raumluft zu erfrischen und um elektrostatische Aufladungen bzw. Elektrosmog zu reduzieren. Unterstützen Sie Ihre Salzkristall-Lampe unbedingt mit einem Stück Rosenquarz aus Madagaskar oder mit einer schwedischen Kompensationskugel.
(Mehr darüber in Kapitel »Elektrosmog«)

Seminarräume

Egal was Sie in Seminarräumen vermitteln möchten, Salzkristall-Lampen tragen wesentlich dazu bei, daß die Aufmerksamkeit auf Ihrer Seite bleibt und daß Ihre Teilnehmer offener und interessierter für das von Ihnen Vermittelte werden. Zwischenmenschlich bewirken Salzkristalle ein größeres Zusammengehörigkeitsgefühl, was sich in Seminaren und bei anderen Treffen als sehr harmonisch für alle Teilnehmer bemerkbar macht. Salzkristall-Lampen lindern Hemmungen, Lampenfieber, Mitteilungsängste, Kritiksucht und sorgen für ein gutes Raumklima. Allerdings sollten in solchen Räumen mehrere Lampen verwendet werden, da die Kraft einer einzigen Lampe für große Räume und viele Menschen nicht ausreicht. Beachten Sie hierzu die richtige Lampengröße oder rechnen Sie mit je einer mittleren Lampe (M) für jeweils 5-8 Seminarteilnehmer.

Lampenfieber

Im Krankenhaus, Wartezimmer und Behandlungsräumen

Arztpraxis
Kreißsaal

Für Ihre Patienten wirken sich die animierenden und vertrauensfördenden Energien sehr positiv auf die Selbstheilungskräfte, Lebensfreude, Lebenswille und gegen Behandlungsängste aus. Salzkristall-Lampen versprühen Ruhe, Wohlbefinden und Geborgenheit und sind deshalb auch am Krankenbett geschätzte Heiler, Licht- und Energiebringer. Am Krankenbett beschleunigen sie den Genesungsvorgang und geben jenen Menschen die dabei sind sich aufzugeben, in Selbstmitleid verfallen, verzweifeln und die Hoffnung verlieren neue Lebensenergien, um wieder gesund zu werden.

Medizinische Mineralsalz-Bäder

Wie bereits erwähnt ist unser Körper gleichzeitig darauf angewiesen, den fälligen Mineralsalzbedarf durch Essen, Atmen und durch die Haut zu stillen. Äußere Anwendungen in Form von Badezusätzen oder als Essenzen und Elixiere direkt auf die Haut aufgetragen unterstützen nicht nur die heilenden Wirkungen von Salzkristall-Lampen, sondern lassen sich auch sehr sinnvoll bei verschiedenen akuten Beschwerden verwenden. Als regelmäßiger Badezusatz können ausgesuchte Mineralsalze Ihnen so manchen langen Kuraufenthalt ersparen. Sie fördern die Wundheilung, lindern Akne, Neurodermitis, Trigeminusneuralgien und Durchblutungsstörungen, stärken das Immunsystem, spenden Vitalität und steigern das Wohlbefinden. Die Linderung von Hautkrankheiten aller Art, Schuppen, Schuppenflechte und Neurodermitis läßt sich vermutlich auf den hohen Magnesiumanteil und die außergewöhnliche Zusammensetzung von Mineralsalzen zurückführen. Der therapeutische Erfolg über lang anhaltende und chronische Leiden macht sich häufig schon nach wenigen Wochen bemerkbar.

Akne
Neurodermitis
Trigeminus

Trigeminus-Neuralgien

- **Wichtig: Verwenden Sie nur Badesalz aus demselben Salz woraus die Salzkristall-Lampen sind.**

Wichtig: Original Salzkristall-Badesalz

Heilende Salze unterscheiden sich von anderen Heilsteinen dahingehend, daß sie sich in relativ kurzer Zeit im Wasser auflösen, während die meisten anderen Heilsteine hierfür viele Millionen Jahre benötigen. Hinzu kommt, daß Mineralsalze unzählige weitere lebensnotwendige Mineralien und Spurenelemente wie z. B. Zink, Mangan, Jod, Chrom, Selen, Fluorit und Eisen enthalten, die das Badewasser gemeinsam mit den Mineralsalzen zu einem wohltuenden, gesundheitsfördenden Heilwasser machen. Seit Menschengedenken werden heilende Steine daher nicht nur zu Heilzwecken am Körper getragen, oder zu wertvollen Essenzen, Chakra-Ketten und Elixieren verarbeitet, sondern in Verbindung mit Badesalzen, ätherischen Ölen und Kräutern auch als Badezusätze geschätzt.

Medizinische Salzbäder

Zink
Mangan
Jod
Chrom
Selen
Fluorit
Eisen

● Lebensnotwendige Mineralsalze und Spurenelemente werden durch die Haut besonders gut aufgenommen und ausgeschieden. Daher eignen sich Salze sehr gut als Badezusatz.

Neurodermitis
Zellulite
Schuppenflechte
Rheuma
Gicht
Ischias
uvm.

● Hierdurch läßt sich nicht nur die Wundheilung beschleunigen, sondern ausgesuchte Badesalze verhindern häßliche Narbenbildung, fördern die Durchblutung und die Gewebestraffung, lindern Krampfadern, Hautausschläge, Cellulite, Schuppenflechte, Neurodermitis, Rheuma, Degenerationsschäden der Gelenke und Wirbelsäule, Gelenkrheumatismus, Gicht, Ischias und Unterleibsbeschwerden. Insgesamt können Mineralsalz-Bäder als regulierende und heilende Maßnahme für Körper, Geist und Seele verwendet werden. Sie üben eine tiefgründige, entspannende und die allgemeine körperliche, geistige und seelische Widerstandskraft steigernde Eigenschaft auf das vegetative Nervensystem und das hormonelle Gleichgewicht des Körpers aus. Durch Mineral-Salzbäder können nicht nur Mineralstoff-Mangelerscheinungen ausgeglichen und geheilt werden, sondern auch eitrige Wunden, Zellgewebserkrankungen, Abzesse, Ekzeme, Frostbeulen, Kreislaufstörungen, Magen-Darm-Erkrankungen, Erkrankungen der Luftwege, Schuppenflechte, Stoffwechselstörungen, rheumatische Gelenkerkrankungen, sowie chronische Magen-, Darm-, Galle- und Leberleiden.

Darüber hinaus begünstigen ausgesuchte Mineralsalze als Badezusatz die Entgiftung des Körpers von Schlacken, die durch falsche Ernährung und eine ungesunde Lebensweise z. B. durch Rauchen, Streß und Alkohol hervorgerufen werden. Sie kurbeln den körpereigenen Entgiftungsmechanismus an, damit derartige Giftstoffe besser über das Lymphsystem und die Schweißdrüsen ausgeschieden werden können.

Die Haut

Heilende Mineralsalzbäder sind auch ausgezeichnete Gelegenheiten, um Ihre Haut zu verwöhnen. Denn unsere Haut ist als Grenzorgan zwischen unserem Inneren und der Umwelt oft so großen Belastungen ausgesetzt, daß chronische Hautkrankheiten und Allergien bereits zu den verbreitetsten Leiden unserer modernen Gesellschaft gehören. Es lohnt sich also immer, etwas für seine Haut zu tun. Wenn Sie Pickel haben, unter Akne, Schuppenflechte, neurodermischen Hautstörungen, Gürtelrose, Hautausschlägen, häufigen blauen Flecken, anderen Hautkrankheiten, Ekzemen und Allergien, sowie an spröder, empfindlicher, stark fettender und zu trockener, rissiger Haut leiden, dann können ausgesuchte Mineralsalze im Badewasser Wunder wirken.

Wichtig: Ihre Haut ist den Schadstoffen der Umwelt ununterbrochen ausgesetzt

● Naturbelassene Mineralsalze beinhalten keine chemischen Auflösungsbeschleuniger, die bewirken, daß sich das Salz, quasi wie ein Instantkaffee, schon in wenigen Minuten auflöst, wie sie dies von zahlreichen handelsüblichen Badesalzen her kennen. Es kann daher 15-20 Minuten dauern, bis sich das Salz im Wasser aufgelöst hat. Bitte berücksichtigen Sie dies, und geben Sie schon eine Handvoll Mineralsalz dem einlaufenden Badewasser hinzu, oder lösen Sie das Salz vorher in einer Schüssel mit warmem Mineralwasser oder in Bergkristall-Wasser auf.

Auf naturreine Mineralsalze ohne chemische Zusätze achten

● Die Wirkungen heilender Salzbäder lassen sich zusätzlich durch ätherische Öle ergänzen. Vermischen Sie die von Ihnen gewünschten ätherischen Öle in ca 100ml Milch, Buttermilch oder Sahne und geben Sie dies dem Vollbad hinzu. Diese Milchprodukte dienen als natürliche Emulgatoren und verhindern, daß sich die ätherischen Öle als Fettschicht auf der Wasseroberfläche sammeln.

Anwendung von Mineralsalzen als Badezusatz

Anwendung

Wir empfehlen Ihnen, Badesalze in warmen Bädern zu verwenden. Diese haben eine Temperatur von ca. 38°C bis 40°C und sollten nicht länger als für 15 - 20 Minuten anhalten.

Nach dem Bad:

Nach dem Bad

● Wenn Sie Ihren Kreislauf anregen möchten, Cellulite, Migräne oder Depressionen lindern möchten, sollten Sie sich nach dem Bad kalt abduschen und anschließend für ca. 1/2 Stunde ausruhen.

● Möchten Sie entspannen, relaxen, emotionale Verspannungen, Muskelverspannungen, Krämpfe, chronische Schmerzen, Neuralgien, seelische Überlastungen lindern, empfehlen wir Ihnen, sich nicht kalt abzuduschen, sondern sich nach dem Bad in ein Handtuch zu rollen und für ca. 1 Stunde zu ruhen.

In folgenden Fällen ist Vorsicht geboten:

Vorsicht bei: Fieber Bluthochdruck Herzschwäche

Zum Arzt oder Heilpraktiker

● Diese Vorsicht bezieht sich allerdings weniger auf die Wirkungen des Badesalzes, als viel mehr auf die Wassertemperatur und die Dauer des Bades selbst. Natürliche Heilverfahren sind zwar in ihren Wirkungen sehr sanft, dennoch nicht zu unterschätzen. Laien neigen häufig dazu, die Maßnahmen zu übertreiben. Ein Bad kann Ihnen häufig nicht heiß genug sein. Menschen welche unter Kreislaufschwäche, Herzproblemen, Blutdruckproblemen, Arteriosklerose, einer schlechten Blutzirkulation, oder unter Lungenproblemen leiden, können Badesalze zwar ohne weiteres anwenden, allerdings sollten Sie darauf achten, daß die Badetemperatur nicht über 30°C liegt und die Dauer von ca. 15 Minuten nicht überschritten wird.

Gegenanzeigen:

Nebenwirkungen von natürlichen Mineralsalzen als Badezusätze sind uns nicht bekannt. Bei größeren Hautverletzungen und akuten Hautkrankheiten, schweren fieberhaften und infektiösen Erkrankungen, Herzinsuffizienz (Herzmuskelschwäche) und Bluthochdruck sollen Vollbäder unabhängig vom Badezusatz nur nach Rücksprache mit dem Arzt oder Heilpraktiker angewendet werden

Mineralsalzbäder mit Kräutern & ätherischen Ölen

Mit Kräutern & ätherischen Ölen

● Bäder mit Mineralsalzen sind nicht nicht nur heilend und gesundheitsfördernd, sondern sie tragen auch zur Entspannung und zur Schönheit bei. Deshalb empfiehlt es sich wohltuende Salzbäder gleichzeitig mit angenehmen ätherischen Ölen, Kräutern, Heilsteinen und Essenzen zu kombinieren.

Nebenwirkungen

Nebenwirkungen

Mineralsalzkristalle haben keine Nebenwirkungen. Sie laugen die Haut nicht aus, weil sie die unteren Hautschichten mit Mineralien, Vitaminen und Salzen versorgen, um feucht und geschmeidig zu bleiben. Deshalb brauchen Sie sich im Gegensatz zu chemischen Badezusätzen oder Schaumbädern nach dem Bad nicht einzucremen. Hinzu kommt, daß Salzbäder in Solen oder im Toten Meer zu den wichtigsten therapeutischen Maßnahmen zum Heilen unzähliger Krankheiten und Allergien gehören. Mineralsalzkristalle sind hierfür besonders gut geeignet. Sie haben keine Nebenwirkungen und tun Ihrer Haut genauso gut, wie Ihrem Kreislauf und Ihrer Seele.

Medizinische Übersicht

Medizinische Übersicht der bekanntesten Badesalztherapien mit Kräutern & ätherischen Ölen

Wichtig:

- Suchen Sie bei Beschwerden immer auch den Arzt oder Heilpraktiker Ihres Vertrauens auf.

Kleinkinder

- Neurodermiker und Kleinkinder unter 18 Monaten dürfen nur mit ausgesuchten, wenigen ätherischen Ölen behandelt werden. Es kann zu Haut- bzw. Schleimhautreizungen kommen. Fragen Sie Ihren Arzt, Heilpraktiker oder Apotheker. Die folgenden Heil- und Mineralsalzbäder basieren alle auf ca 250-300gr. Badesalzzusatz je Vollbad.

Schlafstörungen

Schlaflosigkeit:

Mineralsalzbäder in Verbindung mit Kamillen und Lavendel sind altbewährte Hausmittel gegen Schlaflosigkeit, Schlafstörungen und Einschlafschwierigkeiten. Geben Sie hierfür entweder 6 Tropfen ätherisches Kamillen- oder Lavendelöl in einem viertel Liter Sahne gelöst in das warme Badewasser. Die Badezeit sollte nicht länger als 15 Minuten betragen.

Altersbeschwerden Arthritis

Altersbeschwerden:

Mineralsalzbäder können gegen Arthritis und andere Altersbeschwerden wahre Wunder wirken. Sparen Sie hierbei nicht an der Qualität des Salzes und lösen Sie rund 250gr im warmem Badewasser auf. Die Badetemperatur sollte nicht über 38° liegen und die Dauer eine viertel Stunde nicht überschreiten.

Heuschnupfen:

Die Ursachen für Heuschnupfen und Pollenallergien liegen vermutlich in einer ungesunden, ionenarmen Raumluft verborgen. Sie lassen sich deshalb sehr gut mit Salzkristall-Lampen und Mineralsalzbädern lindern. Auch das ätherische Öl Ysop hilft bei Heuschnupfen als Badezusatz und als Tee besonders gut. Geben Sie hiervon ca 5-8 Tropfen mit einem Schuß Sahne oder Honig vermengt in Ihr Vollbad. **Achtung: Meiden Sie Ysop während der Schwangerschaft.**

Heuschnupfen Pollen-, Tierhaarallergien

Kopfschmerzen und Migräne:

Ätherisches Pfefferminzöl ist als Badezusatz ein gutes Hausmittel ohne Nebenwirkungen. Ca 5-8 Tropfen pro Vollbad.

Kopf & Gliederschmerzen

Blasen- und Nierenbeschwerden:

Mineralsalzbäder mit Heublumen- und Schachtelhalm sind nicht nur vorzügliche Hausmittel bei einer schwachen Blase, sondern stärken die Blasenfunktionen und beugen Nieren- und Blasenerkrankungen vor.

Blasen & Nierenleiden

Hierfür werden entweder 2x je 50gr oder einmal 100gr Schachtelhalm oder Heublumen mit 1 Liter kochendem Wasser übergossen, worin die Kräuter ca 15min ziehen. Der Absud wird dann dem Salzbad zugesetzt. Die Badetemperatur sollte 38^0 nicht übersteigen und die Dauer sollte max. 10-15 Minuten betragen. Nach dem Bad empfiehlt sich mindestens 1 Stunde Bettruhe im vorgewärmten Bett.

Depressionen, Nervosität:

Baldrian- und Johanniskrauttee wirken oft Wunder. Ätherische Öle als Badezusätze sind vor allem für jene Menschen sehr angenehm, die abends nicht abschalten können, übernervös und gestresst zu Bett gehen, oder häufig unter depressiven Verstimmungen leiden. Im Gegensatz zu chemischen Antidepressiva haben diese Heilmittel keine Nebenwirkungen und bergen auch keinerlei Suchtgefahr.

Nervosität Migräne Streß

Erkältungskrankheiten

Erkältung Schnupfen Grippe Heiserkeit

Salzkristall-Bäder lindern auch Erkältungen. In der Naß-Kalten Jahreszeit beugen sie drohenden Erkältungen vor. In Verbindung mit ätherischen Ölen stärken Sie die körpereigenen Abwehrkräfte, und lindern die Ansteckungsgefahr. Träufeln Sie hierfür 10 Tropfen ätherisches Eukalyptus-, Fichtennadel-, Melissen-, Zitronen-, Lavendel-, oder Thymianöl in einen Becher Sahne und fügen Sie dies gemeinsam mit dem gelösten Badesalz dem einlaufenden Badewasser zu. Badetemperatur maximal 38°C., ca 15 Minuten. Stärken Sie Ihre körpereigenen Abwehrkräfte zusätzlich durch Holunderblütentee und zu Zeiten besonderer Ansteckungsgefahr mit Lindenblütentee und Kamillentee. Die Zubereitung erfahren Sie durch die Packungsbeilage.

Schnupfen, Stirnhöhlen- und Kieferhöhlenentzündungen

Katarrhe

Arnika, Beifuß, Eukalyptus, Latschenkiefer, Lavendel, Melisse, Zitrone, Rosmarin oder Pommeranze eignen sich nicht nur zum Inhalieren, sondern sind auch hervorragende Badezusätze. Sie wirken besonders gut auf die Schleimhäute und machen in Verbindung mit mineralsalzhaltiger Luft Nase, Nebenhöhlen und Atemwege frei. Geben Sie hierzu ca. 5 Tropfen eines oder mehrerer Öle dem Badewasser hinzu.

Erkältungen vorbeugend:

Erkältungen vorbeugen

So können Sie in der naß-kalten Jahreszeit um eine Erkältung herumkommen: Geben Sie Ihrem Salzbad ca 5-8 Tropfen ätherisches Eukalyptus-, Fichtennadel-, Melissen- oder Thymianöl hinzu.

Lindenblütentee und Holunderblütentee sind zur Vorbeugung von Erkältungen ideal. Sie stärken die körpereigenen Abwehrkräfte und lindern die Ansteckungsgefahr.

Sauna-Aufguß

Mineralsalzwasserhaltige Saunaaufgüsse in Verbindung mit den oben genannten ätherischen Ölen sorgen dafür, daß der Körper Infektionskrankheiten besser aus eigener Kraft überwinden kann.

Sauna

Frauenleiden, Periodenschmerzen, Menstruationsbeschwerden, Prämenstruelles Syndrom und vegetative Dystonie des kleinen Beckens

Vollbäder mit ausgesuchten Mineralsalzen haben eine entspannende Wirkung und eignen sich auch zur Behandlung von krampfartigen Periodenschmerzen.

Frauenleiden
Periode

Badezusätze wie z. B. Lavendel wirkt beruhigend, Schafgarbe ist krampflösend und bringt spürbare Linderung bei krampfartigen Beschwerden. Melisse wirkt ausgleichend auf die Nerven und Thymian ist entkrampfend, durchblutungsfördernd und kann deshalb bei einer zu schwachen Periode Wunder wirken. Verwenden Sie ca 5-10 Tropfen ätherisches Öl oder übergießen Sie je ca 100gr getrocknete Kräuter mit kochendem Wasser und lassen Sie den Sud 10 Minuten ziehen. Geben Sie den Sud dem warmen Mineralsalzbad hinzu. Baden Sie ca 15 Minuten bei max. 38°.

Lavendel
Schafgarbe
Melisse
Thymian

Wechseljahrbeschwerden

Geben Sie Ihrem Mineralsalzbad ca 8 Tropfen ätherisches Zypressenöl hinzu. Eine zusätzliche Ergänzung sind Heublumenbadezusätze aus der Apotheke.

Wechseljahre

Rosmarin- und Salbeitee regulieren unangenehme Schweißausbrüche und andere typische Leiden, die mit dem Ausbleiben der Periode zu tun haben.

Rosmarin
Salbei

Hautprobleme:

Akne Pickel

Akne und Pickel können mit Mineralsalz-Essenz und Karottensaft sehr gut gelindert werden. Dieses Elixier reinigt den Körper von Innen und versorgt die Zellen mit frischen Mineralsalzen. Als Badezusatz eignet sich ca 5 Tropfen ätherisches Lavendelöl.

Hautausschläge

Hier folgen einige Pflanzen und ätherische Öle, die in Verbindung mit Mineralsalzen als Badezusatz besonders gut gegen Hautauschläge wirken.

Übergießen Sie je 2 Löffel des gewünschten Krautes mit einem halben Liter kochendem Wasser. Lassen Sie den Sud 10 Minuten ziehen und gießen Sie ihn dann direkt durch einen Sieb ins Badewasser.

Geeignete ätherische Öle & Kräuter für Ihr Salzbad von A-Z

Ackerschachtelhalm ist wassertreibend, blutreinigend und reguliert den für die Haut so wichtigen Kieselsäurehaushalt. **Alant** wirkt desinfizierend. **Borretsch** ist entzündungshemmend, **Frauenmantel** unterstützt den Hautstoffwechsel, **Gänseblümchen** lindern entzündliche Hautausschläge, **Lein** ist ebenfalls entzündungshemmend, **Pestwurz** wirkt abschwellend, **Pfennigkraut** wirkt antibakteriell und **Wundklee** wirkt ebenfalls entzündungshemmend. Liegeschäden können durch **Ringelblumen** gelindert werden und **Eichenrinde** bringt eine schnelle, rasche und anhaltende Linderung bei Erfrierungen und Frostbeulen. **Johanniskraut** lindert Gürtelrose, **Kamille** lindert unangenehme Schweißfüße, Schweißhände, Achselnässe, Hühneraugen und Wundsein.

Schuppenflechte

Schuppenflechte kann mit Mineralsalzbädern, in Verbindung mit Leinöl gelindert werden. Verwenden Sie das Öl nicht nur als Badezusatz, sondern reiben Sie die betroffenen Körperstellen mehrmals täglich mit ein paar Tropfen reinem Leinöl ein.

Hornhaut

Hornhaut

Lästige Hornhaut läßt sich nach einem warmem Salzbad mit einem Hornhautschwamm besonders gut abreiben.

Männerbeschwerden:

Männerleiden

Auch wenn sie es nicht gerne zugeben, auch Männer kommen in die Wechseljahre. Streß, Erschöpfung, nachlassende Sexualität, Haarausfall und Prostatabeschwerden sind die häufigsten Merkmale hierfür. Mineralsalzbäder in Verbindung mit Heublumen und Schachtelhalm unterstützen die Behandlung von Prostatabeschwerden und können sogar Wunder bewirken. Übergießen Sie hierfür entweder 500gr Heublumen oder 100gr Schachtelhalmkraut mit 3 Liter kochendem Wasser und lassen Sie das ganze für ca eine halbe Stunde ziehen. Seien Sie den Auszug ab und geben ihn dem Badewasser hinzu. Badedauer ca 15 Minuten, Wassertemperatur maximal 38^0 . Anschließend bitte unbedingt 1 Stunde Bettruhe im vorgewärmten Bett einlegen.

Nervosität, Streß und Schlafstörungen

Nervosität
Schlafstörungen
Streß

In unserer hektischen Zeit keine Randerscheinung. Nervosität, Schlafstörungen, Ein- und Durchschlafschwierigkeiten lassen viele Menschen nach chemischen Schlafmitteln aus der Apotheke greifen. Dabei sind die natürlichen Hausmittel oft viel wirksamer und haben keine Nebenwirkungen. Mineralsalzbäder mit Baldrian und Hopfen wirken z. B. ganz hervorragend gegen Nervosität und Schlafstörungen. Geben Sie dem Mineral-Salzbad ca 10 Tropfen ätherisches Baldrian- oder Hopfen-Öl hinzu. Oder übergießen Sie 100gr Baldrianwurzeln oder Hopfenzapfen mit einem Liter kochendem Wasser. Setzen Sie den Sud nach 10 Minuten ziehen dem Badewasser zu. Heublumen sind entspannend und für die Schlafvorbereitung sehr wichtig um zur Ruhe finden zu können. Heublumen-Salzbäder lindern Streß und sorgen für einen schnellen, tiefen Schlaf. Bringen Sie 500gr. Heublumen in 3 Litern Wasser zum Kochen. Nach einer halben Stunde können Sie die Flüssigkeit dem Badewasser zugeben.

Lavendel
Melisse

Lavendel- und Melissenbäder sind bei nervösen Einschlafstörungen zu empfehlen. Sie wirken sehr entspannend und beruhigend. Geben Sie je ca 50-60gr. Lavendelblüten oder Melissenblätter in einen Topf mit 1 Liter Wasser zum Aufkochen. Lassen Sie den Sud 10 Minuten ziehen und geben ihn dann direkt in Ihr warmes Salzbad. In allen Fällen sollte die Badedauer von ca 15 Minuten in max. 38° warmem Wasser nicht überschritten werden.

Muskelkater, Rheuma, Ischiasbeschwerden, Bandscheibenleiden und Gicht

Ischias
Rheuma
Gicht
steife Muskeln
Verspannungen

Salzbäder sind hierfür die besten Naturheilmittel. Aber auch ätherische Öle wie z. B. Eukalyptus, Johanniskraut und Ringelblume können mit je ca 5 Tropfen im Badewasser sehr wohltuend wirken. Heublumen und Schachtelhalm wurden nicht nur schon von den Kelten als Heilmittel gegen Rheuma, steife Muskeln, Verspannungen und Gicht verwendet, sondern sie könne diese Leiden in einem Mineralsalzbad sogar spürbar lindern. Bringen Sie hierzu 500gr Heublumen in 3 Litern Wasser zum Sieden und geben Sie den Sud nach einer halben Stunde Ziehen direkt ins Badewasser. Schachtelhalm braucht etwas länger zum Ziehen. Übergießen Sie ca 100gr mit 2 Litern kochendem Wasser, bringen Sie den Sud nach 1 Stunde nochmals zum Sieden und gießen Sie ihn dann nach einer weiteren viertel Stunde direkt ins Badewasser. Ätherische Öle aus Latschenkiefer, Tanne und Fichtennadeln sind durchblutungsfördernd und haben sehr schmerzlindernde Wirkungen auf Muskelkater, Krämpfe und Muskelschmerzen.

Kosmetische Mineralsalz-Bäder

Schöne, gesunde, glatte Haut

Mineralsalze und ätherische Öle sind fester Bestandteil aller Seifen, Cremes, Body-Lotions, Deodorants und Shampoos. Allerdings enthalten industrielle Kosmetik-Produkte chemische Zusatzstoffe, die als sogenannte »Ingrediens« bezeichnet werden. Diese Stoffe sind häufig alles andere als hautfreundlich. Machen Sie Ihr Mineralsalz-Bad zum eigenen Schönheits-Elixier für sich und Ihre Haut. Ohne chemische Zusätze! Folgende ätherische Öle sind in Verbindung mit Mineralsalzen als Badezusatz natürliche Schönheitsmittel. Geben Sie hiervon je ca 5-8 Tropfen ätherisches Öl in einen Becher mit Milch, Honig oder Sahne gelöst dem einlaufenden Mineralsalzbad hinzu.

Schöne Haut

Schönheits-Elixier ohne chemische Zusätze

Aloe-Vera hat einen natürlichen Lichtschutzfaktor, ist feuchtigkeitsspendend, -bindend, und -regulierend. Sie wirkt abschwellend beruhigend und regenerierend für die Haut. Reines Aloe-Vera Gel pflegt und schützt die Haut nach dem Bad, fettet nicht und kann gegen Falten Wunder wirken.

spendet Feuchtigkeit

Arnika wirkt entzündungshemmend, und wird deshalb sehr erfolgreich bei Pickel, Akne und unreiner Haut angewendet.

entzündungshemmend

Augentrost stärkt die Spannkraft der Haut und wirkt entzündungshemmend.

Spannkraft

Baldrian wirkt beruhigend, entspannend und schlaffördernd.

entspannend

Birke wirkt straffend und desinfizierend. Sie fördert die Durchblutung, entfettet die Haut und lindert Schuppenbildung.

straffend

Schuppen Haarausfall	**Brennessel** hilft gegen Schuppen, Schuppenflechte und Haarausfall. Sie empfiehlt sich besonders als pflegender Badezusatz bei empfindlicher Haut.
Altersflecken	**Brunnenkresse** wirkt reinigend und straffend bei unreiner Haut. Sommersprossen und Altersflecken können durch Brunnenkresse verschwinden.
abschwellend antibakteriell	**Efeu** wirkt antibakteriell, durchblutungsfördernd und abschwellend. Es ist daher sehr lindernd bei Krampfadern, Zellulitis und bei Schuppen.
Feuchtigkeit	**Eibisch** ist sehr feuchtigkeitsspendend und feuchtigkeitsregulierend. Reinigt und entfettet die Haut.
belebend straffend	**Fenchel** stärkt, glättet, belebt und strafft Haut, Haar und Bindegewebe.
entschlackt	**Gänseblümchen** reduziert die Talgproduktion der Haut und verhindert fettigen Glanz. Hafer reinigt und entschlackt die Haut porentief.
unreine Haut	**Holunder** hilft gegen unreine, großporige Haut.
beruhigend	**Hopfen** wirkt durchblutungsfördernd, beruhigend und straffend für Haut und Bindegewebe.
jugendliches Aussehen	**Johanniskraut** beruhigt die Haut, heilt, wirkt antibakteriell und regt die Durchblutung an. Verleiht der Haut ein frisches jugendliches Aussehen.
empfindliche Haut	**Kamille** ist für die empfindliche und sensible Haut die beste Kur. Deshalb sind Kamillenwirkstoffe in fast allen Hautpflegeprodukten enthalten.
desinfizierend	**Lavendel** ist desinfizierend, entzündungshemmend, beruhigend und entspannend.
unreine Haut	**Leinsamen** wirken sehr heilend, straffend und verjüngend bei unreiner und fettiger Haut.

Lindenblüten wirken durchblutungsfördernd, pflegend und sind besonders feuchtigkeitsspendend für die trockene Haut und für trockene, spröde Haare.

trockene Haut

Melisse wirkt sehr beruhigend und entspannend bei trockener, sensibler Haut.

sensible Haut

Pfefferminze wirkt erfrischend und desinfizierend. Besonders bei fettiger, unreiner Haut und bei Schuppen sind Mineralsalzbäder mit Pfefferminze sehr wohltuend und heilend.

fettige Haut
Schuppen

Ringelblume wirkt entzündungshemmend, regenerierend und reinigend. Sie ist deshalb bei kleineren Hautverletzungen, blauen Flecken, Hautabschürfungen, Akne und bei trockenen Ekzemen sehr zu empfehlen.

Akne
Ekzeme

Rosmarin fördert die Wundheilung und die Durchblutung.

Wundheilung

Roßkastanie wirkt durchblutungsfördernd, straffend und wird deshalb gegen Krampfadern und Zellulitis erfolgreich verwendet.

Krampfadern
Zellulitis

Sandelholz verleiht der Haut einen ansprechenden, gesunden, jugendlichen Teint.

frischer Teint

Salbei wirkt antiseptisch, heilend und schweißhemmend. Es reguliert die Hautdrüsen und ist deshalb auch wichtiger Zusatz in fast allen Deodorants.

schweißhemmend

Schafgarbe, ist entzündungshemmend, antiseptisch, straffend und durchblutungsfördernd. Sie pflegt gereizte Haut, lindert rote, fahle Hautstellen und »Besenreißer«.

gereizte Haut
straffend
Besenreißer

Stiefmütterchen haben blutreinigende und heilende Wirkungen. Sie sind auch gut geeignet um Akne und Ekzeme zu lindern.

Ekzeme

Akne

Thymian wirkt bei Aknehaut durchblutungsfördernd und heilend.

Bindegewebe Kopfhaut

Zinnkraut auch Ackerschachtelhalm genannt, wirkt durchblutungsfördernd, entzündungshemmend und straffend für die Haut, Bindegewebe und die Kopfhaut.

Naturreine ätherische Öle!

Bitte achten Sie darauf, daß Sie nur naturreine ätherische Öle ohne chemische Zusätze verwenden. Sie erhalten alle genannten Öle überall im gut sortieren Naturwarenhandel.

Milchbäder mit Mineralsalzen

Kleopatras Schönheitsbad

Mineralsalze, ätherische Öle und Milchprodukte machen die Haut zart, glatt und geschmeidig. Sie reinigen, lindern Hautreizungen, Akne, Allergien, schuppige Quaddeln und Ekzeme. Darüber hinaus verleihen Sie der Haut ein frisches, straffes jugendliches Aussehen.

Vollmilch, Sahne oder Buttermilchbäder:

Vollmilch Sahne Buttermilch

Geben Sie vor dem Wassereinlauf ca 2-3 Liter Milch, Buttermilch oder einen halben Liter Sahne und ca 250gr Mineralsalz in die Badewanne. Lassen Sie lauwarmes Wasser einfließen und regulieren Sie die gewünschte Badetemperatur kurz bevor Sie in die Wanne steigen. Nach dem Baden sollten Sie sich nicht abduschen, sondern nur trocken tupfen.

naturreines Salzkristall-Mineral-Salz!

Sie erhalten Salzkristall-Mineralsalz-Badezusätze als naturbelassenes Granulat und als Essenz. Wichtig ist, daß die hierzu verarbeiteten Steinsalze weder chemisch vorbehandelt, gebleicht oder verändert wurden. Sie sind Natur pur und enthalten neben den wichtigsten Mineralsalzen zusätzliche lebensnotwendige Spurenelemente wie z. B. Eisen, Jod, Zink, Selen, Fluor und Mangan.

FENG-SHUI mit Salzkristall-Lampen

Feng-Shui uralte Wissenschaft vom Leben, Harmonie, Liebe & Gesundheit

Das große Interesse vieler Menschen aus ihrer Wohnung nicht nur einen heimeligen Platz zum Wohlfühlen, sondern gleichzeitig auch einen Kurort, einen Ort der Liebe und des Glücks zu machen, weckt das Interesse für die energetischen Zusammenhänge westlicher und östlicher Traditionen. Hiermit kann nicht nur das körperliche und seelische Wohlbefinden gesteigert werden, sondern es läßt sich ein Zuhause erschaffen, das für Sie gleichzeitig Gesundheitszentrum, Energiequelle und ein Ort von Zufriedenheit, Liebe und Glück ist. Immer mehr Menschen machen Ihre Wohnung auf diese Art zum Urlaubsort und verzichten sogar auf den Flug in die Karibik.

Salzkristalle & Feng-Shui-Kristalle

Feng-Shui ist eine seit Jahrtausenden praktizierte, fernöstliche Technik um sich bewußter in den Mittelpunkt natürlicher Rhythmen und Gesetzesmäßigkeiten zu integrieren, die auch vor Ihrer Haustür nicht Halt machen. Natürliche Gegenstände spielen hierbei in Verbindung mit den Himmelsrichtungen und den Elementen Wasser, Feuer, Erde, Holz und Metall eine übergeordnete Rolle. Salzkristall-Lampen gehören zwar nicht zum klassischen Repertoire nach Feng-Shui, trotzdem erfreuen sie sich, durch ihre vielfältigen Wirkungen, auch in China größter Beliebtheit. Viele namhafte Feng-Shui-Berater schwärmen nicht nur deshalb von Salzkristall-Lampen, weil sie hervorragend nach den Prinzipien des Feng-Shui eingesetzt werden können, sondern auch deshalb, weil sie auch das körperliche Wohlergehen und die Gesundheit aller Anwesenden und Mitbewohner positiv beeinflussen. Hinzu kommt, daß Salzkristall-Lampen ebenso wie klassische Feng-Shui Kristalle leicht transportierbar und beliebig aufstellbar sind, ohne gleich die Wohnung umräumen zu müssen. Im Übrigen haben Salzkristalle, als Heiler und Energiebringer, für uns Europäer genausolange Tradition wie facettierte Kristalle für die Chinesen im Feng-Shui.

Im Gegensatz zu europäischen Heil-Traditionen, die ebenfalls, wie fernöstliche Weisheiten, über viele Tausend Jahre zurückreichen, haben es sich die Chinesen nicht nehmen lassen, sich zugunsten dogmatischer Kirchengesetze und chemischer Heilmittelindustrien von den wahren Heilern der Natur abbringen zu lassen. Feng-Shui ist eine nahezu vollständig überlieferte Lehre, die heute noch genauso gültig und anwendbar ist, wie vor tausenden von Jahren auch. Denn unsere organischen und seelischen Bedürfnisse haben sich im Grunde genommen genausowenig verändert, wie natürliche Energieströme, Mondkräfte, die heilenden Kräfte der Steine oder gar die Energien der Natur. Feng-Shui ist eine uralte Wissenschaft vom Leben, von Harmonie und Gesundheit. Obwohl die Empfehlungen nach dem Feng-Shui vielen modernen Menschen genauso unlogisch erscheint wie die Heilkräfte von Salzkristallen und anderen Heilsteinen, weil sich deren Energien nach wissenschaftlichen Methoden nicht in einer Formel nachweisen lassen, können täglich Millionen von Menschen am eigenen Körper verspüren, daß natürliche Kräfte und Rhythmen viel gesünder und bedeutungsvoller sind, als viele glauben. Zunehmend spricht sich auch in unserer modernen Gesellschaft herum, daß wir trotz ständigem Fortschritt insgesamt viel kranker werden als alle Generationen zuvor. Die einstigen Tempel der Kelten, Griechen und Römer mußten riesigen Krankenhäusern weichen. Kein Wirtschaftsbereich erfährt soviel Wachstum wie das Gesundheitswesen durch die Krankheit der Menschen. Mit Hilfe von Feng-Shui, Salzkristall-Lampen, Heilsteinen, Essenzen und anderen alternativen Heilmitteln können Sie sich dem Teufelskreis chemischer Heilwege weitestgehend entziehen. Lernen Sie erkennen, daß Sie selbst etwas für Ihre Gesundheit tun können! Die Schulmedizin ist zwar nicht völlig zu verteufeln, wer jedoch glaubt, sich auf sie als einzige Heilmaßnahme verlassen zu können, wird schnell feststellen, daß die immens langen Listen über Nebenwirkungen zu den eigentlichen Wirkungen geworden sind. Vertrauen Sie zusätzlich auf die Heilkräfte der Natur!

Feng-Shui für Anfänger und Fortgeschrittene

Nach den Lehren des Feng-Shui gibt es Orte, die Energie geben und andere, die Energie nehmen. Im Prinzip nichts anderes als Hoch- und Tiefdruckgebiete beim Wetter auch. Auch wir Menschen leben in ständigen Rhythmen, wobei jeder Einzelne unter uns zeitweise Kraftquelle für einen anderen Menschen ist, dem er Energie abgibt, die er sich zu einem anderen Zeitpunkt oder von einem anderen Menschen in Form von Liebe, Zuwendung, Geborgenheit und Trost wieder nimmt. Diese natürlichen Prinzipien lassen sich bis in die kleinsten Zellen unseres Körpers fortführen und spielen in den Räumen Ihrer Wohnung dieselbe Rolle.

Feng-Shui für Anfänger und Fortge-schrittene

Feng-Shui, die Lehre von Glück und Harmonie in der Wohnung und im Herzen

Im Feng-Shui wird jeder Raum, egal ob Biotop, Haus, Arbeitsplatz oder das Eßzimmer in Ihrer Wohnung, nach einer weisheitlichen Regel in feste Bereiche nach energieneutralen, energiegebenden und energienehmenden Orten untergliedert, denn jedes Zimmer ist mehr als nur ein Wohnraum oder Arbeitsplatz, wenn man die räumlichen Energiegesetze kennt, und weiß, welche Energien wo vorherrschen oder fehlen. Um so mehr Sie über die natürlichen Energien Ihrer Wohn- und Lebensräume wissen und dazu beitragen, daß Sie ungehindert fließen können, um so mehr Wärme, Licht, Vitalität, Wiederstandskraft, Inspiration, Geborgenheit, Liebe, Gesundheit und Zufriedenheit erhalten Sie von den spirituellen Energieströmen, Ihrer Wohnräume, zurück. Die Mittel hierzu sind denkbar einfach. Etwas Wissen über das magische Feng-Shui-Quadrat und die wichtigsten Energiequellen in Form von Salzkristall-Lampen, Bergkristallen und facettierten Feng-Shui-Kristallen kann Ihr Leben, Gesundheit, Wohlbefinden und Ihre Wohnsituation maßgeblich verbessern.

Glück und Harmonie in der Wohnung und im Herzen

Das magische Feng-Shui-Quadrat

9 Energiefelder

Das magische Quadrat besteht aus 9 Feldern in denen erfahrungsgemäß bestimmte spirituelle Energieströme vorherrschen. Das Quadrat beruht in seiner ausgewogenen Funktion auf 1000jähriger Tradition und ist für jede Wohnung genauso anwendbar, wie für ein einzelnes Zimmer auch. Allerdings muß die Lage für jede Wohnung neu bestimmt werden. Hierfür sind neben den Himmelsrichtungen die 5 Elemente maßgeblich.

Himmelsrichtungen und die Elemente

An den Himmelsrichtungen, die feststehende Größen sind, woran sich letztendlich alle Lebensbereiche orientieren, wird das magische Feng-Shui Quadrat ausgerichtet. Es ist für die Wohnräume, in denen wir leben, genauso maßgeblich, wie für die Räume in unserem Inneren (Chakras) worin sich unsere Seele mit unserer Persönlichkeit vereinigt. Dieses Raster wird im Feng-Shui »Bagua« genannt und besteht in seiner einfachen Grundversion aus 9 Feldern. Haben Sie die Himmelsrichtungen mit Hilfe eines Lageplanes oder Kompasses bestimmt, dann kann dieses Raster immer auf die Wohnung und auf jeden gewünschten Raum übertragen werden.

Energiefelder aktivieren

Sobald Sie eine Salzkristall-Lampe aufstellen oder Feng-Shui-Kristalle aufhängen, wird der Bagua-Bereich, in dem Sie dies tun, aktiviert und zum Energiespender positiver Lebens- bzw. Qi-Energien. Hierdurch können nicht nur vorhandene Energiequellen besser genutzt, sondern energieärmere Wohnbereiche mit positiven Lebensenergien versorgt bzw. nach dem Feng-Shui »bespiegelt« werden. Mit der Plazierung einer Salzkristall-Lampe erzielen Sie automatisch genauso eine positive Wirkung auf Ihr räumliches Umfeld, wie mit dem Aufstellen von Rosenquarz, Bergkristall, oder mit dem Aufhängen von facettierten Feng-Shui-Kristallen auch. Mit ein wenig Kenntnis über die Elemente, die ebenfalls Teile des Bagua-Rasters sind, bleibt die Wirkung nicht länger nur Zufall, sondern Sie können diese natürlichen Helfer sogar ganz bewußt an bestimmten Orten plazieren.

Feng-Shui Energieraster nach dem Persönlichkeitsprinzip

Norden

Nord-Westen Seelische Entfaltung, Schutz, Phantasie, Inspiration, Verantwortung, Organisation, Unterstützung, Schutzengel Element Metall	Norden Lebensweg Selbstverwirklichung Sexualität Gegenwart Element Wasser	Nord-Osten Weisheit Motivation Lebensabschnitte Neugier Fortschritt Element Erde
Westen Wachstum, Glück, Reichtum, Romantik, Organisation, Zufriedenheit, Spiritualität, Kinderwunsch, Kindheit, Freude Element Metall	Mittelpunkt der nach allen Himmelsrichtungen ausgerichteten Energiequellen. »Hara« Tai-Chi	Osten Entschlossenheit, Ehrgeiz, Durchhaltevermögen, Mut, Verständnis, Familie, läßt Träume wahr werden Element Holz
Partnerschaft, Familienleben, Beziehung, Gesundheit, Herzlichkeit, Liebe, Nächstenliebe, Treue Element Erde Südw-Westen	Persönlichkeit Charakter Erfolg, Ruhm Erleuchtung Anerkennung Element Feuer Süden	Kommunikation, Kreativität, Harmonie, Glück, Erfolg, Reichtum Element Holz Süd-Osten

Auf dieser Linie liegt Ihre Eingangstür, wenn Sie sich am Türen-Bagua orientieren

Das oben dargestellte Energie-Raster wird im Feng-Shui als Bagua bezeichnet. Es ist für die Wohnung als auch für einzelne Zimmer anwendbar. In den einzelnen Feldern können Sie erkennen, welche Energien in Ihren Räumen wo vorherrschen. Aktivieren Sie die gewünschten Felder und leiten Sie die Energien auch dahin um, wo Sie sie haben möchten.

So gehen Sie vor:

1. Nehmen Sie einen Grundriß Ihrer Wohnung

2. Stellen Sie fest wo Norden ist. Nehmen Sie hierfür einen Kompaß zur Hand oder schauen Sie im Lageplan Ihrer Wohnung nach.

klassische Berechnungsmethode

3. Ziehen Sie mit dem Bleistift von Nord nach Süd eine Linie über den Grundriß Ihrer Wohnung und legen Sie das Raster bzw. Bagua mit dem Energiefeld des Elementes Wasser nach oben, Feuer nach unten, darüber. Jetzt können Sie sehr leicht erkennen, welche Energiebereiche für Sie in Ihrer Wohnung in welche Wohnbereiche fallen. Vielleicht erkennen Sie schon jetzt, weshalb Sie sich in Ihrer Wohnung mit Ihrem Partner häufiger streiten. Liegt die Energiequelle für Liebe, Partnerschaft und Beziehung nach dem Feng-Shui-Raster ausgerechnet im Badezimmer, oder erstreckt sich Ihr Wohnzimmer nach dem Raster sogar über mehrere Felder? Anhand des Rasters können Sie sehr leicht auch alle anderen Räume überprüfen und feststellen welche Räume ganz oder teilweise in welche Energiebereiche fallen.

Türen-Methode

4. Das »Türen-Bagua«. Häufig wird neben der klassischen Feng-Shui-Methode, wobei die Wohnräume nach den Himmelsrichtungen ausgerichtet werden, ein sogenanntes intuitives »Türen Feng-Shui« angewendet. Hierbei wird die untere Kante das Bagua auf die Grundrißwand gelegt, in der sich die Haupteingangstür befindet. Diese Methode dient der Vereinfachung, verfehlt jedoch bei uns im Westen oft ihr Ziel, weil die Eingangstüren traditioneller asiatischer Gebäude von Haus aus im nördlichen Bereich der Häuser liegen, während unsere Eingangsbereiche beliebig angeordnet sind. Wenn Sie sicher sein möchten, dann verwenden Sie einen Kompaß und orientieren Sie sich an der eingezeichneten Nord-Süd-Achse.

Die richtige Plazierung nach dem Persönlichkeits-Feng-Shui

Der richtige Platz

Das chinesische Feng-Shui läßt sich auf alle natürlichen, körperlichen und geistigen Räume anwenden. Besonders weit verbreitet ist die Anwendung im Wohnbereich. Im folgenden wollen wir Sie mit dem Persönlichkeits-Feng-Shui bekannt machen, das sich auf die »Wohnbereiche und Wohnräume« der Seele in unserem Inneren, den Chakras, bezieht.

Persönlichkeits Feng-Shui

Das Persönlichkeits-Feng-Shui richtet sein Augenmerk überwiegend auf Charakter, Blockaden und Persönlichkeit. Wir haben Ihnen die einzelnen Felder daher weniger nach optimalen Stellplätzen Ihrer Fernsehsessel untersucht, als vielmehr nach den Energiequellen für Lebensfreude und Glück. Im magischen Quadrat können Sie ablesen, welche Lebensenergien sich in welchem Element wo in Ihrer Wohnung konzentrieren. Die Kunst im Feng-Shui liegt darin, vorhandene Energiequellen zu nutzen und dahin umzuleiten, wo Sie von Ihnen besser genutzt werden können. Liegt beispielsweise die Energiequelle für Ihre Partnerschaft und Beziehung nach Ihrem Raster im Badezimmer, dann empfiehlt es sich diese Quelle zu verstärken und ins Wohnzimmer und Schlafzimmer umzuleiten.

Wie funktioniert das?

Energiequellen aktivieren

Ganz einfach! Stellen oder hängen Sie überall dort, wo Sie Energien einer bestimmten Quelle wünschen gleichartige Gegenstände auf. Dies können Salzkristalle, Heilsteine, Bergkristalle, Amethyst-Drusen, Rosenquarze oder facettierte Glaskristalle und Spiegel sein. Die Energien einer Quelle übertragen sich mit der Hilfe dieser Objekte von einem Raum zum anderen, wo sie sich verteilen, positiv entfalten und wahre Wunder vollbringen können. Allerdings sollten Sie darauf achten, daß Sie die aktivierten Energien mit denselben Gegenständen um- und weiterleiten, mit denen Sie das Energiefeld aktiviert haben.

Die 5 Elemente

Die fernöstliche Elementenlehre nach Feng-Shui (Wasser, Feuer, Erde, Holz, Metall) unterscheidet sich ein wenig von der Ayurwedischen (Wasser, Feuer, Erde, Luft und Raum). Dennoch stehen die Elemente stellvertretend für die Keime des Lebens, die in jedem Felsen und Baum bis zur kleinsten Maus das einfache Prinzip des Universums wiederspiegeln. Die Eigenschaften der Elemente sind wichtig, um die Gleichgewichte und Ungleichgewichte im Körper und im Leben verstehen zu können. Sie verschaffen allerdings auch verständliche Gegensätze, wie z. B. Feuer und Wasser. Beides zusammen wird nie gleichzeitig existieren können. Denn zuviel Feuer verdampft das Wasser, und zuviel Wasser löscht das Feuer. Durch diesen Mechanismus gelangen die elementaren Urenergien immer wieder an Ihre Grenzen, um nicht Alleinherrscher zu werden. Selbst der größte Waldbrand wird irgendwann unter einem Wolkenbruch erlöschen.

Plazierung Ihrer Salzkristall-Lampe im Element Wasser

Ihre Salzkristall-Lampe im Norden

Das Element Wasser ist nach dem Persönlichkeits-Feng-Shui-Raster im **Norden** angelegt und unterliegt dem persönlichen Lebensweg. Die aus diesem Bereich aufgenommenen und gespiegelten Energien tragen maßgeblich zu Glück, Wohlbefinden, Selbstverwirklichung und Sexualität bei. Diese Energiequelle stärkt den Lebenswillen, was besonders wichtig für Menschen ist, die krank, depressiv oder lebensmüde sind und kraftlos, ohne inneren Antrieb, den Tag überleben. Diese Energiequelle stärkt auch das Interesse an der Gegenwart. Menschen, die oft in einer Traumwelt leben oder immer von einer schöneren und besseren Zukunft träumen, finden an dieser Energiequelle ebenso Trost und Ausgleich, wie Menschen, die ewig verstorbenen Familienangehörigen oder Partnern nachtrauern, in vergangenen Zeiten leben, oder plötzlich und scheinbar grundlos von düsteren Stimmungen heimgesucht werden. Die Energie trägt zum äußeren und inneren Frieden aller Angehörigen und Nachbarn bei, lindert Habgier, Eifersucht, Neid und Existenzangst.

Plazierung Ihrer Salzkristall-Lampe im Element Erde

Ihre Salzkristall-Lampe im Nordosten

Dem Element Erde sind, nach dem klassischen Persönlichkeits-Feng-Shui-Raster, 2 bedeutende Felder zugeordnet. Im **Nordosten** unterliegt dem Element die Weisheit, als Fähigkeit aus allen Lebensabschnitten und Ereignissen lernen und daran reifen zu können, um den Sinn seines Daseins erkennen und erfüllen zu können. Darüber hinaus verschafft diese Energiequelle auch Interesse, Motivation und die nötige Neugier um weiter kommen zu können. Sie ist für Fortschritt und Wachstum verantwortlich.

Ihre Salzkristall-Lampe im Südwesten

Im **Südwesten** unterliegt dem Element Erde der Bereich Partnerschaft, Familie und Beziehung. Die Liebe ist die stärkste Quelle unserer Lebensenergie. Sie bestimmt letztendlich alle kulturellen, materiellen und spirituellen Abläufe im Leben, versorgt uns mit Ehrgeiz, Herzlichkeit, Gesundheit, Freude, Zufriedenheit und Glück. Diese Energiequelle ist auch maßgeblich für das partnerschaftliche Glück, Liebe, Treue, Intimität und Verständnis verantwortlich. Obwohl dieses Energiefeld überwiegend die partnerschaftliche Zweisamkeit mit Energie versorgt, spielt es trotzdem auch eine wichtige Rolle im zwischenmenschlichen Umgang mit allen anderen Familienangehörigen und auch mit Tieren. Da es uns allen zunehmend an Liebe, Nächstenliebe und partnerschaftlichem Verständnis zwischen Mann und Frau zu fehlen scheint, ist es besonders empfehlenswert, mehr für diese Energiequelle zu tun. Dies trifft besonders auch dann zu, wenn Ihre Partnerschaft reizlos, langweilig, eintönig, müde und kraftlos zu werden scheint, wenn Sie das Gefühl haben, mehr zu geben als Sie erhalten, wenn Sie sich und Ihr Partner häufiger grundlos streiten, kaum noch etwas zu sagen haben, oder sich typische Trennungsmechanismen einschleichen. Lassen Sie es nicht soweit kommen, sondern tun Sie noch rechtzeitig etwas für die Liebe, bevor Sie stirbt und es zu spät ist. Sorgen Sie mit

Salzkristallen, Feng-Shui-Kristallen, Chakra-Ketten und anderen spirituellen Energiebringern in diesen Energiefeld dafür, daß Ihre Liebe nicht zerbricht. Auch Alleinerziehende Elternteile erhalten aus diesem Energiefeld die Kraft, die Sie brauchen, um beide Elternteile so gut wie möglich vertreten zu können. Darüber hinaus weckt diese Energiequelle ungeahnte Fähigkeiten und bringt praktische Veranlagungen zum Vorschein. Das Schlafzimmer sollte in diesem Bereich liegen.

Plazierung Ihrer Salzkristall-Lampe im Element Feuer

Ihre Salzkristall-Lampe im Süden

Das Element Feuer ist nach dem Persönlichkeits-Feng-Shui-Raster gegenüber dem Wasser im **Süden** angeordnet. Es unterliegt dem Bereich Charakter und Erleuchtung. Die aus diesem Bereich aufgenommenen und gespiegelten Energien tragen maßgeblich zur Abrundung des Charakters und zur Stärkung Ihrer Persönlichkeit bei. Diese Energiequelle reguliert überschäumende oder auch zu schwache Charakterzüge, die es Ihnen erschweren sich durchsetzen und Ihren Lebensweg einhalten zu können. Ja-Sagen obwohl Sie Nein meinen, ständig nur für andere da zu sein, oder Herrschsucht, Intoleranz und Egoismus können durch dieses Energiefeld ausgeglichen werden. Dieses Energiefeld ist auch maßgeblich dafür verantwortlich, wie fest Sie mit beiden Beinen im Leben stehen, beliebt sind, sich behaupten, oder ob Sie kontaktarm, erfolglos, verlassen und einsam bleiben.

Plazierung Ihrer Salzkristall-Lampe im Element Metall

Ihre Salzkristall-Lampe im Westen

Dem Element Metall sind, nach dem Persönlichkeits-Feng-Shui-Raster, 2 bedeutende Felder zugeordnet. Im **Westen** unterliegt diesem Element der Bereich Entfaltung, Wachstum, Romantik, Zufriedenheit, Lebensfreude, Spiritualität und eine gesicherte Existenz. Aus diesem Raster sprudeln zusätzlich jene Energien, die Kinderwünsche wahr werden lassen und dafür sorgen, daß sich Ihr Nachwuchs körperlich und geistig gesund entwickeln kann. Das Kinderzimmer sollte in diesem Feld liegen.

Ihre Salzkristall-Lampe im Nordwesten

Im **Nordwesten** unterliegt dem Metall der Bereich seelische Entfaltung, Schutz, Phantasie, Inspiration und Verantwortung. Sie erhalten durch dieses Energiefeld auch den notwendigen Schutz höherer Wesen die sich sinnbildlich mit Schutzengeln vergleichen lassen. Dieses Energiefeld trägt nicht nur dazu bei, daß Sie in schwierigen Situationen die richtige Entscheidung treffen, sondern bewirkt auch, daß Ihre Entscheidungen mit Gefühl und Verstand gefällt werden.

Plazierung Ihrer Salzkristall-Lampe im Element Holz

Ihre Salzkristall-Lampe im Südosten

Dem Element Holz sind, nach dem Persönlichkeits-Feng-Shui-Raster, 2 bedeutende Felder zugeordnet. Im **Südosten** unterliegt diesem Element der Bereich Kommunikation, Kreativität, Harmonie, Glück, Erfolg und Reichtum. Mit typischen Feng-Shui-Hilfsmitteln, wie z.B. Buddhafiguren aus Edelsteinen und Salzkristall-Lampen, läßt sich Ihrem materiellen Glück in diesem Feld ein wenig nachhelfen. Dieser Bereich eignet sich allerdings auch sehr gut als Energiequelle für Kreativität in beruflichen und privaten Angelegenheiten. Büro und Arbeitszimmer bieten sich für diesen Bereich an.

Ihre Salzkristall-Lampe im Osten

Aus dem Element Holz im **Osten** sprudeln die Energien für Entschlossenheit, Ehrgeiz, Durchhaltevermögen, Mut und neue Impulse. Wenn Sie Ihre Träume wahr werden lassen möchten, schöpfen Sie aus dieser Quelle Energie. Diese Energiequelle trägt auch sehr positiv zum familiären Verständnis bei. Aktivieren Sie diese Energiequelle mit einer Salzkristall-Lampe, wenn Sie sich seit längerem mit Ihren Eltern oder Geschwistern im Streit befinden. Laden sie alle Beteiligten zu sich ein und Sie werden sehen, wie schnell man sich versöhnen kann. Das Wohn- und Eßzimmer bieten sich für diesen Bereich an.

Plazierung Ihrer Salzkristall-Lampe im Hara oder Tai-Chi

Ihre Salzkristall-Lampe im Hara

Diese Energiequelle bildet den Mittelpunkt der nach den Himmelsrichtungen ausgerichteten Energiefelder. Im Persönlichkeits-Feng-Shui wird dieser Punkt als »Hara« bezeichnet. Hara ist eine wundervolle, spirituelle Energiequelle auf höchster Ebene. Dieses Energiefeld ist maßgeblich für Gesundheit, Heilung und Genesung verantwortlich und spielt im Gesamtbefinden von Körper, Geist und Seele eine übergeordnete Rolle. Es ist direkt mit den kosmischen und den schöpferischen Energiequellen verbunden. Die Energieströme dieser Quelle lassen sich durch Salzkristall-Lampen, facettierte Feng-Shui-Kristalle, Edelsteinkugeln und Kristall-Kugeln aus gepreßtem Bergkristall sehr gut aktivieren und anzapfen. Bitte nutzen Sie die Energie dieser Quelle regelmäßig für sich und verteilen Sie soviel wie möglich davon durch das Aufstellen von Salzkristallen und facettierten Feng-Shui-Kristallen an ihre umliegenden Wohnräume. Die Tai-Chi-Energie ist auch dann besonders hilfreich, wenn Ihre eigenen Energiereserven durch einen schrecklichen Schicksalsschlag versiegt sind. Dies trifft in psychischen und physischen Ausnahmezuständen z. B. dann zu, wenn Sie einen Schlaganfall, Herzinfarkt oder ähnliches erleiden, kurz vor einer schweren Operation stehen, ein Kind verloren haben, selbst oder nahe Verwandte einen schweren Unfall erlitten haben, Opfer eines Gewaltverbrechens wurden, oder Ihren Partner, Kinder oder Eltern durch plötzlichen unerwarteten Tod verloren haben. Stellen Sie zum direkten Empfang der höchsten Energie eine Bergkristall-Gruppe und eine mehrfarbige Salzkristall-Lampe in diesem Feld auf.

Salzkristall-Lampen, facettierte Kristalle und andere Feng-Shui-Glücksbringer mit großer Wirkung

facettierte Regenbogen-Kristalle

Feng-Shui-Kristalle, auch Regenbogenkristalle genannt, sind in China seit 1000den von Jahren die wichtigsten Energieverteiler. Heute halten sich facettierte Kristalle aus Bergkristall, Bleikristall und Glas mit dem Gebrauch von Salzkristall-Lampen die Waage. Im Gegenteil, genauso wie sich Feng-Shui-Kristalle bei uns zunehmender Beliebtheit erfreuen, haben Salzkristall-Lampen, Salztempel und Teelichter ihren Siegeszug nach China fortgesetzt. Feng-Shui-Kristalle stärken, aktivieren und spiegeln die positiven Energiequellen der einzelnen Felder in andere Lebensbereiche und reduzieren negative Energien oder verbannen Sie nach draußen. Obwohl Feng-Shui-Kristalle bei weitem nicht das große gesundheitliche Heilspektrum bieten wie Salzkristall-Lampen, weil deren Qualitäten sich überwiegend auf die Energieverteilung konzentrieren, sollen Sie in diesem Buch trotzdem nicht unerwähnt bleiben. Denn sie lassen sich hervorragend mit Salzkristall-Lampen verwenden und beide Energiebringer vereinen ihre Kräfte zu einer wunderbaren Heil-Quelle und Jungbrunnen für Körper, Geist und Seele.

Feng-Shui-Kristalle bündeln und verteilen, ebenso wie Salzkristall-Lampen vorhandene oder von außen hereinscheinende Lebensenergien bis in die totesten Winkel Ihrer Wohnung. Hierbei spielt nicht nur der Energiestrahl eine große Rolle der durch einen Regenbogen sichtbar wird, sondern vor allem die Energien, die im Verborgenen für Sie tätig werden. Regenbogenkristalle nehmen vorhandene Lebensenergien auf und verteilen sie gleichmäßig durch Türen und Fenster hindurch bis zu den entlegensten Winkeln der Wohnung. Obwohl viele aus der Beschaffenheit der Kugeln schon wieder eine Wissenschaft machen wollen, berufen wir uns auf die einfachen Möglichkeiten jener Menschen, die Feng-Shui schon seit

1000den von Jahren erfolgreich anwenden. Die Chinesen verarbeiteten damals Bergkristalle zu facettierten Kugeln. Später wurde gepreßter Bergkristall, Bleikristall und Kristallglas verwendet. Alle Materialien haben sich gleich gut bewährt. Lediglich die Präzision der einzelnen Facetten und die Größe scheint eine wichtige Rolle zu spielen. Die geläufigsten Größen liegen zwischen 30mm und 60mm im Durchmesser. Je nach dem wie energieleer Sie sind, oder wie energiearm Ihre Wohnräume sind, sollten Sie mehrere Kugeln in dem Energiefeld anbringen, daß Sie aktivieren und projizieren möchten. Gleichzeitig empfiehlt es sich immer, einige Feng-Shui-Kristalle ins Fenster zu hängen. Sie beglücken nicht nur mit bezaubernden Regenbogen, die Ihr Herz und das Ihrer Angehörigen wie im Sturm erobern, sondern versorgen Sie bis tief ins Gemüt mit den lebenswichtigen Lichtenergien aus dem Sonnenlicht. Mehr Vitalität, Lebensfreude, Gesundheit, Liebe, Zufriedenheit und weniger Streit unter Anwesenden, weniger Melancholie und weniger Depressionen sind die Folge.

Feng-Shui Kugeln

Kristall-Kugeln aus chin. Tradition zur Stärkung der »guten« Chi-Energien

In China gelten Kristall-Kugeln als Symbol geistiger Größe, Großzügigkeit und Nächstenliebe.Sie sind die Garanten für eine harmonievolle Partnerschaft und werden deshalb in China besonders zur Hochzeit, zur Verlobung und zur Gründung eines gemeinsamen Hausstandes verschenkt. Kristall-Kugeln regulieren unterschiedliche emotionale Energiestärken unter Anwesenden und sollten daher immer dann sichtbar aufgestellt werden, wenn Sie das Gefühl haben, daß augenblicklich etwas nicht stimmt oder aus dem Lot gerät. Kristall-Kugeln regulieren nicht nur emotionale oder seelische Unausgewogenheiten, sondern sorgen auch dafür, daß sich die Energien anderer, spiritueller Hilfsmittel immer in einem für Sie positiven Bereich bewegen. Während hierfür früher ausschließlich aus echten Bergkristallen geschliffene Kugeln verwendet wurden, empfehlen wir Ihnen heute Kugeln aus gepreßtem Bergkristall. Nicht nur deshalb, weil reine, echte Kugeln ein kleines Vermögen kosten, sondern auch deshalb, weil die Tradition gepreßter Kristall-Kugeln aus China so weit ausgereift ist, daß gepreßte Kristall-Kugeln echten Kugeln in nichts nachstehen. Achten Sie bitte darauf, daß Ihre Kugeln ca. 100mm Ø haben. Diese Größe hat sich als optimal herausgestellt.

Mineralien, Heilsteine und Kristalle

Mineralien Heilsteine Essenzen Kristalle

Die Steinheilkunde reicht in ihren Überlieferungen viele 1000 Jahre zurück und die körperlichen bzw. seelischen Heilerfolge nach den Beschreibungen des »Großen Lexikons der Heilsteine, Düfte und Kräuter« oder des Buches »Kristalle, Mond & Sterne« sind unumstritten und haben sich längst auch in den Praxen namhafter Therapeuten etabliert. Naturbelassene, geschliffene und zu Essenzen verarbeitete Heilsteine besitzen extrem starke und energievolle Heilkräfte ohne Nebenwirkungen. Auch das Feng-Shui und der Gebrauch von Salzkristall-Lampen gründet letztendlich auf den Erkenntnissen der Steinheilkunde, die in ihren heilenden Eigenschaften für uns Menschen viel bekömmlicher zu sein scheint als die meisten anderen Naturheilverfahren.

Reiki

Reiki mit Salzkristall-Lampen

Reiki ist eine uralte Wissenschaft von heilenden Energieströmen, die unter Anwesenden durch das Auflegen der Hände ausgetauscht werden. Aktivierte Reiki-Energien verbessern die Fähigkeit des Körpers zur Selbstheilung und tragen dazu bei, daß eigene Heilungskräfte besser auf andere übertragen werden können. Deshalb wird Reiki auch als die Wissenschaft vom Energieaustausch zwischen dem der Reiki gibt, und dem, der es empfängt, bezeichnet. Allerdings bedarf es für ungeübtere Reiki-Anwender Hilfsmittel, die den Zugang zu den höheren Energiequellen der Liebe und des Lichts ermöglichen. Hierfür sind Salzkristall-Lampen und Kristall-Kugeln besonders gut geeignet. Sie reinigen die Aura aller Anwesenden und tragen zu einem besseren Energieaustausch bei.

Ayurweda

Ayurweda und Salzkristall-Lampen

Ayurweda zählt zu den ältesten, schriftlich fixierten Heilkünsten der Welt. Das Ziel von Ayurweda liegt darin, gesund und glücklich zu werden, indem Krankheit durch ganzheitliches Gleichgewicht in Körper und Seele vorgebeugt und geheilt werden soll. Um gesund zu werden bzw. zu bleiben, muß ayurwedischen Philosophien zufolge, Harmonie zwischen dem Lebenssinn, den Gedanken, Gefühlen und allen körperlichen Abläufen bestehen. Deshalb fragen ayurwedische Ärzte meist zuerst nach Ihrem seelischen Befinden, Ihrem Umfeld und ob Sie die Ziele und den Sinn Ihres Lebens erkannt haben. Salzkristall-Lampen spielen deshalb auch im Ayurweda eine übergeordnete Rolle. Sie öffnen den Geist, befreien von zu wissenschaftlichen orientierten, materiellen Lebensauffassungen und lassen die nötige Spiritualität zu, um in sich gehen zu können, damit innere Unausgewogenheiten ausgeglichen und Blockaden beseitigt werden können.

Kristallkugeln und der Blick in die Zukunft

Kristall-Kugeln und Salzkristall-Lampen

Das Geheimnis sagenumwobener Kristallkugeln, die einen Blick ins Jenseits ermöglichen, um dort die eigene Gegenwart und sogar ein Stück weit in die Zukunft blicken zu können, reicht bis weit in die Menschheitsgeschichte zurück. Für die meisten Kulturen der Antike war klar und unbestritten, daß zur hiesigen materiellen Welt eine spirituelle Gegenwelt im Jenseits existieren muß, worin sich spiegelbildlich alle materiellen Lebensabläufe mit universellen Energien in ihrer Polarität ausgleichen. Die Fähigkeit mit Hilfe von Kristall-Kugeln, Salzkristall-Lampen und anderen spirituellen Hilfsmitteln in die Aura anderer Menschen oder gar in die Zukunft blicken zu können ist jedem Menschen gegeben. Um wirklich Sehend zu werden bedarf es der Öffnung ganz bestimmter Bereiche unseres Körpers und der Seele. Diese Sensibilisierung der Chakras wird durch Kristall-Kugeln, Salzkristall-Lampen, Chakra-Ketten und Essenzen erreicht. Auch hierfür empfehle ich Ihnen Kugeln aus gepreßtem Bergkristall mit ca 100mm im Durchmesser.

Elektrosmog

Elektrosmog zerschlägt die Körperzellen

Elektrosmog macht sich in unserer Gesellschaft durch zahllose negative Auswirkungen immer stärker bemerkbar. Man kann ihn zwar nicht riechen, sehen oder schmecken, dennoch ist er vielerorts schon permanent allgegenwärtig. Elektrosmog zerschlägt, wie ein Hagelunwetter die Ernte, die Zellen unseres Körpers. Denn im Prinzip geschieht durch Elektrosmog in unserem Inneren im Kleinen nichts anderes als bei Hagel im Großen. Nur mit dem Unterschied, daß ein starkes Hagelunwetter vielleicht einmal pro Jahr vorkommt und Sie sich davor schützen können, weil Sie es sehen. Für Elektrosmog haben wir, mit Ausnahme daß sich Ihnen in besonders geladenen Räumen die Nackenhaare aufstellen, keine natürlichen Sinnesorgane. Deshalb sind wir dieser Katastrophe meistens schutzlos ausgeliefert. Sämtliche Lebensvorgänge in den Körperzellen werden durch Ionenaustausch bzw. durch elektromagnetische Impulse übertragen. Das Schlimme am Elektrosmog ist, daß er die körpereigenen Signale irritiert, was zu unzähligen körperlichen Schmerzen und zu typischen psychosomatischen Leiden führt.

Elektrosmog ist der schlimmste Luftverschmutzer

Elektrische Spannungen umfließen uns nicht nur in isolierten Kabeln und Geräten, sondern umschwirren uns ununterbrochen in der Luft. Wir Menschen haben jedoch keinen direkten Sinn für Elektrosmog, sondern spüren nur indirekt, anhand zahlreicher körperlicher und psychosomatischer Leiden, daß irgendetwas nicht stimmt. Zuviele Menschen suchen dennoch die Ursachen für ihr Unwohlsein beim schlechten Wetter oder dem »bösen Mond« und nur wenige erkennen, daß die unsichtbaren elektronischen Überspannungen unserer Atmosphäre, am Arbeitsplatz und in der Wohnung, die wahren Auslöser zahlreicher Schmerzen, Hormonstörungen, Aggressionen, Ängste, Verdauungsstörungen, Kreislaufbeschwerden, Depressionen, Menstruationsstörungen, Migräne, Burn-Out, Schlafstörungen, Krebs und unzähliger Krankheiten sind.

Elektrosmog wird nicht nur durch Geräte, die augenblicklich in Betrieb sind, oder durch Überlandleitungen, verursacht, sondern noch viel mehr durch die Wohnungsverkabelung, Stand-By-Schaltungen, Radiowecker, Fernseher, Handys und Computer. Sie sind die größten Verursacher schädlicher Elektrosmogfelder, weil sie sehr hochfrequent sind und weil sie unmittelbar bei den Geräten arbeiten oder schlafen. Insbesondere Kinder sind gegen Elektrosmog besonders anfällig. Denn in ihrem Inneren reagieren die Zellen fast ungeschützt auf die immense Impulsflut die auf sie durch Elektrosmog herabprasselt. Mißbildungen sind neben massiven Schlafstörungen, Lernschwierigkeiten, Aggressionen, nervöse Zuckungen und Ängsten typische Folgen.

So schützen Sie sich!

Schützen Sie sich

Schützen Sie sich gegen negative Strahlen mit Salzkristall-Lampen, Rosenquarz-, Hämatit-Kugeln und natürlich auch mit den saugstarken Abschirmkugeln aus einem natürlichen Erz einer einzigartigen Fundstelle in Schweden. Kompensationskugeln bestehen neben den wichtigsten Reinigungs-Metallen zusätzlich aus einer fein abgestimmten Legierung aus Eisen, Mangan, Titan, Silizium, Molybden, Kupfer, Silber und aus Spuren von Gold. Kompensationskugeln sind in ihren absorbierenden und kompensierenden Wirkungen ca. 100x stärker als Hämatit-Kugeln. Das Prinzip des Abgaskatalysators beruht auf den reinigenden Eigenschaften bestimmter Metalle. Zahlreichen Überlieferungen und Experimenten zufolge können durch diese Metall-Kugeln künstliche Magnetfelder und Elektrosmog gefiltert und absorbiert werden. Wichtig ist hierbei, daß Kompensationskugeln im Gegensatz zu herkömmlichen störungsabweisenden Materialien direkt am Computer, TV-Gerät oder am Radiowecker plaziert werden können. Verwenden Sie mehrere Kugeln, wenn Sie Geräte mit hoher Wattzahl oder Pentium-Prozessoren nutzen. Schirmen Sie sich insbesondere

Kompensationskugeln

vor Geräten ab, die zugeführte Energie nicht direkt in Mechanische- oder Wärme-Energie umwandeln, wie z. B. elektrische Dosenöffner, Herd oder Waschmaschine, sondern schirmen Sie sich unbedingt vor Geräten ab, die meist auf Stand-By geschaltet sind, oder die Strahlen, Frequenzen und Wellen erzeugen. Hierunter fallen insbesondere Fernseher, Handys, Microwellen-Herde, Radiowecker, Lap-Tops, Halogen-Lampen, Funk-Fernsteuerungen, Computermodems, Drucker und Bildschirme, Antennenverstärker, Babyphones und Satellitenempfänger.

Kupfer bei extremer Belastung

Für extreme Elektosmogbelastungen durch naheliegende Überlandleitungen, Transformatoren, Kraftwerke, Eisenbahnlinien, Sendemasten oder Industriegebiete empfiehlt es sich Ihre Wohnung an der zur Gefahrenquelle hin gerichteten Seite mit eigens hierfür handgeschmiedeten Kupfer-Kugeln oder Platten und mit Salzkristall-Lampen abzuschirmen. Besonders erwärmte Salzkristall-Lampen, Salz-Tempel und Teelichter übernehmen in Verbindung mit Kompensationskugeln und Naturkupferplatten in Ihrer Wohnung genau die Wirkungen, die vom Lagern in Salzstöcken her bekannt sind. Sie neutralisieren und

Salzkristall-Lampen

kompensieren die schädlichen Anteile elektromagnetischer Strahlungen weitläufig ab und bieten so sicheren Schutz vor gesundheitlichen Folgeschäden.

Dankschreiben zufriedener Patienten

Dank-
schreiben

Wir haben Ihnen hier einige Briefe Originalbriefe in ungekürzter Fassung abgedruckt. Wenn auch Sie Erfahrungen mit Salzkristall-Lampen, Feng-Shui-Kristallen oder Kompensationskugeln haben, dann schreiben Sie uns bitte! Ihre Erfahrungen sind wichtig für alle.

Lebensmittelallergie

Lebensmittel-
allergie
Mark, 8 Jahre

Mein Sohn Mark ist 8 Jahre alt. Und hat seit seiner Geburt das Problem, daß er auf Milchprodukte allergisch reagiert. Er kratzt ständig seine Haut auf, und bekommt offene Wunden, die ich laufend mit Salben und Bädern behandeln muß. Er rastet völlig aus, wenn er z. B. Joghurt ißt, oder auch ein normaler Hefekuchen. Das löst die schlimmsten Hautreaktionen aus. Ich mußte mir trotz Arztbesuche und einer milchfreien Ernährung keinen Rat mehr. Doch als ich dann in einem Geschäft die Salzkristall-Lampen sah, kaufte ich eine, vielleicht ist ja was dran! Und tatsächlich, ich stellte die Lampe zu meinem Sohn ans Bett, in seinem Zimmer. Nach mehreren Tagen schon hörte er auf sich zu kratzen. Und es ging ihm gut. Seine offenen Wunden heilten ab. Und das, obwohl er Milch trinkt. Ich freue mich sehr, daß es so einfach ist zu helfen. Mein Sohn Mark ist das beste Beispiel.

Verdauung

Verdauung
Max G.
58 Jahre

Ich bin Max G. und 58 Jahre alt. Seit mehreren Jahren habe ich Verdauungsprobleme. Auch das Umstellen meiner Ernährung, auf leichte fettarme Kost, hat nichts gebracht. Täglich nehme ich Tropfen und Tabletten ein. Aber auf längeren Zeitraum wirkt wieder nichts. Nun hat mir meine Frau eine Salzkristall-Lampe gekauft. Und das, weil Sie so eine Lampe bei unserem Heilpraktiker gesehen hat. Sie stand tagsüber in unserem Wohnzimmer. Und plötzlich, nach schon 4 Tagen, funktioniert meine Verdauung wieder. Zuerst glaubte ich nicht, daß das durch und mit Salzkristall-Lampen funktioniert. Doch ein paar Tage im Urlaub und mein Problem war wieder da. Ich bin überzeugt, daß diese Salzlampe mir hilft. Das finde ich gut, denn so brauche ich keine Tabletten, und Tropfen mehr zu nehmen.

Bei Heuschnupfen

Heuschnupfen
Gloria M.
23 Jahre

Ich bin 23 Jahre und heiße Gloria M. Seit früher Kindheit bin ich mit Heuschnupfen belastet. Und immer wenn der Frühling nahte, lief meine Nase, meine Augen brannten und ich mußte ständig niesen. Ich habe alles ausprobiert. Wenn ich schier verrückt geworden bin, weil mein Kopf brummte, meine Nase wundgescheuert vom Taschentüchern war, habe ich auch vor Eigenbluttherapie und stärksten Medikamenten nicht halt gemacht. Nichts half. Und so hatte ich mich damit abgefunden, im Frühling in der Wohnung zu bleiben. Ich war am Ende. Dann las ich in einer Zeitung von Salzkristall-Lampen und deren Wirkungen. Und so kaufte ich mir auch so ein Ding. Daran glauben, daß sie mir wirklich helfen könnte konnte ich nicht. Doch cool, bereits nach 14 Tagen war ich völlig beschwerdefrei. Seitdem ich Salzkristall-Lampen in meiner Wohnung aufgestellt habe, hat sich mein Leben verändert. Heute kann ich sogar durch die tollsten Wiesen laufen, ohne daß meine Nase juckt! Und dank der Salzkristall-Lampe geht es mir super. Endlich Leben und den Sommer genießen. Das verdanke ich den Luftvitaminen meiner Salzkristall-Lampen.

Herzrhythmusstörungen

Herzrhythmusstörungen
Sandra S.
46 Jahre

Seit ca. 6 Jahren leide ich unter hohem Blutdruck, starken Beklemmungsgefühlen und Herzrhythmusstörungen. Oft konnte ich meiner Arbeit als Bürokauffrau nicht nachgehen. Kein Arzt fand etwas heraus. Außer daß meine Herzrhythmusstörungen wohl zu meinem Leben gehören. Jahrelang habe ich Tabletten eingenommen und es mit Atemübungen und Akupunktur versucht. doch auch das half nicht. Als ich dann gelesen habe, daß das Aufstellen einer Salzkristall-Lampe helfen kann, hatte ich natürlich meine Zweifel. Doch kaum zu glauben, schon wenige Tage nach dem Aufstellen je einer Salzkristall-Lampe im Wohnzimmer und Schlafzimmer hatte ich keinen Druck in der Herzgegend mehr. Auch mein stets zu hoher Blutdruck hat sich schon fast normalisiert. Ich bin begeistert und danke Ihnen von Herzen. Ich fühle mich richtig frei und wünsche vielen Menschen, daß sie eine Salzkristall-Lampe ausprobieren. Sie kostet nicht viel und tut auch der Seele gut.

Neurodermitis

Neurodermitis Florian 6 Jahre

Unser kleiner Florian leidet seit frühester Kindheit unter quälendem Juckreiz und Ekzemen. Erst seit wenigen Jahren wissen wir, daß es sich hierbei um Neurodermitis handelt. Seitdem hat sich unser Leben verändert. Keine Haustiere mehr, ständiges Überwachen, ob nicht irgendwelche Chemikalien im Haus sein könnten, oder ob Waschmittel, bestimmte Lebensmittel, falsche Kleidung oder sogar das Spielzeug zum Auslöser werden, beeinträchtigte unser Familienleben sehr. Die Krankheit wurde nicht nur für Florian eine Qual von Kopf bis Fuß, sondern auch für mich und meinen Mann. Ich mußte aufhören zu arbeiten, das Geld reichte hinten und vorne nicht mehr und mein Mann erlitt zusätzlich eine Schuppenflechte auf dem Rücken. Als wir bemerkten, daß die verschriebenen Medikamente nicht wirkten, suchten wir nach anderen Heilmethoden. Erhebliche Verbesserungen traten bei uns allen durch Heilsteine und Essenzen auf. Der Durchbruch für Florian geschah jedoch erst mit dem Aufstellen von Salzkristall-Lampen, Teelichtern und mineralsalzhaltigen Bädern auf Empfehlung einer Selbsthilfegruppe. Der Juckreiz ist verschwunden und wir brauchen schon fast keine Diät mehr einzuhalten. Jeder von uns spürt, daß hier irgend etwas Wunder bewirkt. Für mich sind es die Heilstein-Essenzen und vor allem die wunderschönen Salzkristall-Lampen.

Wir danken Ihnen hiermit für die freundliche Genehmigung Ihre Briefe in Originalfassung verwenden zu dürfen und wünschen Ihnen weiterhin alles Gute.

Kontaktadresse

Wenn Sie Fragen haben oder mit eigenen Erfahrungen zur Naturheilkunde mit Salzkristall-Lampen & Mineralsalzen beitragen möchten, schreiben Sie bitte an den Methusalem-Verlag, c/o M. Rinneberg, Postfach 9040, 89087 Neu-Ulm

Stichwortverzeichnis